Dishley
Ziegelei
Bresewitz
Zinzow
Grapzow
Werder
Grischow
Dahlen
Kl. Landgraben
Brunn
Roggenhagen
FRIEDLAND
Ganzkow
Pleetz
Neddemin
Hohenmin
Rossow
Roga
Hohenstei
Genzkow
all
Neverin
Staven
Bassow
Heinrichswalde
uchhof
enhagen
B 197
Magdalenenhöh
Glocksin
Sadelkow
Jatzke
Luisenhof
Neuen-
kirchen
Eichhorst
Ihlenfeld
ZEBERG
Glienke
EUBRANDENBURG
Liepen
Warlin
Friedrichshof
HLENFELDER
VORSTADT
A 20
Golm
Rühlow
B 104
Georgendorf
Sponholz
Kublank
NEUBRANDENBURG
OST
Hochkamp
Holzen
Pragsdorf
Ulrichshof
Cölpin
Neetzka
Oertzen
Neu
Käbelich
QUASTENBERG
Marienhof
Pasenow
Dewitz
Alt
Käbelich
Leppin
BURG
STARGARD
Petersdorf
B 104
Rosenhagen
Plath
Friedrichsh
CANZOW
Ballin
Ditschlott
Godens-
wege
Teschendorf
Riepke
Rehberg
Hinrichshagen
Gramelow
Loitz
B 198
Quadenschönfeld
Vorheide
Göhren
Bredenfelde
Georgin
Warbende
Grauenhagen
ensee
Flatow
Neugarten
Friedrichsfelde
Stolpe
Krumbeck
Für

Wundervolle Tollense
Unterwegs an See und Fluss
gestern und heute

Impressum:

Gesamtherstellung:
Steffen GmbH
Mühlenstr. 72, 17098 Friedland/Meckl.
www.steffendruck.com

Mit Fotos von Ute Mohr und Elke Pilz
Gesamtkonzept: Gudrun Mohr

Rechercheschluss: Herbst 2004
Redaktionsschluss: September 2005

Titelbild: E. Pilz

ISBN 3-937669-48-5

Gudrun Mohr

Wundervolle

Tollense

Unterwegs an See und Fluss
gestern und heute

(Mit Ausflugs- und Wanderzielen von A–Z)

INHALT

VORBEMERKUNG

In den Weiten des Landes Mecklenburg-Vorpommern verstecken sich attraktive Naturräume, einzigartige Refugien für seltene Tiere und Pflanzen, aber auch bewegende Zeugnisse vom Wirken des Menschen in dieser selten schönen Landschaft.
Dieses Wanderbuch und Nachschlagewerk führt Sie, liebe Leserin, lieber Leser, in den Südosten des Landes. Gerade wurde hier eine neue touristische Attraktion ins Leben gerufen – der Nationale Geopark „Mecklenburgische Eiszeitlandschaft". In seiner Mitte liegt die charaktervolle, aber relativ unbekannte uralte Kulturlandschaft um Tollensesee und Tollensefluss.
Das Einzugsgebiet dieses Wanderbuches zu definieren, bereitete uns einiges Kopfzerbrechen. Schließlich haben wir uns aus der Affäre gezogen, in dem wir uns im wesentlichen an die Grenzen der drei Landschaftsschutzgebiete Tollensebecken, Tollensetal und Tollenseniederung hielten. Nur dort, wo es sinnvoll und wichtig erschien, haben wir „nebenan" liegende Wander- und Ausflugsziele mit aufgenommen, beispielsweise die von Burg Stargard, Penzlin oder Peckatel.
Alle sind inhaltlich in 102 alphabetisch geordneten Schlagwörtern, ggf. mit Unterschlagwörtern, zusammengefasst. Bei der Suche nach Zielen in einzelnen Gemeinden oder Orten hilft Ihnen das Ortsregister weiter.
Als vor über einem Jahrzehnt der Vorläufer dieses Wanderbuchs erschien – „Das Neubrandenburger Land", Konrad-Reich-Verlag Rostock 1992 – lag der Wandel der damaligen, noch reichlich bescheidenen touristischen Angebote bereits in der Luft. Er hat sich längst vollzogen. Aufmerksam gemacht werden soll beispielsweise auf das jetzt vorhandene informative Karten- und Prospektmaterial, das sich an Touristen und Wanderfreunde „aller Art" wendet. Vielfältig sind heute die neuen Beherbergungs- und gastronomischen Angebote. Doch da es hier immer wieder Zu- und Abgänge gibt, wurde in diesem Wanderbuch auf eine Auflistung von Hotels, Pensionen und Gaststätten verzichtet.
Ausdrücklich erinnern wir deshalb an die jährlich aktualisierten Materialien, welche die Touristinformationen, die Ämter und Anbieter touristischer Leistungen für Sie stets bereit halten.
Die Texte der beiden historischen Wanderungen sollen Ihnen einen Blick in die Vergangenheit ermöglichen und im Vergleich Gesehenes und Erlebtes verständlicher machen.

Wir zeigen Ihnen eine Landschaft im Wandel. Vielleicht kommt Ihnen dabei – wie uns - Dichters Worte in den Sinn: „Tief ist der Brunnen der Vergangenheit, sollte man ihn nicht unergründlich nennen?"
Auch der Brunnen führt uns wieder zum Wasser, denn
„Wenn der Mensch das Wasser sucht, gleich dem Wanderer in der Wüste den Brunnen, dann trifft er am Brunnen: den Menschen."

Dass Sie hier an Tollensesee und -fluss möglichst viele gleichgesinnte Freunde finden und mit ihnen gemeinsam Unbekanntes entdecken oder bereits Bekanntes wohl behalten wiederfinden, das wünschen Ihnen die Akteure dieses Buches.

„Willst du besser sein als wir, lieber Freund, so wandre!"
Johann Wolfgang von Goethe

PAULA FOERSTER

VON NEUSTRELITZ NACH NEUBRANDENBURG – EINE FUSSREISE[1]

Das ehemalige Mecklenburg-Strelitz ist nur ein kleines Land, aber die Landschaft, die zwischen seinen beiden größten Städten, Neustrelitz und Neubrandenburg liegt, gehört zu den naturschönsten Gebieten Norddeutschlands. Die beiden Städte selber, deren Charakter sich gegenseitig ausschließt, sind auch heute noch wirkliche Brennpunkte in der Ellipse ihres Landes.

Neustrelitz, die junge Herzogsstadt und Neubrandenburg, immer noch mittelalterliche Bürgerstadt, strahlen ihre Einflüsse in das Land hinaus, in dem man Reutersches Platt spricht, Ackerbau treibt und die nur schwach bevölkerte Heimat mit ihren Wäldern, Wiesen, Hügeln und Seen ebenso liebt wie die Tradition und Geschichte seines Ländchens.

Neustrelitz entstand vor rund zweihundert Jahren, als die Bürger des alten Strelitz nach einem Brand des herzoglichen Schlosses ihrem Herrn das Heranfahren der Steine und Balken für den Neubau verweigerten. Zur Strafe dafür verließ der Herzog seine unfreundlichen Untertanen und baute sich fünf Kilometer von Alt-Strelitz am Zierker See bei dem Gute Glienicke eine neue Residenz auf. Er ist in seinem Streite der Stärkere geblieben, denn Alt-Strelitz blieb nur ein kleines Städtchen, Neustrelitz aber wuchs empor zu einer der schmuckesten Residenzstädte Norddeutschlands...

An der Neubrandenburger Chaussee sind neue Stadtteile emporgeschossen. Der liebliche Glambecker See, den die Landstraße unweit der Stadtgrenze berührt, spiegelt nur noch teilweise wuschelige Kiefernkronen in seinem Wasser, vielfach schauen schon Häuser, Villen und Türme auf ihn herab. Wir wollen in dieser Richtung die Stadt verlassen. Hinter den letzten Häusern stoßen wir zur Linken, in den Wald vorgetrieben, auf den Neuen Kirchhof. Es ist ein Friedhof, bei dessen Anblick man die Angst vor dem Sterben verlernen kann, ein so ruhevoll fröhlicher Frieden des Waldes hat sich darüber gesenkt.

Hinter ihm überschreitet man die Bahnstrecke, und die Landstraße schneidet zunächst schlichte, durchsichtige Kiefernwälder, steigt einen langgeschwungenen Hügel empor, fällt wieder hinunter und wird schließlich mehr und mehr von Laubwäldern begleitet, bis zur Linken ein kleines Wasser, der Krebssee, aus den Buchenkränzen hervorschaut und bald dahinter der immer üppiger gewordene Wald seine Zelte abbricht, freies Land, zur Rechten ein See und vor uns ein Dörfchen auftaucht: Weisdin.

Von Weisdin führt die Landstraße in gerader Richtung nach Neubrandenburg weiter. Bei der Ortschaft Blumenholz zweigt eine Strecke nach Hohenzieritz ab, dem Sterbeort der Königin Luise, der im Sommer, wo Postautoverbindung von Neustrelitz besteht, oft besucht wird. Für eine Fußwanderung dürfte je-

[1] Paula Foerster wanderte hier Mitte der 1920er Jahre. Sie veröffentlichte ihre Reiseeindrücke nach 1930 in der Buchreihe „Der märkische Wanderfreund", Band 5, erschienen im H.Bermühler Verlag in Berlin.

doch der Weg von Weisdin über Blumenhagen und die Wanzka-Mühle nach Neubrandenburg empfehlenswerter sein.
Der Fußweg von Neustrelitz nach Neubrandenburg ist auf dieser Strecke gut 40 km lang. Aus diesem Grund und um genügend Zeit für die Besichtigung beider Städte zu haben, muss man die Wanderung von Neustrelitz nach Neubrandenburg auf mindestens eineinhalb bis zwei Tage verteilen. Wir waren bei dem Dörfchen Weisdin stehen geblieben. Es liegt am Ufer zweier kleiner Seen, die Langer See und Mittelsee genannt werden. Dem Dorf gegenüber erhebt sich ein bewaldeter Hügel. Er trägt Weisdins kleines Heiligtum. Klotzige Eichen stehen an dem Weg, der zum Hügel hin führt. Man klettert einen Pfad empor, in den teilweise Stufen eingelegt sind. Leberblümchen und Sauerklee grünen unter dem dichten Blätterdach, bis man schließlich auf der kleinen Anhöhe vor einer schon großenteils

Aufstieg zum Schloßberg Weisdin

eingeebneten Burgruine (→ Burgen) steht. Nur noch in Manneshöhe starren einige ausgehöhlte Mauerreste hervor, man ahnt noch hier und da, wo ein Türdurchgang gewesen sein mag, und tritt auf überwucherte Fundamente. Rings um die Burganlage ist noch recht deutlich ein ausgeschachteter Burggraben zu erkennen, doch es steht kein Wasser mehr in ihm, nur das trockene Laub rieselt von den alten Bäumen, die die Ruine mit ihrem Schatten zudecken, in ihn hinab und sammelt sich nach jedem Herbste wie ein Schatz geprägten Goldes auf dem Grunde an. Der Wald auf dem Schlossberge setzt sich in bedrückender Üppigkeit noch ein Stück am Ufer des Mittelsees fort, wo eine Sackgasse durch mannshohes Krautgewirr zu einer verschwiegenen Halbinsel führt, von der man über das kleine Wasser blicken und träumen kann. Im Hintergrund des Sees schauen die Häuser des Örtchens Blumenhagen zu uns herüber. Dorthin müssen wir uns den Weg suchen, müssen den Hügel und seinen reichen Wald hinter uns lassen, ein Feld überschreiten und längs des anschließenden Forstes bis Blumenhagen gehen. Es ist ein Weg voll lieblicher Ausblicke über den blau im Grunde liegenden See, über Wälder, Felder und gegen die große Neubrandenburger Landstraße, deren Lauf von Baumreihen bezeichnet wird, Baumreihen, die mit ihren Kronen zu einem dunklen Bande zusammenwachsen, während die Stämme darunter fast wie die Säulen eines Aquäduktes große Lichtfenster bilden. Hinter Blumenhagen führt die Chaussee in den Wald hinein und steigt allmählich empor.

Eine Weile noch können wir zurückblicken, dann aber steht nichts als Wald (→ Zechow) um uns. Wuchsen erst Kiefern am Wege, so richtet bald auf dem fetten Lehmboden ein endloser Buchenwald seine betongrauen Säulen empor. Mancherlei Kreuzwege schneiden die Landstraße, und wir müssen Karte und Wegweiser aufmerksam verfolgen, um die Wanzka–Mühle nicht zu verfehlen. Der Wald ist von Hügeln und Schluchten durchzogen und strahlt grün am Boden, grün in der Höhe, von Sonnenflecken scheckig durchleuchtet. Die lehmige Erde ist fruchtbar und reich genug, um jedes Fleckchen Boden mit schwer gewirkten Kräuterteppichen belegen zu können. Rotwild, Rehe und Wildschweine hausen im Walde, und auch ein Füchslein zieht ab und zu seine Bahn. Irgendwo in der größten Einsamkeit hat ein schwarzer Storch auf dem Gipfel einer himmelhohen Buche oder Eiche seinen Horst. Manchmal schauen bemooste Felsblöcke wie Baumstümpfe aus der Erde hervor. Hier wird es licht und durchsichtig im Hochwald, dort verfilzt sich das Jungholz zu wilden Knäueln, bis nach langem Auf und Ab, Kreuz und Quer durch den Waldvorhang Lichtstreifen blitzen. Wir treten hinaus, stehen noch auf der Höhe, während der Weg anhebt, von Weiden geleitet, ins Tal zu sinken. Vor uns schwingt in mächtigen Dünungen ein weites Gelände. Ein Rasenkleid fließt von den vorderen Bodenwellen herab. Kühe liegen verstreut am Hang, zwischen den Wellen aber schaut man hindurch in die Ferne, und der Blick ruht auf einem wundersam eingesenkten Wasser, das mannigfach zerfranst gegen den Hintergrund verströmt, wo unruhige Bodenwellen bis zum Horizont lagern und Dächer von Ortschaften oder Einzelgehöften aus großer Ferne herüberschauen. Es ist ein seltsamer Blick, den man nicht so leicht aus dem Gedächtnis verlieren wird. Hier hatte auch der letzte Großherzog, dessen Jagdrevier der von uns durchwanderte Zechower Forst war, seinen liebsten Aufenthalt. Auf der Karte ersieht man, dass

Stille Bucht

es der Wanzkaer See sein muss, den wir erreicht haben.
Wo steht aber in der Karte etwas von dem Zauber, der über dem schwermütig anmutenden See mit seinen kahlen Ufern liegt? Verführt uns die Karte nicht eher dazu, ein so wenig umwaldetes Gewässer zu meiden, weil man doch immer vermutet, dass es dort öde und langweilig sein müsse?
Wir laufen unsere Straße weiter. Der Fernblick schrumpft wieder zusammen. Nur noch ein Zipfel des Sees bleibt sichtbar, und in der tiefsten Rinne zwischen den Hügeln kommt uns vom Ende des Sees eine Baumhecke entgegengezogen. Sie verdeckt das Fließ, das bald darauf vor der Wanzka-Mühle gestaut wird und ein starkes Gefälle hinunterbraust. Auf der Sohle des Tals steht das Mühlengehöft und wird von einigen Hügeln schützend umlagert. Der Bach, Nonnenfließ (→ Nonnenbach) geheißen, zieht in der Rinne seine strudelnde Bahn gen Norden weiter, von Erlen und Weiden umbuscht. Die Laubwaldmauern treten ein wenig zurück, einige Hügel sind in Koppeln verwandelt und von Hecken und Zäunen gesäumt, auf anderen wächst Getreide, oder sie sind frisch gepflügt, und der Lehm schimmert in sattbrauner Farbenpracht. Wir wollen dem Fließ folgen und können über die Koppeln im Grund entlang gehen, oder auch bis zu der Stelle, wo der Wald wieder anhebt, den Hügeln auf ihre Buckel steigt. Dort oben ist nämlich der Blick über das Nonnenbachtal schlechthin großartig zu nennen.
Ein Meer von Bodenwellen wogt um uns, und ganz fern blinkt der äußerste Zipfel des → Tollensesees metallisch spiegelnd herüber. Unser Fließ wendet sich dann in einen Streifen Buchenwaldes hinein und wird hier mit einem Schlage aus dem verdeckten Wiesengraben zu einem rauschenden Wildbach, über den Buchensäulen ihre luftigen Zelte spannen. Felsblöcke liegen in seinem Weg, umgesunkene Stämme sind teils ins Wasser gestürzt, teils spannen sie sich als Baumbrücken über das Bachbett, das stellenweise recht tief ist. Das Bächlein selber, das auf seinem Lauf durch die Kop-

peln nur leise vor sich hinmurmelt, fängt hier an zu lärmen und zu brausen, wäscht den Steinen die Köpfe, wirft Schaum von sich und strömt dann wieder in breitem strudelndem Flusse seine gewundene Bahn. Im Frühjahr nach der Schneeschmelze jedoch kann es fast gefährlich werden. Dann arbeitet sich manchmal ein meterhoher Strom, ein wahrhaftiger Wildbach durch den Wald, Bäume fällend und Erdrutsche verursachend.

Am Forthaus Zachow (→ Wassermühlen) und an der ehemaligen Pulvermühle fließt der Nonnenbach vorbei. Das heutige Gehöft der Pulvermühle liegt auf einer Anhöhe, auf der man eine Wasserader angebohrt hat, die seit langem den Bewohnern einen unentwegt fließenden kräftigen Strom Trinkwasser spendet.

Diese Quelle, ferner die mannigfach verstreuten Teiche, die auf den Anhöhen liegen und „Sölle" genannt werden, sowie überhaupt der Wasserreichtum deuten darauf hin, dass diese typische Endmoränenlandschaft erst in verhältnismäßig junger geologischer Zeit vom Eise (→ Eiszeit) befreit wurde.

Wenn wir nun dem Nonnenfließ weiter folgen, kommen wir hinter der Pulvermühle noch einmal durch ein prachtvolles Stück uralten Buchenwaldes. Das Wässerlein selbst weist ein reiches Tierleben auf, Bachstelzen, Schafstelzen und auch die im Flachlande seltenen Gebirgsstelzen folgen fast ständig in auffallender Menge seinem Lauf. Der Eisvogel ist überraschend häufig. Schließlich müssen wir zu einer Chaussee emporsteigen, die den Bach überquert.

Es ist unsere altbekannte Landstraße von Neustrelitz nach Neubrandenburg. Von dem Damm der erhöhten Landstraße aus sieht man bereits zur → Lieps und zum Tollensesee hinunter – den beiden großen Seen im Süden Neubrandenburgs. Vor uns steht das Gehöft der verfallenden Nonnenmühle (→ Wassermühlen). Das Bächlein selbst fließt weiter durch Koppeln und Wiesen, und unser Uferpfad, der es unentwegt treulich begleitet und nur bei den Gehöften oder an ganz unzugänglichen Stellen einen Umweg macht, führt durch eingezäuntes Wiesengelände, das von weidenden Kühen und Pferden bevölkert ist, bis er schließlich beim Nonnenhof am Tollensesee endet. Hier ist nun wiederum ein Ruhepunkt unserer Wanderung erreicht und gleichzeitig eines der interessantesten Gebiete ganz Norddeutschlands.

→ Nonnenhof nennt sich eine Landbrücke zwischen dem mächtigen Tollensesee und der Lieps, einem See, der südwärts mit der Tollense verbunden ist und, wie seine Form und Lage noch deutlich erkennen lässt, erst in jüngster geologischer Zeit durch die Landbrücke des Nonnenhofs vom Tollensesee getrennt wurde. Dieses Land, das sich als Halbinsel in die Lieps vortastet, ist jungfräuliche, im Werden befindliche Erde, teils sogar noch offener Sumpf, Röhricht, schwingendes Moor und Fenn. Hier kann man naturgemäß ein ungewöhnlich reiches Tier – und Pflanzenleben erwarten. Das Gebiet ist teilweise Koppel und Wiese, den größten Teil nehmen jedoch Röhricht, Buschwald und Schilf ein. Stellenweise bilden Weidenröschen mannshohe Dickichte.

Die Wassernuss kommt als botanische Seltenheit vor. Ungemein reich an Arten und Individuen ist aber vor allem das Vogelleben. Dutzende von Wildgänsen und Schwänen brüten im Schilf, Enten, Taucher, unter ihnen der seltene Rothalstaucher, Schnepfen, Trauerseeschwalben, Hunderte von Möwen bevölkern die unzugänglichen Röhrichte. Während der Zugzeit sind die Wiesen oft schwarz

von Kranichen, dass buchstäblich kein Gras mehr zu sehen ist.
Der Schwarzstorch soll sogar im Gebiet brüten, und als allergrößte Seltenheiten kommen die verschiedenen Adlerarten vor: Schreiadler, Fischadler, und sogar Seeadler. Sie sind häufig über dem Wasser zu beobachten, und wenn sie vorübergesegelt kommen, bemächtigt sich aller anderen gefiederten Bewohnern dieser Gegend eine auffallende Unruhe. Enten flattern empor, Taucher und Wasserhühner tauchen unter, ducken sich tief ins Wasser oder flüchten ins Röhricht. Im Winter, wenn der Tollensesee zugefroren ist, bleibt am Einfluss des Nonnenbachs meist Wasser offen, dann hat man schon Seeadler zu vier oder fünf auf der Landungsbrücke der Fahrgastschiffe hocken sehen. Der „Bund für Vogelschutz" hat sich daher für das Gebiet interessiert und es unter seinen Schutz genommen.
Wenn man am Strande vor dem Gehöft Nonnenhof steht und über das in die Ferne gestreckte Wasser des Tollensesees gen Neubrandenburg blickt, dann kann man erst verstehen, dass auch ein Seeadler, der an das Meer gewöhnt ist, mit solch einem großen Wasser vorlieb nehmen mag. Die Länge des Sees von Nonnenhof bis Neubrandenburg beträgt über zehn Kilometer, und sie erscheint eher noch mächtiger. Fast möchte man glauben, die Krümmung der Erde über der langen Wasserbahn wahrnehmen zu können. Dass der See oft mächtige Wellen gegen das Ufer wirft, dass dort nicht selten ein Sturm wie am Meeresstrande herrscht und fast immer eine weit heftigere Luftbewegung als über dem Lande sofort fühlbar wird, kann bei der Größe des Gewässers nicht verwundern.
In weiter Ferne erschaut man am Ende des Sees die Kirche (→ Marienkirche) Neubrandenburgs, ringsum wellen sich Hügel gegen den See vor, die ungefähr von der Mitte ab in dicke Waldmäntel gehüllt sind. Ab und zu blitzt in der Ferne ein Segel auf oder ein Motorboot zieht durch die Wellen. Nicht minder schön ist der Blick auf die Seen Tollense und Lieps, wenn man von Nonnenhof den Weg ansteigt und sich in Richtung Ahrendshof und Tollenseheim wendet.
Wie eine zerflossene Riesenpfütze liegt die Lieps unter uns, und auf den braunen, gelben und grünbewaldeten Höhen ruhen teilweise Hügelgräber. Eine Gruppe alter Bäume, die auf dem Gipfel des Hügels ein Häubchen bilden, lässt sie leicht auffinden.
Eine lange Kette edler Pyramidenpappeln säumt die Neustrelitzer Chaussee, die in der Ferne über die Hügelwellen hinwegklettert. Verschiedene Ortschaften sind deutlich wahrzunehmen – Prillwitz, Zippelow, Wustrow, Hohenzieritz mit seinem Park, Siehdichum, Alt Rehse – während wir im Grunde zwischen Tollensesee und Lieps noch einmal das Gebiet des Nonnenhofs überblicken, dessen Röhricht, Fenn und Sumpfwald samt all ihren Heimlichkeiten zu einer grünen zerfransten Filzdecke zusammenrücken.
Bis Klein–Nemerow ist das Seeufer von Koppeln, Hecken und Baumreihen umsäumt, durch die aber kein glatter Weg führt. Doch gelangt man auf ihm in kurzer Zeit nach Klein–Nemerow am Tollensesee. Von hier aus verkehren Motorboote nach Neubrandenburg. An der Bootsanlegestelle beim Gasthof Heidehof schaut man von einem terrassenförmig erhöhten Ufer auf die Breitseite des Tollensesees zwischen alten Bäumen hindurch, die eine bühnenartige Aussicht umrahmen. Es raschelt und raunt im Laube dieser Bäume so unentwegt, als ob sie von der ewigen Unruhe des Wassers angesteckt wären, das ih-

nen die Füße umspült und breit und blank in der Tiefe wogt.
Hinter Klein Nemerow wird der See fast bis Neubrandenburg von prächtigem Laubwalde eingehüllt. Ein bequemer, gerader Weg führt in der Nähe des Ufers bis zum → Augustabad. Meist sieht man zwischen den Laubschleiern auf das Wasser. Ein Stückchen abseits vom See liegt Tannenkrug mit einer Jugendherberge im Walde, zu der ein gezeichneter Weg abzweigt. Kurz vor Augustabad steigt der Uferweg einige Lehmhügel empor, und von der Höhe blickt man rückwärts über das lange Gewässer, das von Millionen silberner Fischchen durchzittert zu sein scheint, wenn die Sonnenstrahlen darüber hinweg streichen. Augustabad ist ein großes vornehmes Hotel am See mit breitem Badestrand, auf dem sogar Strandkörbe zu stehen pflegen. Auf dem gegenüberliegenden Ufer des Sees schaut ein gelb gestrichenes Bauwerk wie ein kleiner antiker Tempel (→Belvedere) aus dem Buchengewölk hervor. Ein letztes Stück Weges trennt uns noch von Neubrandenburg, und sind wir vorher nicht auf dem See gefahren, so können wir es jetzt vielleicht nachholen und mit dem Motorboot in kurzem nach Neubrandenburg gelangen. Warum eine solche Fahrt? Um wenigstens einmal den mächtigen See vom Wasser aus zu überschauen und in seine dunklen und doch klaren, reinen Fluten zu blicken.
Neubrandenburg selber liegt nicht unmittelbar am Ufer, wenn es auch aus der Ferne den Anschein hatte. Der See fließt vorerst in einem Kanal aus, mit dem die zahlreichen Bootshäuser Neubrandenburgs und ihre kleinen Häfen in Verbindung stehen. Schließlich endet zwar nicht das Wasser, wohl aber die Wasserstraße vor einer Mühle (→ Wassermühlen). Wir treten an Land und stehen vor den ersten Häusern sowie den Befestigungswerken (→Stadtbefestigung) der Stadt.
Das Treptower Tor (→Stadttore) empfängt uns – ungemein edel, ein Außentor mit zarter, nirgends schematisierender Verzierung, Bögen, Zinnen, Rosetten. Dahinter das 32 Meter hohe, kraftvolle und doch nicht plumpe Innentor. Vom Tore aus schlingt sich die Rundmauer teils in ungewöhnlicher Höhe um die Stadt und wird noch von drei weiteren Toren durchbrochen. Ähnlich dem Treptower Tore hat auch das Stargarder Tor noch Außen- und Innentor erhalten. Dieses ist durch die keramikartigen Plastiken von neun Jungfrauen bemerkenswert, die sich zur Stadt kehren und segnend oder händeringend – man kann sich nicht entscheiden – ihre Arme ausbreiten. Auch das einfachste der Tore, das Neue Tor, trägt in seiner Höhe acht steinerne Jungfrauen, während das Friedländer Tor besonders wehrhaft und klotzig erscheint. Es hat vor seinem Außentor sogar noch den Zingel, eine Mauerumgürtung, die dem Außentor wie ein Schild vorgesetzt ist.
Doch nicht nur die Tore sind an Neubrandenburgs Befestigung auffallend, das seltsamste sind wohl die sogenannten → Wiekhäuser in der 7 Meter hohen Mauer (→ Stadtmauer) selber. Es waren einmal 56 an der Zahl, heute ist noch eines in seiner ursprünglichen Gestalt in der Nähe des Reuterdenkmals (→ Denkmale) zu sehen; die übrigen sind teils verfallen, teils zu richtigen kleinen Wohnhäusern umgebaut. Solch ein Wiekhaus sieht höchst eigenartig aus, man kann sich kaum vorstellen, dass Menschen darin wohnen können. Von der Außenseite starrt uns nur ein Mauervorsprung an, an der Innenseite aber klebt ein Fachwerkerker, weiß, gelb, grau gestrichen. Man denkt unwillkürlich an Pfahlbauten, Baumhäuser und ähnliche seltsame Menschenwohnun-

gen, wenn man ein solches Wiekhaus vor sich sieht, das inwendig jedoch durchaus wohnlich eingerichtet sein kann. Vor der Mauer kann man auf den alten Wällen (→ Wallanlagen) der Stadt entlanggehen, im Schatten prachtvoller Eichen, von denen zwei früher von jedem Brautpaar gepflanzt werden mussten. Auch das ehemalige → Franziskanerkloster mit der Johanniskirche (→Sankt Johanniskirche) in der Nähe des Bahnhofs sind sehenswert sowie schließlich die imposante → Marienkirche mit dem kunstvollen Ostgiebel.

Ein sonnig–heiterer Marktplatz mit hübschem Rathaus, viele ältliche Gassen mit Fachwerkhäusern erfreuen uns im Innern der Stadt, während sich außerhalb Villen mit Gärten und andere Neubauten hinzugesellt haben. So ist Neubrandenburg seiner herrlichen Lage und seiner altertümlichen Schönheit willen heute zu einem besuchten Erholungsort geworden.

Verfallendes Gemäuer auf dem Schloßberg Weisdin

„Können Sie mir bitte sagen, wohin ich will?" *so fragte Karl Valentin*

GUDRUN MOHR

AUSFLUGS- UND WANDERZIELE HEUTE – VON A – Z

Alleen

Was wäre Mecklenburg-Vorpommern ohne seine Alleen? Wer im Sommer – mit welchem Fahrzeug auch immer – unter einem kühlenden Blätterdach unterwegs ist, dürfte mit Wohlwollen der Tatkraft und Weitsicht unserer Altvorderen gedenken. Schon Preußenkönig Friedrich II. (1712–1786) hasste staubige Wege und schneeverwehte Straßen. Er ließ in seinem Königreich Tausende Bäume zur Befestigung der Wege, Erleichterung des Reisens und zur Holzgewinnung an die Straßenränder pflanzen. Ein halbes Jahrhundert später eiferten die Erbauer der mecklenburgischen Chausseen diesem Vorbild nach.
Heute tragen prächtige Alleen in Nordostdeutschland zur räumlichen Gliederung der Landschaft bei und erfüllen vielerlei ökologische Funktionen – Lärm- und Windschutz, Bienenweide, Staub- und Abgasabsorption. Alleen verknüpfen verschiedenartige Lebensräume vieler Tierarten und sind nicht zuletzt ein ästhetisches Erlebnis.
Das „Landesnaturschutzgesetz" von Mecklenburg-Vorpommern aus dem Jahr 1998 stellt die Alleen im § 27 als wertvolle Landschaftsbestandteile ausdrücklich unter Schutz.
Die relative Unversehrtheit der Alleen an den Chausseen in Mecklenburg-Vorpommern regte den ADAC und die Schutzgemeinschaft Deutscher Wald zu einem ehrgeizigen Projekt an – die Deutsche Alleenstraße. Diese Ferienstraße führt von der Insel Rügen bis an den Bodensee. Zwar berührt ihre Trasse das Tollensegebiet nicht unmittelbar, nichts desto weniger umschließen auch hier stattliche Baumreihen die Fahrbahnen von Bundesstraßen, Landstraßen oder Landwegen. Als Erstbepflanzung nach dem Bau der Chausseen weisen die Bäume oft ein Alter zwischen 90 bis 150 Jahren auf und haben damit heute nicht selten ihre natürliche Altergrenze als Alleebaum erreicht. Viele mussten aus diesem Grund schon weichen. Auch aus anderer Ursache gibt es um ihren weiteren Bestand fortwährende Diskussionen. Kreuze und Blumengebinde an den Alleebäumen erinnern an tragisches Unfallgeschehen.
Weil Fahrzeugführer offensichtlich mit den Chausseebäumen auf Kriegsfuß stehen, werden immer mehr Bäume gefällt, so dass verschiedene Alleen schon beträchtliche Lücken aufweisen. Früher machte ein sogenannter „Totschlag" auf verhängnisvolle Ereignisse am Wegrand – Raubüberfall, Mord – aufmerksam. Es war ein Reisighaufen, auf den Vorbeikommende Zweige hinzulegten und dabei der Verunglückten gedachten.
Vor allem Sommer- und Winterlinden, Rosskastanien, Berg- und Spitzahorn, manchmal Eschen und Pappeln bildeten grüne Dächer über den Straßen. Anders als in den mitteldeutschen Gebieten wurden die Wege hier im Norden relativ selten mit Obstbäumen bepflanzt, und die wenigen sind inzwischen dem „Zahn der Zeit" zum Opfer gefallen.
Um den weiteren Bestand der „grü-

nen Bänder" des Landes zu sichern, ist also in mehrerer Hinsicht verantwortungsvolles Handeln erforderlich. Die Benutzung der Chausseen war in Mecklenburg-Strelitz bis 1882 gebührenpflichtig. An den → Chausseehäusern wurde das Chausseegeld kassiert. Entfernungen und Richtungen gaben die Postmeilensäulen an, von denen noch einige als Kulturdenkmale am Straßenrand stehen. Alleen finden wir aber nicht nur an den großen Verkehrsverbindungen, sondern ebenso als gestaltende Landschaftselemente in den Gutsdörfern. Eine repräsentative Baumreihe säumte oft den Fahrweg zum → Schloss, Guts- und Herrenhaus und unterstrich die hervorgehobene Stellung des Hauses.

Die wohl älteste Allee des Gebiets, eine 1785 gepflanzte, nun schon recht lückenhafte vierreihige Lindenallee, führt vom „Englischen Garten", einer Halbinsel im Stadtsee von → Penzlin, zur Landstraße nach

Schattenspiele in einer mecklenburgischen Allee

Werder. Sie geht auf die landschaftsgestaltenden Ambitionen des Joseph von Maltzan (1735–1805) (→Tempelberg) zurück, der seine Besitzungen um Werder nach den ästhetischen Gesichtspunkten des englischen Landschaftsparks geformt haben soll und damit dem Beispiel seines Herzogs Carl II. von Mecklenburg-Strelitz (1741–1816) folgte.
Beachtenswerte Alleen, die mit Schlössern, Gutshäusern oder Parkanlagen in Verbindung stehen, sind u.a. in →Prillwitz, Weisdin, Hohenzieritz zu finden.

Altentreptow

Bis vor rund anderthalb Jahrzehnten schlängelte sich die alte, fast vergessene Treptower Landstraße (heute im ersten Teilstück Woggersiner Straße) zwischen Neubrandenburg und Altentreptow in Beschaulichkeit und Ruhe über die Hügel des Tollenseflusstales hin, nur gelegentlich gestört vom Tuckern eines Traktors oder umnebelt von der Abgaswolke eines „Trabbis". Der Kraftfahrer bemerkte am Ruck der Stoßdämpfer, dass das Fahrzeug von der – zwar auch reichlich löchrigen – mecklenburgischen Asphaltbahn in die sandigen vorpommerschen Schlaglöcher sprang. Hier war also eine Grenze, und zwar nicht nur im Straßenbelag, sondern eine historische Grenzziehung, die unter den verschiedensten politischen und verwaltungsmäßigen Konstellationen über Jahrhunderte Bestand hatte. Selbst heute noch trennt sie am Ortsrand von Lebbin die Landkreise Mecklenburg-Strelitz und Demmin. Aber der Zustand der Straße veränderte sich inzwischen – zum Positiven natürlich – haben doch eine Reihe Neubrandenburger ihre Vorliebe für ländliche Wohnplätze entdeckt, beispielsweise in Woggersin und Lebbin. Die ausgebaute Landstraße ist heute ein Geheimtipp, wenn sich der Fahrzeugstrom auf der Bundesstraße 96 zwischen Altentreptow und Neubrandenburg wieder einmal staut. Außerdem begleitet ein empfehlenswerter Radweg (→ Radwandern) die alte Trasse. Es geht also turbulenter zu auf der geschichtsträchtigen Treptower Landstraße – fast wie in älteren Zeiten: Treptow an der Tollense, seit 1939 Altentreptow, lag (und liegt nun wieder) in Pommern bzw. Vorpommern. Um dieses Pommern stritten sich in der Vergangenheit die verschiedensten adligen Herren aus Mecklenburg, Dänemark, Schweden und Brandenburg/Preußen.
Besonders das 15. Jahrhundert war gezeichnet von ständigen Fehden zwischen den Fürsten, dem ortsansässigen Adel und den Städten. Immer ging es darum, den Nachbarn Besitz streitig zu machen. Kein Wunder, dass sich die Scharmützel oft genug vor den Toren der Städte Neubrandenburg und Treptow oder, was noch schlimmer war, in den Gassen der Städte abspielte, verlief die besagte Grenze doch nur wenige Kilometer entfernt. Also wird die alte Landstraße häufig genug unternehmungslustige Krieger, aber ebenso flüchtende Besiegte gesehen haben. Der Prillwissestein (→ Gedenksteine) in Neubrandenburg erinnert an eine solche Auseinandersetzung. Einer der historischen Zugänge zur Stadt Treptow verlief über besagte Landstraße, was der aufmerksame Besucher sofort bemerkt, wenn er sich aus westlicher Richtung der Altstadt nähert. Das [Neu]-Brandenburger Tor (→ Stadttore) stellt sich ihm in den Weg. Es ist neben der → Stadtkirche St. Petri ein Wahrzeichen der Stadt. Durch dieses Tor gelangt man noch heute – ob nun zu Fuß oder motorisiert – auf kurzem Weg in das Stadtzentrum.

Altentreptow von der Tollense aus

Der Ortskern hatte in einer slawischen Siedlung, die auf einer Anhöhe in der Tollenseniederung gelegen war, seinen Ausgangspunkt. Eine Urkunde aus dem Jahr 1127 erwähnt diese Ansiedlung zum ersten Mal. Richtig ins Licht der Geschichte trat Altentreptow 1175 mit einem Hinweis auf eine Kirche in „Trybethove".

Von dieser Kirche allerdings ist nichts Genaueres überliefert, dafür krönt die im 14. Jahrhundert entstandene → Stadtkirche St. Petri das Bild der kleinen, beschaulichen Stadt im Tollenseflusstal. Sie erhielt bereits 1245 Stadtrecht, trug schon einmal im ausgehenden Mittelalter den Namen „Olden–Treptow" und heißt – wie bereits erläutert – seit 1939 wieder so. Zwischendurch nannte sie sich nur Treptow. Um Verwechslungen mit Treptow an der Rega in Hinterpommern und Treptow bei Berlin zu vermeiden, wurde ein „a. Toll." – an der Tollense – angefügt. Spaßvögel schrieben „Atoll". Nun, als stilles Eiland bietet sich Altentreptow nicht dar, aber etwas abseits der großen Straßen liegt es schon. Die Bundesstraße 96 berührt die Stadt nur am Rande, wofür die Einwohner heute sicher dankbar sind. Durch die Bundesautobahn 20 in der Nähe haben sich Altentreptows Wege in die weite Welt neuerdings deutlich verkürzt.

Wie in anderen Städten suchten auch hier Kriege, Stadtbrände, Epidemien und andere Unglücke die städtische Gemeinschaft heim. Kriegerische Auseinandersetzungen zwischen dem pommerschen und dem mecklenburgischen Adel legten beispielsweise 1468 die halbe Stadt und vor allem das Rathaus in Schutt und Asche. Wertvolle Dokumente über die Frühzeit der Stadt gingen verloren. Solchen Drangsalen waren die Bürger immer wieder ausgeliefert. Im Dreißigjährigen Krieg wechselten sich zwischen 1627 und 1631 kaiserliche und schwedische Truppen als Besetzer ab – mit entsprechenden Folgen.

Im Ergebnis dieses Krieges fiel Vorpommern und mit ihm Altentreptow an Schweden, aber einer der nächsten großen Kriege, der Nordische, bescherte den Treptowern neue Herren. Durch den Stockholmer Frieden 1720 gingen die vorpommerschen Gebiete bis zur Peene, also auch Altentreptow, an die Preußen. Das 19. Jahrhundert begann mit Belastungen durch die Napoleonische Fremdherrschaft. Erst nach den Befreiungskriegen und dem Wiener Kongress 1815 war der Weg frei für einen bescheidenen wirtschaftlichen Aufschwung. Noch gab es nur wenige Häuser außerhalb der Stadtmauer. Die meisten Bürger lebten von Ackerbau, Viehzucht oder Handwerk. Allmählich stellte sich bescheidener Wohlstand ein, der seine wirtschaftliche Basis in den funktionierenden Wirtschaftsbeziehungen zwischen der Stadt und dem landwirtschaftlich geprägten Umland hatte. Molkereien, Ziegeleien entstanden, Holzverarbeitung, Garnweberei und Tuchmacherhandwerk ernährten die Einwohner.

Die Kirchen bzw. christlichen Stiftungen St. Georg und St. Spiritus hatten durch Grundbesitz aus den ehemaligen Klostergrundstücken eine gutes wirtschaftliches Fundament und vermehrten nun als Hospitäler die Einnahmen der Stadt. Es konnten ein neues Schulhaus und ein kommunales Krankenhaus gebaut werden. Zwischen 1863 und 1865 wurde die → Stadtkirche St. Petri gründlich saniert und von 1868–69 ein neues Rathaus gebaut, das noch heute – in gotisierendem Schmuck – den Marktplatz auf der Südseite abschließt.

Von Kampfhandlungen des Zweiten Weltkrieges blieb Altentreptow verschont. Die Stadt hatte das Glück, am 29. April 1945 kampflos übergeben zu werden.

Die Besetzung durch die Rote Armee vollzog sich aber auch hier nicht ohne Komplikationen und Opfer. Tausende Vertriebene und Flüchtlinge fanden ein neues Zuhause und halfen, die schweren Nachkriegsjahre zu überstehen. Und der DDR-Sozialismus hinterließ nur vergraute und verwitterte Fassaden und einige deplazierte Neubaublöcke. So kann Altentreptow sein, im wesentlichen nach dem Dreißigjährigen Krieg entstandenes, historisches Stadtbild heute ohne große Brüche präsentieren.

Wasserspiele auf dem Marktplatz

Nach der Wende haben Engagement und Bürgerfleiß dieses Stadtbild vorteilhaft verändert. Welche Stadt im Umkreis besitzt schon einen so hübschen Marktplatz, über welchen das klare, saubere Wasser der Kleinen Tollense plätschert, zu fröhlichen Planschereien einladend? Oder die heimeligen, geschlossenen Straßenzüge der Unterbaustraße und der Brandenburger Straße. Kein Konsumtempel verdirbt die Proportionen und raubt den Einzelhändlern die Existenzgrundlage. Kleine Geschäfte laden zum Bummeln ein. Vor den Ladentüren blühen rote und gelbe Malven, stehen Blumenkörbe. Türglocken bimmeln „Willkommen". Der Spazierweg an

Partie an Randkanal und Tollensefluß

der Kleinen Tollense entlang bis hinunter zur „großen", hier die gepflegte Promenade an der → Stadtmauer und vieles andere sind touristische Geheimtipps. Übrigens wurde die erfolgreiche Renaturierung des kleinen Bachlaufs mitten durch die Stadt 2002 mit dem Landesbaupreis ausgezeichnet.
Natürlich wartet noch so manches alte Haus mit seinen verwitterten Farben, blind gewordenen Fenstern und herab gefallenen Dachsteinen auf mutige, tatkräftige, möglichst junge Hände. Sollte diese unverwechselbare Atmosphäre einer kleinen Stadt und das intakte städtische Gemeinwesen nicht eine gewisse Anziehungskraft entwickeln, beispielsweise auf Künstler, Kunsthandwerker und Menschen mit ähnlichen kreativen Berufen? Hier arbeiten und leben sie inmitten urwüchsiger Natur und doch nah bei den Freuden und Sorgen der Mitmenschen. Der Dichter Fritz Reuter (1810–1874) gab vor anderthalb Jahrhunderten dafür ein gutes Beispiel. Nach Festungshaft und Jahren ohne festen Wohnsitz bezog er 1850 in der Oberbaustraße seine erste Wohnung, entschloss sich zu heiraten und begründete mit seiner Luise ein bescheidenes Glück. Im benachbarten Neubrandenburg (→Denkmale) zu schriftstellerischen Ehren gekommen, endete sein Leben 1874 in einer etwas zu prahlerisch geratenen Villa im fernen Eisenach. Unter seinen Treptower Mitbürgern fand Fritz Reuter mit seinen Bemühungen als Privatlehrer für Zeichnen und Turnen und als angehender Dichter sehr bald Anerkennung. Sie beriefen ihn bereits 1853 in die Treptower Stadtvertretung.
An diese Berühmtheit der Stadt erinnern heute Gedenktafeln an Reuters Wohnhäusern, seinem Stammlokal, der → Gedenkstein am Klosterberg und das Reuter-Zimmer in der Heimatstube (→ Museen).
Reuter wusste den Tollensefluss für seinen Schwimmunterricht zu nutzen. Andere Altvordere segelten auf dem Fluss, gründeten bereits in den 1920er Jahren einen Seglerverein,

unterhielten am Flussufer ein Ausflugslokal und eine Badeanstalt.

Noch heute bietet sich der Fluss für den Wassersport an, beispielsweise für eine → Wasserwanderung. Inzwischen gibt es eine akzeptable Lösung für das Einsetzen bzw. Umtragen der Boote am Wehr der Stadt. Auf dem 2 ha großen Wiesengelände der Pension und Gaststätte „Wiesenquelle", direkt am Tollensefluss gelegen, finden Paddler, Reiter, Angler und Wanderer nicht alltägliche Angebote für Beobachtungen in der Natur und für vielfältige Freizeitbeschäftigungen.
So schlummern in der kleinen Stadt mit ihren rund 6600 Einwohnern so manche Potenzen, die zu entdecken, zu bewahren und geschickt weiterzuentwickeln man den Bürgern und ihrer Stadtvertretung nur wünschen kann.

Gästen und Touristen sei folgender Stadtrundgang empfohlen:
Vom Marktplatz am sanierten Abschnitt der Kleinen Tollense entlang bis zur Demminer Straße; durch das Demminer Tor bis zum Klosterberg, hier den → Gedenkstein für Fritz Reuter und den größten → Findling auf dem norddeutschen Festland beachten; zurück Richtung Stadtzentrum entweder über die Stralsunder Straße oder auf der bereits bekannten Demminer Straße; durch die Unterbaustraße wieder Richtung Marktplatz, diesen am nördlichen Ende überquerend in die Brandenburger Straße; dann zum [Neu]Brandenburger Tor als Teil der → Stadtbefestigung, hier einen Blick in die historische Mauerstraße werfen; am Tor auf die Promenade zwischen alter Stadtmauer und Tollensefluss einbiegen und an der Stadtmauer entlang bis zum alten Mühlenspeicher am Wehr gehen; hier zur → Stadtkirche St. Petri hochsteigen; ein Stück die Oberbau-

Fritz Reuter ist allgegenwärtig

straße entlang (Gedenktafeln für Fritz Reuter nicht übersehen); dann linkerhand wieder zum Marktplatz hinunter; angekommen genau an der Stelle, an welcher der Stadtrundgang begann.

Angeln

Mit seinen über 2000 Seen und Kleingewässern und vielen Flussläufen ist Mecklenburg-Vorpommern ein zu recht gerühmtes Angelparadies. Artenreiche Fischbestände versprechen guten Erfolg. Die häufigsten Fische, die am Köder anbeißen, sind Blei, Hecht, Barsch, Karpfen, Zander, Aal, Schlei, Rotfeder, Forelle.
Das trifft auch auf das Tollensegebiet zu. Hier sind es zuerst der → Tollensesee, der Tollensefluss mit den „Torflöchern", der Wanzkaer See, der Krickower See, die sich für diesen erholsamen Freizeitsport anbieten. Allerdings kann man ungetrübte Anglerfreuden nur genießen, wenn man sich an die gesetzlichen

Regelungen hält. Dazu gehören ein gültiger Jahresfischereischein, den man erworben haben muss, sowie eine Angelerlaubnis des Fischereirechtinhabers des entsprechenden Gewässers. Außerdem sind Schonzeiten, Mindestmaße für einzelne Fischarten, Fangbegrenzungen und die sachgerechte Geräteausstattung zu beachten.
So ist beispielsweise der Tollensesee ein Pachtgewässer der Müritz–Plau–GmbH, für welches selbst Mitglieder des Deutschen Anglerverbandes (DAV) eine Zusatzkarte benötigen, zu erhalten bei der Fischereigenossenschaft „Tollensefischer“ in Neubrandenburg Schillerstraße 21.
In Altentreptow kann seit kurzem jedermann auf dem Privatgelände der Pension und Gaststätte „Wiesenquelle“ gegen ein geringes Entgelt sein Anglerglück versuchen.
Auskünfte und weitere Informationen geben die Berufsfischer vor Ort, der DAV, Anglershops und die Fremdenverkehrsämter (→ Touristinformation).

Augustabad

Vor rund einhundert Jahren versuchte Neubrandenburg den Einstieg in den Tourismus – und das offensichtlich mit Erfolg wie die in kurzer Zeit entstandene „Kolonie Augustabad“ bewies. Die den Namen gebende Einrichtung – das Kurhotel Augustabad, benannt nach der Großherzogin Augusta Caroline von Mecklenburg–Strelitz (1822–1916), – ging aus der Initiative einer Aktiengesellschaft hervor, an welcher sich hauptsächlich Bürger aus Neubrandenburg beteiligten. Das Kurhotel wurde im Sommer 1895 eröffnet. Am Rande des „romantischen, schluchten– und buchenreichen“ → Nemerower Holzes gelegen, bot der im Schweizerhaus–Stil errichtete „elegant ausgeführte Bau“ allen Komfort, mit welchem zahlungskräftige Gäste aus Berlin, Hamburg oder Stettin seinerzeit rechneten.
Den überzeugenden und gern zitierten Beweis lieferte ein prominenter Gast, nämlich der Dichter und Wandersmann Theodor Fontane (1819–1898). In Briefen an seine Familie und Freunde bekannte er: „Ich bin gern in Mecklenburg, wie in allen Ländern und Städten, die man in dem öden und dämlichen Berlinertum unserer Jugend für Plätze zweiten Ranges hielt ...“ oder „Alles Freundliche und Befreundete kam mir von Jugend an aus Mecklenburg. Nirgends habe ich glücklichere Stunden verlebt als in Neubrandenburg (das, wenn ich vor 55 Jahren von Ruppin nach Swinemünde fuhr, Mittagsstation war, und welche!) ...“.
1897 weilte der von Altersgebrechen geplagte Autor mit Frau und Tochter nochmals für mehrere Tage im modernen Kurhotel Augustabad. „Wir unsererseits hatten es ungewöhnlich gut getroffen und haben uns in der Seeluft (Tollense–See) wirklich erholt ...“ berichtete er aus Neubrandenburg.
Zum Kurhaus gesellten sich in den folgenden Jahren nach und nach Villen, Fremdenpensionen und Erholungsheime mit vielen Angeboten für die Feriengäste.
Im längst verschwundenen Waldrestaurant „Hieronymus“ konnte man sich auch für weniger Geld satt essen, beispielsweise an den Fisch– oder Krebsgerichten, deren Ausgangsprodukte der → Tollensesee fast bis vor die Haustür spülte.
Das sonnenbegünstigte Ostufer des Sees bot den Gästen manche Abwechslung – eine eichenumsäumte, elegante Promenade, einen gepflegten Badestrand, Ruderboote, den → Aussichtsturm „Behms Höhe“, die Dampferanlege-

Augustabad - wie es Theodor Fontane kannte

stelle, von welcher aus man zu Lampionfahrten „in See" stach.
Die Besitzer bzw. Pächter des Kurhauses wechselten mehrmals, und recht glücklich sind sie mit dem Unternehmen wohl alle nicht geworden. Im Ersten Weltkrieg musste das Kurhaus als Kriegsgefangenenlager für britische Offiziere herhalten. Mitte der 1920er Jahre übernahm die Deutschnationale Krankenkasse Hamburg das Haus und ließ es zu einem Erholungsheim für die Mitglieder umbauen. Die Spitztürmchen des Schweizerhauses verschwanden, das Fachwerk kam unter Putz, Fensterreihen mit geschlossenen Veranden wurden vorgesetzt und das Dachgeschoss ausgebaut. Es entstand das äußere Bild wie es sich uns heute noch im wesentlichen präsentiert. Die Außenanlagen erfuhren eine gründliche Umgestaltung, so dass im Jahr 1931 ein Werbeprospekt vom „modernsten Binnenbad in beiden Mecklenburg" sprechen konnte. Aber auch an dieser Investition konnten sich Kurgäste nur kurze Zeit erfreuen. Mit Beginn des Zweiten Weltkrieges wurde das Haus zum Lazarett umfunktioniert. 1945 übernahm die sowjetische Besatzungsmacht das Kurhaus und weitere Villen im Umkreis, dann lag die gesamte „Kolonie Augustabad", die natürlich nicht mehr so genannt wurde, in einem militärischen Sperrgebiet.
Das Kurhaus diente den Lehrlingen des Reparaturwerkes Neubrandenburg (RWN) als Wohnheim und war so eingeschränkt öffentlich genutzt, ebenso der beliebte Badestrand, den sich die Neubrandenburger trotz – zeitweise – Schlagbaum und Personalausweiskontrolle nicht nehmen ließen. Nach der Wende zog abermals eine Krankenkasse hier ein, verließ allerdings die alt gewordenen Gemäuer inzwischen wieder. Nun steht das Haus seit langem ungenutzt und wartet auf einen finanzkräftigen Investor. So spiegelt sich im Schicksal dieses Hauses, am Stadtrand zwischen Wald und Wasser gebaut, auf eigentümliche Weise die deutsche Geschichte im 20. Jahrhundert.

Aussichtspunkte

Von den vielen Möglichkeiten, weit ins mecklenburgische und vorpommersche Land blicken zu können, sollen an dieser Stelle nur die bekanntesten und durch Wanderwege oder Straßen gut zugänglichen Aussichtspunkte aufgezählt werden:

- Ortslage des Dorfes Alt Rehse, dort am Ostrand des ehemaligen Gutes
- Ortslagen Alt Tellin, Klatzow, Kessin, Mühlenhagen (→ Naturerlebnispark), Weltzin im Tollenseflusstal
- Plattform auf dem Gnagelberg (Höhe: + 57 m NN) bei Bornmühle am → Naturlehrpfad Klein Nemerow – Nonnenhof
- Wohnplätze Schönlage, Tollenseheim an der Landstraße von der B 96 zum Hotel Bornmühle bei Klein Nemerow
- Barenberg und Kukusberg bei Brusdorf / Peckatel
- Aussichtsplattform → „Landschaftsgarten Brodaer Teiche" in Neubrandenburg
- Ostrand des Gewerbegebietes Neubrandenburg / Weitin
- → Mörderberg an der Krappmühle bei Neubrandenburg
- → Belvedere am → Tollensesee in Neubrandenburg und unterhalb von Belvedere am Steilufer des Tollensesee eine Aussichtsplattform wenige Meter über dem See
- Ortslage Podewall
- Ortslage Siehdichum
- Hellberge
- Rastplatz Usadel direkt an der B 96
- Paterenenberg am nördlichen Ende von Usadel
- Ostrand des → Zechow bei der Wanzkaer Mühle
- Bronzezeitliches → Hügelgrab Wustrow

Aussichtsturm „Behms Höhe"

Das geomorphologisch so vielgestaltige → Nemerower Holz war im 19. Jahrhundert und noch im ersten

Aussichtsturm „Behms Höhe"

Jahrzehnt des 20. Jahrhunderts ein beliebter Platz für sommerliche Lustbarkeiten der Bürger von Neubrandenburg: Vogelschießen, Strandpartien oder Einkehr in der Restauration „Hieronymus".
Da war es nur eine Frage der Zeit und der Initiative, bis auf exponiertem Platz auf dem Hohen Ufer ein Aussichtsturm errichtet wurde. Zu Ehren des tapferen Neubrandenburger Bürgermeisters Erasmus Behm († 1631) erhielten Höhe und Turm ihren Namen. Der Turm wurde aus privaten Spenden sowie durch Geldsammlungen finanziert und 1905 mit einem Volksfest eingeweiht. Das über 30 m hohe Bauwerk steht auf einer Geschiebemergelklippe, die steil zum → Tollensesee hin abfällt. Die Höhe liegt +57 m über NN, damit rund 42 m über dem See.
Hat man die 111 Stufen bis zur oberen Plattform erklommen, bietet sich ein wundervoller Rundblick über den Tollensesee und auf die Stadt Neubrandenburg.

Nach 1945 lag der Turm wie das gesamte Nemerower Holz in einem militärischen Sperrgebiet. Vor allem sein Dach verfiel. Als das schöne Ausflugsgebiet nach 1990 wieder zugänglich wurde, gab es sehr bald Anstrengungen, den Turm zu sanieren. Sein stabiles Mauerwerk hatte fast ein halbes Jahrhundert lang Wind, Regen und manch anderen Anfechtungen getrotzt. Wieder stellten die Bürger der Stadt – und ihre Gäste – private Geldmittel zur Verfügung. Genau 90 Jahre nach seiner ersten Eröffnung, seit dem 8. Juli 1995, lädt seine Wendeltreppe wieder zum Aufstieg ein.

Weitere Aussichtstürme mit Weitblicken über Tollensebecken und -fluss:

- Bergfried der → Burg Stargard
- HKB-Hochhaus im Stadtzentrum von Neubrandenburg
- Bergfried der → Burg Klempenow

Badestrände, Badestellen

Der →Tollensesee ist ein Badegewässer par excellence, allerdings nur von Mitte Mai bis Anfang September. Hart gesottenere Schwimmer haben eine etwas längere Saison, und die Eisbader stürzen sich sogar im Winter ins kalte Nass.

Die Badegepflogenheiten haben sich im Laufe von anderthalb Jahrhunderten gewaltig geändert. In den 30er Jahren des 19. Jahrhunderts entstanden die ersten Badeanstalten im Freien. 1831 gründeten die Neubrandenburger Bürger die erste Badegesellschaft, die sich am „Kropp" – das war die Stelle, an welcher der Oberbach den Tollensesee verlässt – ein kleines Badehaus bauen ließ. 1844 ergriff ein Privatmann die Initiative und errichtete u.a. mit Baumaterialien vom Abriss eines alten Hauses (der Plattenburg) die erste „Ausgabe" des Badehauses am Nordufer des Tollensesees. Es wurde zu einer traditionsreichen Einrichtung mit Ausflugslokal. Der heutige Neubau bietet niveauvolle Gastronomie, aber zum Baden muss man zum Strandbad → Broda oder zum → Augustabad.

Die erste Badeanstalt stand im See und besaß mehrere Kabinen, die man gegen Entgelt mieten konnte, übrigens auch das Handtuch, falls man das eigene vergessen hatte. Vormittags durften die Damen, nachmittags die Herren im See plantschen und schwimmen. Die kurzen Vormittagsstunden reichten den Damen bald nicht mehr aus, und so forderten sie eine eigene Badeanstalt. 1901 wurde ihnen der Wunsch erfüllt. Ein Bretterzaun trennte Männlein und Weiblein, später entstand zwischen beiden Stränden ein Familienbad.

Schwimmunterricht und Schwimmwettkämpfe im Tollensesee sind seit langem beliebt. Schon Turnvater Jahn (1778–1852) (→ Denkmale) unterrichtete die Neubrandenburger Jungen in dieser Sportart. Sportliche Ehren gab es über viele Jahre für das Durchqueren des Sees zwischen Augustabad und Broda. Diese Tradition ist inzwischen wiederbelebt und zu einem beliebten Wettkampf geworden.

Durch umfangreiche Sandaufschüttungen in den letzten Jahrzehnten stieg die Attraktivität der Strandbäder Broda und Augustabad. Hinzu kamen Freizeitanlagen wie Minigolf, Spielplätze, Grillplätze, Volley- und Basketballplätze und gepflegte Liegewiesen. Auch die FKK-Anhänger haben ihre Refugien. Der beliebteste traditionelle Badeplatz für die Wasserratten „ganz ohne" aber ist nach wie vor Buchort, im → Brodaer Holz gelegen auf halben Weg zwischen Strandbad Broda und → Campingplatz Gatsch-Eck (Uferweg benutzen).

Herrenbad am Tollensesee (historische Postkarte)

Im Norden der Stadt Neubrandenburg ist mit dem Reitbahnsee in den letzten zwanzig Jahren aus einem Kiessandtagebau ein weiteres beliebtes Strandbad entstanden. Hier gibt es sogar eine Wasserskianlage mit einer Seilbahn. Die Anlage ist ein Rundkurs über 800 m und kann mit 30 km/h (Anfänger) bis 58 km/h (Fortgeschrittene) befahren werden. Anfänger werden durch einen erfahrenen Lehrer bei den ersten Schritten „auf" dem Wasser angeleitet. Wasserski und Zubehör können entliehen werden.

Das vorbildliche Umweltmanagement und die guten Sicherheitsstandards der Strandbäder in Neubrandenburg wurden schon mehrmals mit Auszeichnungen und Anerkennungen bedacht, beispielsweise den „Blauen Flaggen".

Neben den komfortablen Strandbädern der Stadt Neubrandenburg gibt es in den Gemeinden am Tollensesee und an den umliegenden Seen dörfliche Badestellen mit schlichterer Ausstattung. Dafür sind es aber stillere, romantische Badeplätze, beispielsweise in Alt Rehse, Klein Nemerow, Prillwitz, Wustrow. Badestellen und Rastplätze liegen außerdem an den Tiefseen hinter dem Wohngebiet Monkeshof bzw. Trollenhagen–Süd, am Krickower See, in Weisdin am Langen See und am Wanzkaer See. Der → Campingplatz Gatsch–Eck besitzt einen eigenen Badestrand.

→ Penzlin unterhält eine (schlichte) Badeanstalt am Penzliner Stadtsee. Die Einwohner von → Altentreptow sitzen in bezug auf das Schwimmen – wenn man von Tollensefluss absieht –, etwas auf dem Trockenen.

Bahndammwanderungen

„Du schliefst, Land Mecklenburg", klagte ein Dichter, und er hatte recht. Mecklenburgs Rückständigkeit wurde sprichwörtlich. Wenn sich gesellschaftlicher Fortschritt, zuerst in Form von wissenschaftlich-technischen Erfordernissen bemerkbar, auf politischem Wege nur schwer durchsetzen konnte, musste er eben über eine andere Strecke daherkommen, und er kam, über die eiserne, in Gestalt von dampfenden

Slawendorf Passentin

und fauchenden Lokomotiven. Mit dem Eisenbahnbau musste sich Mecklenburg stärker an seinen Nachbarn orientieren und mit ihnen zusammenarbeiten.
1844 vollzogen sich die ersten praktischen Baumaßnahmen auf mecklenburgischem Terrain im Zuge des Baus der Strecke Berlin – Hamburg. Schließlich unterzeichnete Großherzog Friedrich Franz II. von Mecklenburg–Schwerin (1823–1883) 1846 eine Konzessionsurkunde für eine mecklenburgische Eisenbahngesellschaft. Nun entstanden, nicht ohne Verzögerungen und finanzielle Probleme, nach und nach die verschiedensten Eisenbahnverbindungen.
Im Großherzogtum Mecklenburg–Strelitz erhielt 1864 Neubrandenburg als erste Stadt einen Eisenbahnanschluss, denn die „Friedrich–Franz–Eisenbahn" hatte, von Güstrow kommend, die Stadt erreicht. Bald durchquerten weitere Strecken die Neubrandenburger Region:
1867 konnte der Streckenabschnitt bis Pasewalk der „Friedrich–Franz–Eisenbahn" für den Verkehr freigegeben werden;

1877/78 folgte die „Nordbahn" von Berlin über Neustrelitz – Neubrandenburg bis Stralsund;

1884 ging die 25,6 km lange Strecke zwischen Neubrandenburg und Friedland in Betrieb;

1885 kam die wichtige West–Ostverbindung der „Mecklenburgischen Südbahn" (Parchim – Waren – Penzlin – Neubrandenburg) dazu;

1893 konnte die Teilstrecke Blankensee – Woldegk der „Mecklenburgischen Friedrich–Wilhelm–Eisenbahn" eröffnet werden und schließlich erhielt der aufstrebende Luftkurort Feldberg 1910 einen Eisenbahnanschluss.
Die wichtigsten Strecken wurden später durch Ankauf zur Mecklenburgischen Staatseisenbahn zusammengefasst. Das Netz der größeren Bahnen ergänzten mehrere Privat– und Kleinbahnen, einige Werkbahnen kamen hinzu. So waren vor

dem Ersten Weltkrieg beide mecklenburgischen Großherzogtümer durch Schienenstränge bis in entlegene Gebiete gut erschlossen. Dieses Netz bestand leider nur relativ kurz. In den letzten Kriegswochen des Jahres 1945 wurden dem Eisenbahnwesen schwere Verluste zugefügt.
Nach dem Zweiten Weltkrieg wurde auch die Eisenbahn in Mecklenburg-Vorpommern zu Reparationsleistungen gegenüber der Sowjetunion verpflichtet. Einige Haupt- und Nebenbahnen wurden abgebaut und abtransportiert.
Andere Strecken stellten in den folgenden Jahren aus wirtschaftlichen Gründen den Betrieb ein.
Ein beispielloser Abbau von Leistungen der Eisenbahn vollzog sich aber nach 1990. Im Januar 1994 stellte die traditionsreiche Strecke zwischen Neubrandenburg und Friedland den Personenverkehr ein. Seit 1999 verrosten die Schienen auf der für die Entwicklung eines naturverträglichen Tourismus wichtigen Strecke Neustrelitz – Feldberg – um nur einiges zu nennen. So durchziehen heute Bahndämme mit alten Schienen oder bereits ganz ohne solche das Land. Mancherorts werden diese Bahndämme als Wirtschaftswege befahren, und für Wanderer sind sie interessant, weil sie nicht selten in Landstriche führen, die über andere Verkehrswege nur schlecht zu erreichen sind. Eine solche Bahndammwanderung führt beispielsweise aus der Tollenseniederung hinaus bis nach → Penzlin.

Auf dem Damm der Mecklenburgischen Südbahn von Neubrandenburg nach Penzlin (14 km):
Am besten beginnt man die Tour im Neubrandenburger Ortsteil Weitin (Busverbindung des Stadtverkehrs nutzen!). Hier folgt man den Wanderwegweisern in westlicher Richtung und kann im bald erreichten Wäldchen auf die alte Eisenbahntrasse einschwenken.
Die erste Station ist das Dorf Wulkenzin, wie viele umliegende Ortschaften seit 1170 nachgewiesen. Der ältere Teil des Dorfes mit der 1832 nach dem Entwurf von Oberbaurat Buttel (1796–1869) erbauten roten Backsteinkirche (→ Dorfkirchen), einem Eis-Café und einer Speisegaststätte liegt jedoch jenseits der Chaussee B 192. Auf unserer Seite unmittelbar neben dem Bahndamm werden wir von den weiß getünchten Wänden einer neuen Sport- und Tennishalle (→ Freizeitsportanlagen) geblendet.
Wer mehr Zeit eingeplant hat, dem empfehlen wir einen kurzen Abstecher zur früheren Bandmühle (→ Wassermühlen) im Tal des → Malliner Wassers. Dafür müssen wir den Bahndamm in nördlicher Richtung verlassen. Der einzige Feldweg weit und breit, zugleich ein ausgeschilderter Wanderweg, führt uns an das romantische Plätzchen mit den leider nur noch spärlichen handfesten Erinnerungen an die alte Wassermühle. Auf den Bahndamm zurückgekehrt, wandern wir nun durch die offene Feldmark nach Mallin. Hier machen wir wie vormals die schnaufende Eisenbahn kurz Station. Den alten Bahnhof, heute als Wohnhaus genutzt, haben wir bald entdeckt. Gutspark und Gutshaus sind noch vorhanden. Leider ist die interessante Anlage, besonders aber das attraktive Gebäude aus der Zeit um 1880 in einem völlig verwahrlosten Zustand (→ Schloss, Guts- und Herrenhaus). Von Mallin aus ist ein Abstecher in den Nachbarort Passentin zu empfehlen. Neben der schönen Aussicht, den dieser auf einer Anhöhe liegende Ort bietet, kann man hier in den Alltag der Slawen vor rund eintausend Jahren eintauchen. Ein „Slawendorf" hat hier Gestalt angenommen. Es entstand mit finanziel-

ler Unterstützung der EU und durch mehrere Arbeitsbeschaffungs-Maßnahmen. Es ist als Begegnungsstätte für Kinder und Jugendliche gedacht, die sich in einer nachempfundenen historischen Atmosphäre mit der Lebensweise unserer Vorfahren bekannt machen sollen und zugleich angeregt werden, über ihr Leben heute nachzudenken. Es bietet weitere phantasievolle Freizeitangebote vor allem für Kinder. Doch wieder zurück auf unsere alte Eisenbahnstrecke. In Mallin beginnt der schönste Abschnitt der Wanderung. Der Bahndamm durchschneidet hügelige Felder und Wiesen, berührt alte Wohnplätze mit knorrigen Obstbäumen, die im Frühjahr üppig blühen und im Herbst ihre Früchte freigiebig verstreuen. Dann kommen wir zum Malliner See. Hinter einem dichten Röhrichtgürtel und undurchdringlichen Bruchwäldern liegt er versteckt und deshalb fast unentdeckt. In dieser geheimnisvollen Welt sind viele seltene Wasservögel und ist anderes scheues Getier zu Hause. Auf den feuchten Wiesen und Weiden wachsen Knabenkräuter, selten gewordene Orchideen. Am gegenüberliegenden fernen Ufer laden die Hügel des markanten Oszuges bei Puchow, einer Hinterlassenschaft der → Eiszeit, zur nächsten Entdeckungstour ein. Der Weg auf unserem Bahndamm mündet in die neue Umgehungsstraße am östlichen Stadtrand von → Penzlin, diesem wirklich sympathischen Landstädtchen.

Belvedere

Der regierende Herzog Adolf Friedrich IV. („Dörchläuchting"; 1738–1794) war seiner Vorderstadt Neubrandenburg besonders zugetan. Die handfesten Spuren, die der Herzog beispielsweise durch rege Bautätigkeit hier hinterließ, sprechen dafür. Nachdem das Palais, sein Sommersitz, 1775 fertiggestellt war, ließ er mit restlichem Baumaterial auf einem attraktiven Platz mit „schöner Aussicht", einem Plateau am nordwestlichen Ufer des →Tollensesees unweit des Dorfes → Broda, ein Fachwerkhäuschen errichten. Nach dem Tode des Herzogs (1794) wurde dieses Gebäude abgetragen und das Baumaterial durch einen Neubrandenburger Bürger für ein neues Fachwerkhaus wieder verwendet. Für längere Zeit fand dann in diesem Haus die Neubrandenburger Freimaurerloge ein Domizil. Für den verwaisten Platz am Tollensesee begeisterte sich abermals ein adliges Herz. Marie von Hessen-Kassel (1796–1880), seit 1817 die Gattin des regierenden Großherzogs Georg (1779–1860), ließ durch den Oberbaurat Buttel (1796–1869) den Entwurf eines neuen, allerdings massiv auszuführenden Gebäudes anfertigen. Der junge, von Karl Friedrich Schinkel (1781–1841) geprägte Baumeister wählte die Form eines klassischen griechischen Tempels mit vier dorischen Säulen. 1823/24 wurde das Bauwerk am alten Platz errichtet und soll oftmals als schützende Hülle für großherzogliche Teestunden gedient haben, was sicher so gewesen sein wird, denn es gab sogar eine kleine Küche im Haus. Bedeutungsvoller war natürlich der mit einer Kassettendecke geschmückte Saal, in welchem Gipsabgüsse antiker Bildwerke aufgestellt waren.

Von der Freitreppe am Belvedere schauen die Besucher heute wie damals entzückt in die Runde. Schon Ernst Boll (1817–1868) fand 1852 für diese „schöne Aussicht" folgende Worte: „Es ist auch ohne Zweifel der herrlichste Punkt am Seeufer, nicht allein wegen der Schönheit und Mannigfaltigkeit der Aussichten, welche man von dort aus genießt, sondern auch wegen

Stahlstich nach einer Zeichnung (um 1905)

des Anblicks, welchen dies Vorgebirge selbst von verschiedenen Standpunkten aus gewährt, – ganz besonders zur Frühlingszeit, wenn der Hügel von den Blüten des Goldregens und des Flieders gleichsam umwogt wird. Die umfassendste Aussicht hat man, wenn man vor dem Pavillon selbst steht: vor sich und zur Rechten überblickt man den klaren Spiegel des Tollense[sees] in seiner ganzen Ausdehnung, so wie sein ganzes östliches Ufer; zur Linken die im weiten Tale gelegene und von einem dichten Eichenkranze halbversteckte Stadt Neubrandenburg und hinter ihr die Höhen des Werder, welche dort den Horizont begrenzen. Es ist dies ein landschaftliches Panorama, dessen Totalwirkung von ergreifender Wirkung ist ...".

Erst in den dreißiger Jahren des 20. Jahrhunderts bekam der Ort eine neue Bestimmung. Der bedeutende Baumeister Heinrich Tessenow (1876–1950) lieferte das Ideenprojekt einer Gedenkstätte für die Gefallenen des Landes Stargard im Ersten Weltkrieg. Es entstand eine nach allen vier Seiten geöffnete Halle. 1935 wurde das Denkmal fertiggestellt und leider im nationalsozialistischen Geiste vereinnahmt. Nach 1945 stand es mehrere Jahre ohne sinnvolle Verwendung da. 1978 begannen notdürftige Sicherungsarbeiten, u.a. wurden die Außenwände wieder geschlossen. Von 1993 an liefen erneut Sanierungsarbeiten, die sich stärker am Vorbild Tessenow orientierten. Am 9. September 1995 wurde Belvedere als nun wieder geöffnete Halle einer neuen Bestimmung übergeben. Es ist heute in den Sommermonaten eine stimmungsvolle Kulisse für unterschiedliche Musik–, Theater– und Tanzveranstaltungen.

Bergwanderung in Burg Stargard

Wanderfreunde sollten diesen rund 6 km langen Rundgang mit einem Aufstieg auf den Bergfried der Burg Stargard (→ Burgen) beginnen. Sie werden überrascht ein reizvolles Wechselspiel von Hügeln und Tälern wahrnehmen. Es bietet sich ein Landschaftsbild dar, das – in Mecklenburg kaum erwartet – oft mit denen unserer Mittelgebirge verglichen wurde. Formende und gestaltende Kräfte der → Eiszeit schufen es. Die Schmelzwässer schürften drei Spülrinnen aus, die sich hier vereinigten und einen tiefen Durchbruch bildeten. In diesem Tal liegt das Landstädtchen Burg Stargard. „An den Talkessel schieben sich die Hügelkuppen eng heran: Burgberg, Papageienberg, Galgenberg und Klüschenberg. So dicht rücken sie heran, dass man den Häusern in die Schornsteine und dem Storch auf dem unbenutzten Schornstein einer früheren Kornbrennerei ins Nest sehen kann. Ja, Spötter behaupten, die Stargarder deckten bei Regenwetter von Berg zu Berg ihren Ort mit Brettern ab". Das erzählte vor rund fünfzig Jahren Wanderfreund Fritz Schröder.

Über diese Berge wollen wir steigen und den natürlichen Gegebenheiten der Landschaft und den guten wie den problematischen Ergebnissen des Umgangs mit ihr unsere Aufmerksamkeit schenken. Wer am Bahnhof seine Tour beginnt, geht vor bis zur Bahnschranke und nach rechts über den Bahnübergang. Links beginnt der Weinbergsweg, zugleich die Landstraße nach Rowa bzw. Holldorf. Es geht am ehemaligen Bauhof vorbei und auf dem Messweg zum Burgberg hinauf. Auf den südwärts geneigten Hängen der Hügel rechter Hand wuchsen im 16. Jahrhundert Weinstöcke, deren Trauben den – sicher saueren – Messwein lieferten. Jetzt sind die Flächen zum größten Teil mit Ein– und Mehrfamilienhäusern bebaut. Die Bewohner dieser Gegend hießen die Weinbergsbauern. Von ihrem landwirtschaftlichen Gewerbe ist aber, von einigen Scheunen abgesehen, kaum noch etwas geblieben. Zum Hügelzug östlich des Weinbergwegs gehörte der Sandberg mit dem Schäferstein. Hier stand die letzte Windmühle, weshalb er auch Windmüllerberg heißt.

Kurz hinter den letzten Häusern an der linken Seite des Messwegs steht ein botanischer Veteran, der uns ebenfalls auf ein interessantes, vielleicht sogar kurioses Kapitel der Wirtschafts– und Kulturgeschichte Mecklenburgs hinweist. Es ist ein Maulbeerbaum. War das Wetter günstig, verstreut er seine weißen Beeren im Sommer überaus üppig. Daran und an seinem typisch geformten, hellgrünen Laub kann man

Gaststätte „Alte Münze" auf der Burg Stargard

ihn erkennen und zwischen den umgebenden Gehölzen herausfinden. Seine anderen Artgenossen haben bereits das Zeitliche gesegnet. Vielleicht wäre es an der Zeit, den alten Überlebenskünstler unter Schutz zu stellen. Die Maulbeerallee, zu welcher er gehörte, lieferte vor über einhundert Jahren das Futter für die gefräßigen Raupen des Seidenspinners. Meldete doch die „Neubrandenburger Zeitung" am 24. Juni 1887 den „erfreulichen Anstieg der Seidenraupenzucht in Stargard". Nun noch einige Schritte forsch bergauf und der Aufstieg ist geschafft. Noch vor wenigen Jahren begrüßten zwei prächtige uralte Linden hier vor dem Unteren Burgtor die Besucher. Nun sind sie nur noch bedauernswerte Krüppel. Den Sicherheitsbedürfnissen der Parkplatzbenutzer wurden ihre herrlichen Kronen geopfert. So steht der aufmerksame Wanderer gleichsam mit zwiespältigen ersten Eindrücken vor dem unteren Torhaus der ältesten Höhenburg Mecklenburgs. Doch jetzt erwarten ihn eine Reihe erfreulicher Überraschungen, denn seit 1990 ist die Burganlage behutsam, fachgerecht und ihren heutigen Verwendungszwecken entsprechend saniert worden. Die Arbeiten dauern noch an.

(Unter →Burgen sind die Geschichte und ein Rundgang über das Gelände ausführlicher beschrieben.)

Haben wir den Bergfried wieder verlassen und uns ausführlich mit der Situation auf der Burg bekannt gemacht, nehmen wir die Wanderung vor dem Unteren Burgtor wieder auf. Hinter dem Parkplatz steht der Gedenkstein für den letzten Landdrost des Amtes Stargard, Hans Leuss (1861–1920; → Gedenksteine). Wir setzen die Wanderung auf dem Messweg in südlicher Richtung fort. Hier verlief früher der alte Landweg nach Godenswege. Er führt steil abwärts über den Hang des Burgberges, durch eine ältere Streuobstwiese, auf dem Sattel des südlich verlaufenden Höhenzuges entlang bis zum Hohlweg, der unse-

ren Pfad von der Landstraße nach Holldorf bzw. Godenswege kommend, im rechten Winkel schneidet. Sicher verweilen wir hier einen Moment, um die schöne Aussicht auf das tiefer liegende Wiesental und zurück nach dem Burgberg zu genießen. An dieser Stelle sei auf die reiche Naturausstattung des Gebietes hingewiesen und am Beispiel der Pflanzenwelt erläutert: Feuchtwiesen und Trockenhänge, Obstplantagen, aufgelassene Ackerflächen, größere Waldgebiete, kleinere Feldgehölze, Sölle, Teiche und Fließgewässer bilden eine vielgestaltige Kulturlandschaft. Neben den natürlichen Gegebenheiten sind es die durch die Tätigkeit des Menschen entstandenen Landschaftselemente, welche wir beachten sollten. Durch einschneidende Nutzungsveränderungen in den letzten Jahrzehnten (fehlende Beweidung der Wiesen und Einstellen der Bewirtschaftung der Äcker und Obstplantagen) droht manches zu verschwinden. Nun wird versucht, durch Pflegemaßnahmen wenigsten das Grundgerüst des Landschaftsbildes und der Naturausstattung zu bewahren. So finden wir hier auf den Trockenhängen noch: Tausendgültenkraut,

Farbenfroher Festumzug

Wiesenschlüsselblume, Großer Klappertopf, Kleiner Wiesenknopf, Akelei, Golddistel, Wiesenlabkraut, Odermennig, Kleines Habichtskraut, Pippau, Wiesenflockenblume, Wiesenkerbel, Wilde Möhre. Diese Aufzählung ließe sich noch weiter fortsetzen, gehören doch die Wiesen zu den artenreichsten Lebensgemeinschaften. Gegenüber im Waldgebiet „Der Hagen", durch welches ein empfehlenswerter Wanderweg führt, blühen im Frühling Lungenkraut, Leberblümchen, Waldmeister, Gelbes Windröschen, Wald- und Märzveilchen u.a.

Für diesmal lassen wir den Wald aber rechts liegen und folgen dem Hohlweg in das Wiesental. Es wird durch den Damm der Eisenbahnstrecke Berlin – Neubrandenburg – Stralsund geteilt. Diese Eisenbahnverbindung wurde 1877/78 in Betrieb genommen. Die Wiesen im Talgrund bieten noch heute ein buntes Spektrum der Feuchtwiesenvegetation, welches allerdings nur durch regelmäßige Pflege zu erhalten ist (Wiesenknöterich, Sumpf-Herzblatt, Sumpfdotterblume, Fieberklee, Sumpf-Sitter, Teufelsabbiss u.a.). Unser Weg führt am ehemaligen Bahnwärterhaus vorbei, über den Bahndamm hinweg, durch eine Kleingartenanlage bis an den Stadtrand. Wir landen hier auf dem Sabeler Weg, dem wir ca. 250 m stadteinwärts folgen und ihn dann rechts Richtung Klüschenbergstraße verlassen. Vor Jahrhunderten hätten wir an dieser Stelle eines der fünf hölzernen Stadttore passieren müssen, das Riepker Tor. Wir kommen nun am Fuße des Klüschenbergs entlang. Auf alten Karten wird er „Klüsgenberg", oder „Cleusichen-Berg" genannt, was als „Klausner-Berg" gedeutet wurde. Auf ihm vergnügten sich von alters her die Stargarder – beim Vogelschuss, auf dem ersten Turnplatz der Stadt oder im Schützenhaus. Heute lädt die Freilichtbühne und der seit 1968 bestehende → Tierpark mit seinen Attraktionen inmitten eines stattlichen Eichen- und Hainbuchenwaldes zum Bummeln und Entdecken ein. Von der Westecke des Tierparks, dem früheren „Luisenplatz" aus, hat man einen besonders schönen Blick auf die Stadt. An dieser Stelle soll deshalb kurz in der Stadtchronik geblättert werden:

Hier im Tal kreuzten sich zur Slawenzeit zwei wichtige Handelsstraßen. Was Wunder, dass an einem solchen Umschlagplatz Menschen sesshaft wurden. Sicher war diese strategisch günstige Lage für die markgräflichen Burggründer aus dem Brandenburgischen von Interesse. Im Schutz der Burg wiederum fanden viele Siedler Heimstatt und Auskommen. Im Jahr 1259 verlieh Markgraf Otto III. diesem Burgflecken das Stadtrecht.

Die Ansiedelung hatte die Gestalt eines typischen deutschen Angerdorfes, wie dem Stadtplan aus dem Jahr 1727 zu entnehmen ist. Erst nach dem großen Stadtbrand 1758, welchem 70 Häuser, die → Stadtkirche und das Rathaus zum Opfer fielen, entstand im Zuge des Wiederaufbaus das heutige Stadtbild mit dem viereckigen Marktplatz. Es waren Gewerbe und Handwerk, darunter besonders die Tuchmacher, welche die Stadt wirtschaftlich voranbrachten. Mühlenstandorte, Straßen- und Flurnamen erinnern noch an ihre Zunft. Ende des Jahres 1800 lebten 958 Menschen in Stargard. 1990 hatten 3900 Bürger hier ihr Zuhause. Inzwischen ist das Städtchen zu einem beliebten Wohnplatz im sogenannten „Speckgürtel" um Neubrandenburg geworden. Entgegen dem sonstigen Trend stieg die Einwohnerzahl auf 4800 im Jahr 2002.

An unserem Wanderweg liegt linkerhand der große Mühlenteich. Er wird schon immer vom → Lindebach gespeist, der an seinem Lauf mehrere → Wassermühlen antrieb. Es ist eine uralte Mühle, die in den Anfangsgründen der Burg – zwischen 1236 und 1258 – wohl schon in Betrieb ging, hieß sie doch stets „Stargarder Amtsmühle". Der hohe Kornspreicher wurde nach einem Brand im Jahr 1926 als standfester Experimentalbau errichtet und nach 1990 zu einem altersgerechten Wohnhaus umgebaut. Die ehemalige Turbinenanlage der Mühle konnte bei den Sanierungsarbeiten geborgen werden. Sie ist jetzt im Kellergeschoss museal hergerichtet. Mehrere Schrifttafeln veranschaulichen, auf welche Weise die Energie des fließenden Wassers genutzt und in elektrischen Strom umgewandelt werden kann. Unser Wanderweg führt nun an der neuen Schule vorbei bis zur Teschendorfer Chaussee. Links und rechts der Chaussee geht es sportlich-unterhaltsam zu. Hier laden die Sommerrodelbahn zu einer Schussfahrt und ein Stück weiter ein Reiterhof zu einem kühnen Ritt in Westernmanier ein. Geradeaus steht eines der am besten erhaltenen → Chausseehäuser der Region, aber Maut ist hier nicht mehr (oder noch nicht wieder?) fällig. Gegenüber lockt der höchste Berg der Umgebung, der Hunds- oder Hunnenberg, wie er auf älteren Messtischblättern heißt, mit stolzen 101 m über NN.

Wer auf diesen Umweg verzichten möchte, biegt gleich auf der Teschendorfer Chaussee nach links ein und ist nach wenigen hundert Metern an der Einmündung der Dewitzer Chaussee angekommen. Von hier aus ist schon das Marie–Hager–Haus (→ Museen) zu sehen und rechnet mit unserem Besuch. Gegenüber in dem stattlichen Gebäude eines ehemaligen Technikums ist die wegen ihres guten Services zu Recht gerühmte Jugendherberge Burg Stargards untergebracht. Nun nehmen wir uns den nächsten Berg vor, den mit dem wenig einladenden Namen „Galgenberg". Auf ihm soll früher der Galgen gestanden haben, aber nie benutzt worden sein. Heute ist das gesamte Gelände mit einer großen Gartenanlage aufgesiedelt. Der Aufstieg beginnt direkt gegenüber der neuen Wohnanlage am Mühlenteich. Dem Weg folgend eröffnen sich immer neue, überraschende Blicke auf die Stadt. In östlicher Richtung erkennen wir beispielsweise einen neu bepflanzten Weinberg. Hier versucht ein Privatwinzerverein, die erwähnte Tradition des Weinbaus in Burg Stargard wieder aufzunehmen. Der Bergsporn direkt über der Straße heißt Töpferberg. Hier bauten Ofensetzer und Ziegelhersteller den für ihr Handwerk notwendigen Rohstoff Lehm ab. Die Gartenanlage zieht sich durch die Schlucht am Teufelsbruch, die den Galgenberg vom Friedhofsberg trennt. Hier sind nach 1990 – wie auch an anderen Ecken dieses nördlichen Teils der Stadt – viele neue Einfamilienhäuser errichtet worden.

Der Friedhof auf dem gleichnamigen Berg besteht schon seit 1826. Einige schöne Grabmale bezeugen seine lange Geschichte. Die beiden Künstlerinnen Marie Hager (1872–1947) und Johanna Beckmann (1868–1941) fanden auf diesem, hoch über der Stadt gelegenem Areal ihre letzten Ruhestätten. Der Fußweg vom Galgenberg setzt sich oberhalb der letzten Häuserzeile (Grabenstraße) fort und endet auf der Carl–Stolte– Straße. Er führt vorbei an dem bereits erwähnten Schornstein der ehemaligen Kornbrennerei. Sicher wäre der längst verschwunden, hielt nicht ein Storchenpaar seinem luftigen Wohnsitz seit Jahrzehnten die Treue. Jetzt überqueren wir die Carl–Stolte–Straße und steigen die Treppe zum Papageienberg hoch.

Dieser Berg änderte mehrmals seinen Namen. Früher hieß er Gojenberg, heute meist Denkmalsberg, was korrekt ist, denn auf ihm befinden sich → Denkmale, die den Opfern dreier Kriege gewidmet sind.
Seitlich auf der Höhe liegt ein geschütztes Bodendenkmal. Die drei Wälle werden den Palisadenzaun der Stadtbefestigung getragen und die Stadt wie eine → Landwehr geschützt haben. Verschiedentlich wurden diese Wälle als „Tilly–Schanzen" bezeichnet; sie haben aber mit den Geschehnissen des Dreißigjährigen Krieges nichts zu tun. Wir steigen die vielen Stufen wieder hinab, folgen der abschüssigen Carl–Stolte–Straße bis zum Marktplatz. Rechts ist die → Stadtkirche St. Johannis nicht zu übersehen. In unmittelbarer Nachbarschaft stand das 1835 von Oberbaurat Buttel (1796–1869) entworfene Rathaus. Es wurde nur 110 Jahre alt, denn es ging im April 1945 in Flammen auf.
Über die Lange Straße, die den Lindebach überquert, kommen wir zum ältesten Gebäude der Stadt, dem sogenannten Hospital. Das aus Feldsteinen errichtete Gebäude beherbergte im Mittelalter die Kapelle des Heiligen–Geist–Hospitals. Um 1300 erbaut, war es Anfang des 16. Jahrhunderts in Verfall geraten, dann auf Initiative der Herzogin Elisabeth, die auch in anderen Orten Mecklenburgs karitative Einrichtungen erbauen ließ, als Alters– und Armenheim für die fürstlichen Bediensteten und Untertanen wieder erstanden. Diese Einrichtung wurde 1576 ihrer Bestimmung übergeben und bot später bedürftigen Bürgern der Stadt eine Unterkunft. Eine große Wappentafel aus Terrakotta über der Tür ehrte früher die wohltätigen Förderer, Herzogin Elisabeth (gest.1586) und ihren Gatten, Herzog Ulrich III. (1527–1603). Ein hässliches Loch in der Vorderfront zeigt heute den ehemaligen Platz an. Das Original der Wappentafel wurde sichergestellt und konserviert. Eine Kopie soll zukünftig an die alte Stelle kommen.
Die dicken Mauern des alten Gebäudes beherbergten zwischen 1972 und 1999 das erste Heimatmuseum der Stadt (→ Museen). Jetzt finden über den Sommer hin seltene und deshalb kostbare Untermieter einen stillen Platz. Mausohren, unsere größten Fledermäuse, richten hier ihre Wochenstube ein und bringen den Nachwuchs zur Welt. Es ist die größte Kolonie in Norddeutschland.
Das Hospital lag auf der sogenannten „Amtsfreiheit", einem Gelände, das nicht zur Stadt, sondern zur Burg gehörte. Erst 1926 erwarb die Stadt dieses Terrain und nennt sich seit dieser Zeit Burg Stargard.
Direkt gegenüber dem Hospital, noch vor der Eisenbahnbrücke, mündet ein Fahr– bzw. Fußweg, der uns zu einer weiteren interessanten Örtlichkeit auf der Amtsfreiheit führt, direkt am Lindebach gelegen. Kurz vor der Brücke über den Bach, an der heutigen Tischlerei, soll der sagenumwobene Jungfernbrunnen gestanden haben. Der Legende nach war hier der Schauplatz einer tragischen Liebesgeschichte, in welcher – in der einen Version ein Löwe, in der anderen ein besser in die Gegend passendes Wildschwein – für derart viele Missverständnisse und Verwirrungen sorgten, dass die heimlich Liebenden daran zugrunde gehen mussten.
Später ließ die bereits genannte Herzogin Elisabeth den Brunnen neu einfassen und eine Linde pflanzen, die Jungfernlinde wie der Baum mit seinem mächtigen Stamm noch heute heißt. Er steht auf dem Gelände der Tischlerei. Ob es aber noch die von Elisabeth gepflanzte Linde ist, bleibt fraglich.
Des Baches munteres Plätschern begleitet uns auf dem letzten Weg-

stück. Der schmale Pfad am Bachufer mündet direkt an der Bahnschranke auf die Hauptstraße, genau dort, wo wir – vom Bahnhof kommend – unsere Bergwanderung begannen.

Bodendenkmale

Mit ihrer Hilfe ließ sich schon so manches Rätsel über unsere Vorfahren lösen, waren doch sonstige Spuren ihres Daseins längst verweht. Viele dieser Bodendenkmale sind noch heute prägende Elemente unserer Landschaft. Neben anderen archäologischen Bodenfunden wie Waffen, Hausrat, Schmuck oder Scherben von Gefäßen geben sie Auskünfte über jene Geschichtsepochen, die nicht mehr durch schriftliche Quellen dokumentiert sind.
Seit etwa 10 000 Jahren ist die Neubrandenburger Region bewohnt. Vom 6. Jh. v. Chr. bis zum 6. Jh. n. Chr. siedelten hier germanische Stämme wie Funde, besonders mehrere germanische Gräberfelder belegen. Am Ende des 6. Jahrhunderts setzte die slawische Landnahme ein und rund vier Jahrhunderte später die deutsche Ostsiedlung. So ist die Umgebung von Neubrandenburg reich ausgestattet mit Zeugnissen aus jener frühgeschichtlichen Zeit und gut erforscht, denn bereits seit rund 150 Jahre währt die kontinuierliche archäologische Grabungsarbeit. Ihre Ergebnisse wurden in vielen wissenschaftlichen Veröffentlichungen beschrieben.
Als Bodendenkmale finden wir hier: bronzezeitliche → Hügelgräber, → Großsteingräber, → Schälchensteine, → Turmhügel, → Burgwälle, → Burgen und → Landwehren.
Bodendenkmale sind gesetzlich geschützt und meldepflichtig.

Bootsvermietung

Im Angebot sind – bei den verschiedenen Anbietern in Varianten –: Kanadier und Kajaks (1er, 2er, 3er), Ruderboote, Angelboote, Tretboote, Segelboote, Motorboote.
Am Tollensesee gibt es Bootsvermietung in der Gemeinde Wustrow und in Neubrandenburg (am → Wassersportzentrum sowie beim Freizeittreff im → Kulturpark neben der Oberbachbrücke); am Tollensefluss in Neubrandenburg am Krügerkamp (Rastplatz Mittelste Straße), über die Verlängerte Jahnstrasse zu erreichen, und bei der Kanustation an der Burg Klempenow (→ Burgen).

Broda

Vor wenigen Jahrzehnten noch ein bescheidenes Dörfchen, bietet sich heute ein fast exklusiver Wohnplatz am Stadtrand von Neubrandenburg mit einem schönen Badestand am → Tollensesee dar, wo kaum noch etwas daran erinnert, dass sein Prämonstratenser – Kloster in der Kolonisierung des umliegenden Landes und in der Geschichte der Stadt eine Schlüsselrolle spielte. Die Prämonstratenser entwickelten neben dem Zisterzienserorden (→ Zisterzienser–Nonnenkloster in Wanzka) und dem Orden der Johanniter (→ Johanniterkomturei Klein Neme-row) besondere Tatkraft bei der Missionierung der slawischen Länder.
Für die Ortsgeschichte der Region um den Tollensesee ist die umstrittene Gründungsurkunde des Klosters Broda aus dem Jahr 1170 besonders wichtig. Mit ihr übereignete der Herzog Kasimir von Pommern (gest. 1180) anlässlich der Weihe des Doms zu Havelberg dem gleichnamigen Bistum Land am

Tollensesee und schuf damit die Grundlage für ein Kloster.
Die überlieferte Fassung der Urkunde ist zwar eine Fälschung der Mönche aus späteren Jahrzehnten, da hier aber über 30 Dörfer des Umlandes genannt sind, ist sie ein wertvolles Dokument der Siedlungsgeschichte. Es kann angenommen werden, dass die Orte zur Stiftungszeit des Klosters bereits existierten, zumal sich ihre alten slawischen Namen noch heute im Ortsnamen erkennen lassen (beispielsweise Bruode – Broda, Caminiz – Chemnitz, Wogarzin – Woggersin usw.).
Der Orden wählte den Standort seines Klosters mit Bedacht aus. Hier am Nordwestende des Tollensesees kreuzten sich bedeutende Handelswege. Außerdem lag das Kloster in seiner Gründungszeit im pommerschen Grenzland zum Rivalen Brandenburg und erfüllte eine Grenzschutzfunktion. Im Zuge der Reformation wurde es säkularisiert. 1551 ging es mit allen seinen verbliebenen Besitzungen an den Landesherren über. Aus dem Kloster Broda wurde ein herzogliches Amt. Schäden an der Bausubstanz dürften im Dreißigjährigen Krieg eingetreten sein. 1631 unternahm der kaiserliche General Tilly (1559–1632) von hier aus den ersten, allerdings noch erfolglosen Versuch, Neubrandenburg zu erobern. Anfang des 19. Jahrhunderts wurde anstelle des alten Amtshauses ein neues Amts- und Gutshaus errichtet.
Bei bauarchäologischen Untersuchungen des längst leer stehenden und verfallenden Hauses wurden verschiedene Gebäudereste aus der Klosterzeit entdeckt. Besonders beeindruckend sind die Kreuzgewölbe im Keller. Über ihre sinnvolle Nutzung wurde lange nachgedacht. Nun begannen die Sanierungsarbeiten, um im ehemaligen Amtshaus Büro-, Beherbergungs- und Tagungsräume zu schaffen. Der grüne Hügel, durch den „Kulturschutt" der Jahrhunderte aufgeworfen, ist endlich in ansprechenden Zustand versetzt. Mit diesem historischen Platz, mit dem attraktiven →Belvedere in unmittelbarer Nachbarschaft, dem →Brodaer Holz wenige Schritte weiter, dem →Badestrand und zwei traditionsreichen und beliebten Ausflugsgaststätten ist Broda zu allen Jahreszeiten einen Besuch wert.

Brodaer Holz

Das rund 860 ha große Waldgebiet auf dem Westufer des →Tollensesees teilen sich die Landkreise Mecklenburg-Strelitz, Müritz und der Stadtkreis Neubrandenburg. Es ist ein traditionelles Ausflugsgebiet der Bürger der Stadt und des Umlandes. Vom früheren Waldrestaurant „Jakobi" ist, von einigen bemoosten Steinen abgesehen, nichts mehr zu finden. Das schlichte hölzernes Bauwerk war kaum dafür ausgerüstet, den Stürmen der Zeit zu trotzen. Selbst von den alten „Raumeneichen" in der Nähe stehen keine mehr und an das romantisch gelegene Heim der Schriftstellerin M.N. erinnern heute nur noch einige Blütensträucher des ehemaligen Gartens.
Wie im gegenüber liegenden →Nemerower Holz geht es in diesem Wald über Berg und Tal. Der Mischwald mit seinem artenreichen Unterholz besteht u.a. aus Buchen, Eichen, Ahorn, Erlen und verschiedenen Nadelgehölzen. Das markante Geländerelief schufen eiszeitliche bzw. nacheiszeitliche Erosionsprozesse. Von den höher gelegenen Flächen des Umlandes flossen stetig Wassermassen in Richtung Seebecken ab. Regen, Frost und Wind lockerten den Untergrund und ermöglichten dem abfließenden Was-

ser, tiefe Schluchten auszuspülen. Dieser Prozess wird unter geologischer Sicht als „Randzertalung" bezeichnet. Gut ausgeschilderte Wander- und Fahrradwege erschließen das Gebiet und ermöglichen vielfältige Begegnungen mit Besonderheiten der Tier- und Pflanzenwelt. Auch besuchenswerte kulturhistorische Hinterlassenschaften bietet der Wald. Gleich hinter dem Strandbad → Broda (→ Badestrände) beginnt es mit dem → Belvedere und der Aussichtsplattform am Seeufer. Weiter drinnen unter hohen Buchen auf einem Bergsporn steht der → Gedenkstein für Turnvater Jahn (1778–1852). Auf dem Uferweg kommt der Spaziergänger zum FKK Badesstrand Buchort, nach nochmals der etwa gleichlangen Wegstrecke zum → Campingplatz Gatsch-Eck. Von hier aus kann man beispielsweise auf dem Großen Moorbachsweg in Richtung Försterei Neu-Meiershof das Brodaer Holz durchqueren und dann an der nordwestlichen Waldkante entlang dem Weg nach Neuendorf folgen. Kurz vor dem Ort liegt rechterhand der höchste Punkt im Brodaer Holz mit 102,9 m über NN.

Die stattlichsten Hügel im →Nemerower Holz auf dem Ostufer des Tollensesees können allerdings damit nicht mithalten.

Burgen

Mit der Einwanderung der deutschen Siedler zwischen dem 12. und 13. Jahrhundert wandelte sich die slawische Kulturlandschaft tiefgreifend. Der militärischen und politischen Eroberung folgten nun die bäuerliche Landnahme und städtische Siedlung.

Slawische Burgen (→ Burgwälle) verloren ihre Bedeutung. Die neuen Bewohner errichteten wehrhafte Steinbauten, denn sie besaßen Erfahrungen im Umgang mit dem Backstein und in der Bearbeitung der Feldsteine. Dabei kam es nicht selten vor, dass vorhandene slawische Burganlagen umgebaut und weiter genutzt wurden.

Die siegreichen deutschen Fürsten strebten danach, ihre Herrschaft zu festigen und besaßen in den Angehörigen des niederen deutschen Adels die erforderlichen Gewährsleute. Diese wirkten als „Locatoren", in dem sie die Landnahme organisierten und durchführten. Für ihre Verdienste in den kriegerischen Auseinandersetzungen mit den slawischen Stämmen wurden sie nun mit Grundbesitz, Befestigungsrechten, Gerechtsame usw. belohnt. Ihre Burgen waren befestigte steinerne Wohnstätten in dörflichen Siedlungen und oft Zentren von Verwaltungseinheiten (Vogteien). Sehr bald aber versuchte der niedere Adel seine Macht für persönliche Interessen zu nutzen und vor allem seinen begrenzten lokalen Einfluss auf Kosten der Nachbarn auszudehnen.

Es begann eine Zeit der endlosen Überfälle, Fehden und lokalen Kriege, unter denen besonders die Bauernschaft und die aufblühenden Städte zu leiden hatten. In der zweiten Hälfte des 14. Jahrhunderts waren es außerdem Auseinandersetzungen zwischen den pommerschen und brandenburgischen Fürsten, die das Land in Mitleidenschaft zogen. Die Burgen des niederen Adels wurden dabei oft zu Grenzburgen befestigt. Mit →Turmhügeln wurde versucht, den Besitz zusätzlich zu schützen. Die Händel der Ritter und Fürsten führten zum wirtschaftlichen Niedergang des Adels. Zu Ende des 14. Jahrhunderts wurden seine Burgen vielerorts zu Zentren des Raubrittertums. Die Städte litten vor allem unter den unbotmäßig auftretenden, raubenden und brandschatzenden Rittern.

Selbst gegen die Landesherrschaft richtete sich dieses Treiben. Von solchen Untaten wurde noch Jahrhunderte später in Sagen und Legenden berichtet. Schließlich gingen Städte und Fürsten untereinander Bündnisse ein, um diesen Missstand zu beenden. Diese Bündnispartner traten immer häufiger erfolgreich gegen die Raubritter an und verwandelten deren Burgen in Schutt und Asche.
Mit dem ausgehenden 15. Jahrhundert ging die Burgen– und Raubritterzeit zu Ende. Neue Adelsgeschlechter mit anderen Lebenszielen waren herangewachsen. Gegenüber der neuen Waffentechnik (Feuerwaffen) war die mittelalterliche Burg keine uneinnehmbare Festung mehr.
Heute finden wir in den Burghügeln und Burgstellen vieler Orte die Reste der spätmittelalterlichen Burgen noch vor. Oft liegen sie am Rande der großen Gutsanlagen und belegen u.a. die Kontinuität adliger Siedlung. Natürlich haben die umfangreichen Erdarbeiten in den vergangenen Jahrhunderten, die mit der Anlage der Gutshöfe als Zentren der Gutsherrschaft verbunden waren, vieles zerstört. Meist bezeugen nur unscheinbare Geländeerhebungen, Grabenreste oder besonderer Bewuchs die frühere Existenz einer Burg.
Gewisse Ausnahmen bilden die auf erhöhtem Geländesporn errichteten Höhenburgen. Ihre Erbauer kannten die Vorbilder aus ihrer alten Heimat, in welcher zwischen dem 10. und 11. Jahrhundert solche Burganlagen entstanden waren. Die markanteste Höhenburg dieser Art ist noch heute die sehenswerte Burg Stargard. Auch an anderen Orten blieben lange Zeit Gebäudereste erhalten oder sind sogar noch heute vorhanden. Alle diese Plätze sind als → Bodendenkmale geschützt.

Besuchenswerte historische Burganlagen sind:

Klempenow
Die bescheidenen Reste dieser Anlage lassen den heutigen Besucher kaum ahnen, auf welchem bedeutenden historischen Terrain er sich bewegt. Die oft umkämpfte Schlossburg gehört zu den ältesten Anlagen ihrer Art in unserer Gegend. Sie ist außerdem ein klassisches Beispiel für die Entwicklung solcher befestigten Plätze, liegt sie doch am Zusammenfluss von Großem Landgraben und Tollensefluss. Inmitten dieser beiden moorigen Flusstäler, die zugleich natürliche Grenzen bildeten, wurde die Burg auf einem rund 1,50 m hohen sandigen, festen Plateau direkt an der Tollense errichtet. Diese floss erst südlich an der Burg vorbei und wurde erst vor wenigen Jahrzehnten auf die Ostseite verlegt. Die Burg schützte und kontrollierte den einzigen Übergang über die beiden Gewässer weit und breit und war zugleich pommersche Grenzfestung gegen Mecklenburg.
Die älteste Mitteilung über die Burg stammt aus dem Jahr 1240. 1331 ist von einem „castrum Clempenove" die Rede, und 1342 ist ein Hermann von Heydebrake als Besitzer genannt. Im ausgehenden Mittelalter umspülten die Wasser der Tollense eine stattliche Anlage mit vier Türmen. Hier ging es lebhaft zu, denn von Klempenow an war der Fluss schiffbar. Auf ihm wurden die Erntegüter über den Demminer Hafen bis ins Ausland transportiert.
Auf der Burg hielten die Pommerschen Herzöge Hoflager ab. Im Dreißigjährigen Krieg wurde die Burg zur Festung ausgebaut, war hart umkämpft und fiel schließlich den Schweden in die Hände. Schwedenkönig Gustav II. Adolf (1594–1632) gab sie seinem Generalfeldmarschall, dem ostfriesischen

Burg Klempenow mit Tollensefluß

Edelmann Reichsfreiherrn Dodo zu Inn– und von Knyphausen (1582–1636) (auch Kniephausen geschrieben) zu Lehn (→Gedenksteine, Gedenktafeln). Über drei Generationen hatte die einflussreiche Familie von Knyphausen Burg Klempenow in Besitz.
1675 rannten die Truppen des Großen Kurfürsten von Brandenburg gegen die Burg an. Im Ergebnis des Nordischen Krieges verleibten sich die Preußen 1720/21 diesen Teil Vorpommerns und damit auch Klempenow ein, einen Besitz, den sie 1757 im nächsten Krieg, dem Siebenjährigen, nur mit Kriegslist verteidigen konnten. 1812 verbarg sich Ernst Moritz Arndt (1769–1860) auf seiner Flucht vor den Franzosen auf der Burg Klempenow. Diese war nun schon seit Jahrzehnten eine preußische Staatsdomäne. Im Schloss wohnte der Pächter. Wachtürme und Gebäude der Festungen waren zu Wohngebäuden umgebaut, Mauern abgetragen worden – oder sie verfielen.
1945 zog für kurze Zeit eine sowjetische Kommandantur ein. 1947 wohnten 14 Familien auf dem Burggelände, meist Umsiedler und Vertriebene. In DDR–Zeiten wirtschaftete hier eine LPG mit allem Für und Wider.
Heute ist auf dem Gelände der Burg nur noch wenig von der ganz alten Bebauung vorhanden. Das Wohngebäude, der ehemalige Palas, mit dem Burgtor und der letzte der vier Ecktürme mit gemauerter Turmspitze, der „Bleistift von Klempenow", wie die Einheimischen den Turm nennen, sind noch als Zeugen der Jahrhunderte zu sehen und zu ersteigen. Vom Ausguck des Turms aus schweift der Blick über das klare Wasser des Tollenseflusses. Der schwingt sich hier in vielen Mäandern durch die grünen Wiesen im weiten Tal.
Beachtenswert ist die kleine →Dorfkirche aus Fachwerk, jetzt restauriert und hübscher Platz für Musikveranstaltungen und Ausstellungen.

Die ehemaligen Wirtschafts- und Stallgebäude aus Fachwerk mit den vielen An- und Umbauten stammen aus dem 19. und 20. Jahrhundert. 1991 nahm sich der Verein „Kultur-Transit 96" der verfallenden Gemäuer an. Schritt für Schritt wurden sie saniert und dadurch Räume für Veranstaltungen, Ausstellungen, Märkte und Messen sowie für die Gastronomie geschaffen. Es sind keine opulenten Räumlichkeiten entstanden, dafür Plätze voller Kreativität und Experimentierfreude.
Ein Besuch dieser Angebote der Musik-, Film- und Kunstszene in Klempenow ist voller Inspiration und ermutigt zu eigenem Tun.
Direkt neben der Burg entstand ein Wasserwanderrastplatz. Außerdem bietet eine Kanuausleihstation ihren Service an (→ Wasserwandern).

Osten
Wo sich ein schiffbarer Fluss – die Tollense – und eine wichtige Handelsstraße kreuzten – in unserem Fall die von Neubrandenburg über [Alten] Treptow – Loitz – bis Stralsund – boten sich günstige Voraussetzungen, eine Burg zu errichten, denn hier lockten stets Zolleinnahmen. Das erkannten offensichtlich die Herren von Osten, die bereits im Zuge der deutschen Ostsiedlung als Angehörige des niederen Adels eingewandert waren. Sie ließen diese Burg am Tollensefluss in der zweiten Hälfte des 13. Jahrhunderts erbauen. Der erste namentlich bekannte Ritter auf Osten war Wedige von Osten, zugleich Vogt von Demmin. Die Ritter von Osten dienten als Vasallen 'mal den mecklenburgischen 'mal den pommerschen Herzögen, je nachdem, was für sie dabei herauszuspringen versprach. Besonderes Glück scheinen sie mit dieser Taktik aber nicht gehabt zu haben, denn bereits 1326 besaß die Burg ein Henning von Winterfeld, der seine Tochter mit dem Ritter Ludolf von Maltzan verheiratete. Von 1330 an gehörte das Lehn Osten nun Mitgliedern dieser bekannten und weit verzweigten Familie. Mitte des 16. Jahrhundert vollzog sich in der Familie von Maltzan ein Erbstreit, der zu einer kuriosen Situation auf der Burg führte. Die von der Tollense umflossene Wasserburg musste geteilt werden.
1566 wurde der Teilungsvertrag endgültig besiegelt. Von nun an gab es auf der Burg zwei Fangeltürme (Verliese für Gefangene), zwei Wohnhäuser mit eigenen Toren und Brücken usw. Die zwei Herrenhäuser standen sich auf der Burg gegenüber, getrennt durch einen Burggraben mit dem Wasser der Tollense. Die Häuser bewohnten die Familien der Brüder Hartwig und Heinrich von Maltzan, die sich nichts gönnten und zeitlebens spinnefeind blieben. Sogar das Reichskammergericht in Speyer musste sich mit den Streitereien auf der nunmehrigen „Doppel-Wasserburg" Osten beschäftigen. Die Fenster der gegenüberliegenden Hausmauern wurden zugemauert, nur einige „Luftlöcher" durften verbleiben. Aber die Differenzen brachten den Streithähnen letztendlich nichts weiter als Schulden ein. Die folgenden Besitzer aus der Familie von Maltzan scheinen ähnlich glücklos gewesen zu sein. Die Gebäude wurden vernachlässigt, Teile der Burg sogar verpfändet. 1634 geriet Osten in die Kämpfe des Dreißigjährigen Krieges. General Tillys kroatische Söldner plünderten die Burg und leiteten so das Ende der Burganlage ein. Sie zerfiel zu einem Steinbruch, aus welchem sich spätere Generationen beim Wiederaufbau von Kirchen und Häusern bedienten. Auf der Schmettauschen Karte von 1780 ist noch eine dreiteilige Anlage zu erkennen, die direkt im Flusslauf der Tollense liegt.

Heute ist der Fluss hier begradigt, wobei ein Teil der Vorburg an der Nordostseite abgetragen wurde. Der alte Flusslauf tritt aber mit Wasserlöchern und Feuchtvegetation noch deutlich aus der Umgebung hervor. Die beiden Burghügel liegen, überwachsen von Strauchwerk und hohen Eichen und Eschen, ganz weltvergessen im Flusstal am Fahrweg zwischen dem Dorf Roidin und dem Dorf Schmarsow auf der östlichen Flussseite.
Von den beiden Herrenhäusern und den anderen Gebäuden sind noch einige Fundamentreste zu entdecken. Der Wirtschaftshof der Burg lag auf der östlichen Flussseite. Einige alte Fliederbüsche und Obstbäume erinnern an eine Försterei, die zuletzt auf diesem Terrain bestand, aber in den letzten Kriegstagen 1945 im Flammen aufging. Die marode Brücke, die noch im Jahr 2003 den Fluss überspannte, ist inzwischen beseitigt und soll durch einen Neubau ersetzt werden.
Die waldfreien, offenen Wiesen an der Brücke laden heute die Wasserwanderer zu einer Rast ein.

Prillwitz

Im 13. Jahrhundert wurde vom alten Geschlecht der von Peccatels eine Burg errichtet, die bis ins 16. oder 17. Jahrhundert bestand. Die Burgstelle, der heutige Schlossberg südlich vom Friedhof gelegen, hieß eine Zeit lang „Rhetrer Berg" und deutete damit den Bezug des Ortes Prillwitz zum slawischen Heiligtum →Rethra an.
Zwar steht der letzte Beweis für den Platz des slawischen Tempels noch aus, doch jahrelange engagierte Grabungsarbeit des Neubrandenburger Regionalmuseums (→ Museen) brachte auf jeden Fall die Existenz einer bedeutungsvollen slawischen Siedlungskammer um Prillwitz zum Vorschein.
Frühere Landschaftsgestalter gaben dem Burgberg das Aussehen eines „Schneckenberges". Ein Spazierweg „ringelte" sich wie die Zeichnung auf einem Schneckenhaus an den Hügelhängen empor bis zur Spitze. Auf dem Plateau gab es seit der Mitte des 19. Jahrhunderts einen Aussichtsturm, dessen Reste erst nach 1950 beseitigt wurden. Er bot sicher einen schönen Rundblick über die malerische Landschaft am Ufer der → Lieps. Heute ist das Gelände von Gestrüpp und anderem Wildwuchs wieder befreit. Es zeigen sich Fundamentreste, Wälle und Gräben sowie eine den Weg begleitende Lindenanpflanzung.
Dieser Spazierweg zweigt von einer stattlichen Kastanienallee ab, die mit dem Bau des Jagdschlosses (→ Schloss, Guts– und Herrenhaus) angelegt wurde. Die Allee beginnt direkt am Ortseingang, wenn man aus Richtung Wendfeld bzw. Hohenzieritz kommend das Dorf Prillwitz erreicht.

Stargard

Ist der Burgberg des Städtchens Burg Stargard vielleicht einer jener magischen Plätze, die seit Jahrtausenden immer wieder Menschen in ihren Bann ziehen? Fast möchte man es glauben, vor allem wenn man erfährt, dass sich hier über dem eiszeitlichen Urgrund eine über 4 m mächtige Kulturschicht erhebt. Das ermittelten Grabungen im Hof der Oberburg, die 1992/93 ausgeführt wurden. Die Schicht aus der Slawenzeit war besonders ausgeprägt, was dafür spricht, dass dieser Platz intensiv und sehr lange von Slawen genutzt wurde. Sie gaben der Örtlichkeit auch den Namen: Stargard – das heißt „alte Burg".
Die Burg lag im Siedlungsgebiet des volkreichen Stammes der Redarier. Dieser hatte sich im Widerstandskampf gegen die deutsche

Ostsiedlung ausgezeichnet und nahm deshalb im Verband der wilizischen Stämme, dem Lutizenbund, eine besondere Stellung ein. In seinem Siedlungsraum soll auch das slawische Heiligtum → Rethra gelegen haben.
Der alte Siedlungsplatz wurde im 13. Jahrhundert zur Hofburg der brandenburgischen Markgrafen ausgebaut und vom 14. bis zu Anfang des 17. Jahrhunderts zur herzoglichen Residenz entwickelt. Von hier aus nahmen bedeutende Persönlichkeiten der mecklenburgischen Geschichte ihre Amtsgeschäfte wahr, so Heinrich (II.) der Löwe (gest. 1329) und Albrecht VII. der Schöne (1488–1547). Hier wurden Urkunden ausgestellt, wurde Gericht gehalten, zu Feldzügen gerüstet oder man musste sich vor Eroberern schützend verbarrikadieren. 1726 fand hier der letzte Hexenprozess im Herzogtum Mecklenburg-Strelitz statt. Die Burg Stargard ist heute die einzige mittelalterliche Höhenburg Norddeutschlands.
Ihr Niedergang begann wie der des gesamten Landes im Laufe des Dreißigjährigen Krieges. Der kaiserliche General Tilly (1559–1632) nahm 1631 mit Ross, Reitern und bösen Absichten auf der Burg Quartier und leitete von hier aus die Bestürmung Neubrandenburgs (→ Gedenksteine, Gedenktafeln).
Von 1603 bis 1702 war die Burg der Sitz der Stargarder Amtshauptleute im Herzogtum Mecklenburg-Güstrow. Zwischen 1702 und 1919 wurde die Burg zum Sitz eines Landdrosten des durch den Hamburger Vergleich 1701 begründeten Herzogtums Mecklenburg-Strelitz. Von hier aus wurde der Landbezirk „Amt Stargard" verwaltet.
Die Gebäude der Burganlage belegen die Nutzungsänderungen, die Brände, Vernachlässigungen und die Wiederaufbaubemühungen, welche sich in der langen Geschichte immer wieder vollzogen. Wir finden Gemäuer aus den Anfangsgründen und Zeichen für Pflege und Neubau, beispielsweise den Zinnenkranz und die Turmspitze des Bergfrieds, welche auf die Sanierung ab 1821 zurückgehen, die unter Regie des Oberbaurates Buttel (1796–1869) stattfand. Zutaten neuerer Zeit sind reichlich vorhanden.
Den Kreis der Oberburg bilden heute der schon zu Zeiten der brandenburgischen Markgrafen Johann I. und Otto III. nach dem „Vertrag von Kremmen" (1236) erbaute Bergfried und die Ruine des „Krummen Hauses". Letzteres brannte im Dezember 1919 völlig aus. Die starken Mauern lassen noch heute etwas von der beeindruckenden Größe des Gebäudes ahnen. Es entstand in seinen ältesten Teilen mit dem Bergfried und wurde im 14. bzw. 16. Jahrhundert aufgestockt. Hier nahm die herzogliche Familie Quartier, dann die „jungen Herren", die Ritter und Knappen. Später beherbergte es Amtsstuben und die Wohnungen der Amtsleute. Das Haus nebenan, heute der beliebte Burggasthof „Alte Münze", steht ebenfalls auf den ältesten Mauern der Anlage. Es wurde mehrmals zerstört, wieder aufgebaut, so 1747, um kurzzeitig als Werkstätte für die Münzprägung im Herzogtum Mecklenburg-Strelitz zu dienen. Seine heutige Gestalt geht auf den Umbau nach einem Brand 1893 zurück. Die östliche Fassade mit dem ausgebauten Wehrgang ist ein beliebtes Fotomotiv. In neuerer Zeit lärmten junge Leute über die Flure, denn nach dem Zweiten Weltkrieg waren hier zuerst eine Landesjugendschule, dann ab 1963 eine beliebte Jugendherberge untergebracht. Der Zugang zur Oberburg wechselte dreimal seinen Platz. Ursprünglich befand er sich im Giebel der Burgkapelle. Wer genau hinsieht, kann diese Funktion im Ostgiebel des Gebäudes wieder

gut erkennen seit der Backsteinschmuck – Blendnischen, Rundbogenfriese – durch die Sanierungsarbeiten besonders betont ist. Um 1280 wurde der Torturm bereits als Kapelle genutzt und später noch zur Hofseite erweitert. Deshalb musste der Eingang zur Oberburg in das Gebäude nebenan, den sogenannten Damenflügel, verlegt werden. Dieser wurde auch wieder zugemauert als um 1540 daneben das neue Obere Tor als wehrhafter Bau errichtet wurde. Durch ihn betritt man noch heute die Oberburg.

Bevor man aber in die Oberburg gelangen konnte, musste man die Vorburg durchqueren. Die betrat man – so wie heute noch – durch das Untere Tor. Selbst in seinem ruinösen Zustand lassen sich seine beträchtlichen Ausmaße erahnen. Es besaß anfangs eine Zugbrücke, die über den Burggraben führte. Dieses Tor stammt in seinem Kern noch aus der Zeit der brandenburgischen Markgrafen. Genauso alt sind die Außenmauern des sich rechts an das Tor anschließenden langgestreckten Gebäudes. Die Mauern sind Teil der alten Ringmauer der Vorburg. Es ist der ehemalige Marstall der Burg, in welchem seit 1999 ein sehenswertes Museum (→ Museen) untergebracht ist. Alle anderen Gebäude der Vorburg stehen auf den Fundamenten der alten Wirtschaftsgebäude, denn die Vorburg diente sowohl der Verteidigung als auch als Wirtschaftshof. Die heutigen Fachwerkhäuser stammen aus der zweiten Hälfte des 19. Jahrhunderts. So beispielsweise das Gefangenenhaus am Unteren Tor, heute ein Hotel in historischem Ambiente. Im kleinen Amtsreiterhaus sind jetzt das Burg Stargarder Trauzimmer, die Gewandschneiderei und ein Archiv untergebracht. Außerdem besitzt das Haus eine restaurierte „schwarze Küche". Ein Querdielenhaus, das Backhaus und der „Wurz- und Krautgarten" vervollständigen die Sehenswürdigkeiten der Vorburg.

Um die Burganlage ziehen sich Wälle und Gräben, durch die Rekonstruktions- und Sanierungsarbeiten der letzten Jahre wieder freigelegt. Wer die Zustände auf der Burg und in ihrem Umfeld vor 1990 kannte, kann sich über die sicht- und erlebbaren Wandlungen aufrichtig freuen. Das trifft ebenso auf den weiträumigen Kinderspielplatz, den gepflegten Burgpark und die Streuobstwiesen am Burgberg zu. Alles lädt ein, zu jeder Jahreszeit und nicht nur bei Sonnenschein entdeckt und erlebt zu werden.

Weisdin

Südlich des Dorfes, auf einem langen Höhenrücken gelegen, der sich zwischen 10 und 25 m über den Spiegel des Mittelsees erhebt, erzählen Reste von Feldsteinmauern und Fundamenten eine alte Burggeschichte. Auf dem „Schlossberg" – so lautet der Flurname der Örtlichkeit – stand eine weitere Burg der von Peccatels, eines der ältesten und einflussreichsten adligen Geschlechter der Gegend. Im Jahr 1328 wird die Burg bzw. das Schloss zum ersten Mal urkundlich erwähnt. Wann genau und wodurch der Wohnsitz zerstört oder aufgegeben wurde, ist nicht bekannt. Heute ist das Areal von Jahrzehnte altem Aufwuchs wieder befreit und präsentiert sich in einem besuchenswerten Zustand. Auf einem von einer Ringmauer umgebenen größerem Plateau befinden sich mehrere Fundamente von Gebäuden und Mauerreste von einem Wohnturm. Ein tiefer Graben trennt die südlich vorgelagerte Vorburg. Die Anlage liegt an einem empfehlenswerten Wanderweg, der am Mittelsee entlang bis nach Blumenhagen und von dort weiter bis in den →Zechow führt. Eröffnet wird der Weg im Ort

Weisdin von der prächtigsten Eichenallee im Umkreis.

Burgwälle

Sie sind heute entweder als mächtige, runde Erdaufschüttungen oder nur als Reste, weil überbaut, gelegentlich sogar nur noch als Flurnamen nachweisbar. Sie umschlossen einst die politischen Zentren (Burgen), die Fluchtorte oder die Tempelstätten der hier ansässigen slawischen Stämme. Meist liegen die Burgwälle in feuchten Niederungen, beispielsweise in verlandeten Seen, in feuchten Wiesen- oder Moorgebieten, aber auch auf markanten Geländeerhebungen (altslawische Höhenburgen). In einigen Fällen wurden die deutschen Burgen auf den alten slawischen Burgstellen errichtet.
Als besonders gut erhaltene Burgwälle bieten sich als Ausflugsziele an:
die →Ravensburg am östlichen Stadtrand von Neubrandenburg; in der weiteren Umgebung des Wandergebietes der „Grapenwerder" nördlich von →Penzlin, die sogenannte „Neue Burg" in →Penzlin und der Burgwall im „Englischen Garten" am östlichen Ufer des Großen Penzliner Stadtsees.

Burgenwanderweg

Im Sommer 2004 wurde dieser kreisüberschreitende Wanderweg eröffnet. Er verbindet die Burg Stargard (→Burgen) mit der Burg →Penzlin und ist mit 27,5 km ein ganz schön „harter Kanten". Aber es gibt ja die günstige Möglichkeit, die Tour in →Prillwitz zu halbieren. Mit dem →Fahrgastschiff werden die →Lieps und der →Tollensesee überquert. Von Neubrandenburg aus geht es dann nach Hause.
Der Wanderweg führt über die Höhen des „Nördlichen Landrückens" bei Holldorf / Ballwitz, am Fuße der Hauptendmoräne bei Usadel entlang ins Tollensebecken hinein und durch die „Isern Purt" (→ Landwehr, Landhemme) wieder hinaus bis in das einladende Landstädtchen Penzlin. Er berührt die Orte Zachow, Usadel, Prillwitz, Hohenzieritz, Werder mit mancherlei kulturhistorischen Sehenswürdigkeiten. Das Wanderwegkennzeichen stimmt auf die Besonderheiten der beiden Burgen ein: eine Hexe umfliegt, natürlich auf einen Besen reitend, den Bergfried der Burg Stargard.

Camping, Caravan

Seit Jahrzehnten verlegen Dauer- und Saisoncamper ihre Sommerdomizile gern an das Westufer des →Tollensesees. Der Campingplatz Gatsch-Eck bietet Naturfreunden Erholung am Wasser und im Wald, bei Sonne und Wind. Er ist bis heute der einzige Platz seiner Art am See und besitzt alles was zum Komfort eines solchen Areals gehört: Stellplätze für Wohnwagen und Zelte mit Blick über den See, eigener Badestrand, Sportplatz, Einkaufsmöglichkeit für Waren des täglichen Bedarfs, Sanitärgebäude, Gemeinschaftshaus mit Spielangeboten für Regentage, Liegeplätze für Motor- und Segelboote, Dampferanlegestelle.
Der Platz ist mit dem Auto von der B 192 aus über die Gemeinde Neuendorf, von hier auf dem sogenannten „Gatscher Damm" zu erreichen (Zufahrt ca. 5 km). Per Fahrrad oder zu Fuß führt der Tollense-Rundweg (→Radwandern) im →Brodaer Holz direkt am Campingplatz Gatsch-Eck vorbei. Der Platz wird durch einen Verein betreut.
Caravan-Reisende finden außerdem direkt am →Augustabad einen

Chausseehaus in Burg Stargard

ausgebauten Stellplatz vor, ebenso am →Wassersportzentrum in Neubrandenburg. Wasserwanderer können auf den Rastplätzen am Tollensefluss in ihren mitgeführten „Stoffvillen" nächtigen, beispielsweise in den Ortslagen Klatzow und Kessin, an der Burg Klempenow (→Burgen) oder im →Naturerlebnispark Mühlenhagen.

Chausseehäuser

Hier wurde das Chausseegeld kassiert, heute würden wir „Maut" dazu sagen. Die Gebäude lagen an Ortsein- bzw. -ausgängen, auf längeren Strecken etwa im Abstand von zwei Meilen (15 km). In ihrem Äußeren waren sich die Häuser ähnlich, wobei daran der Oberbaurat Buttel (1796–1869) mitgewirkt haben soll. Das ist nicht von der Hand zu weisen, denn er war ja, neben vielem anderen, auch für den Straßen- und Wegebau in Mecklenburg-Strelitz zuständig. Die Häuser standen dicht an der Straße, wodurch sie später zu einem Verkehrshindernis wurden und oft den Straßenregulierungen weichen mussten. Ein Schlagbaum sperrte die Straße. Am Haus war die straßenseitige Hauswand zu einem Erker mit drei Fenstern erweitert. Durch das mittlere wurde der an einem Stock befestigte Geldbeutel herausgereicht, in welchen die Benutzungsgebühr einzuwerfen war. Auf die gleiche Weise bekam man die Quittung ausgehändigt. Die zwei anderen Fenster gaben den Blick auf die Chaussee in beide Richtungen frei. Die Chausseegeldkassierung wurde durch die großherzogliche Kammer verpachtet. Der Pächter oder die Pächterin bewohnten mit Familie das Haus, trieben nebenbei Ackerbau und Viehzucht, wodurch das Chausseehaus bald mit allerlei Nebengelassen umgeben war.
Als der Frachtverkehr mit der Eisenbahn wesentlich schneller und billiger abgewickelt werden konnte, gingen die Einnahmen deutlich zurück. Außerdem behinderten die Schlagbäume den stetig zunehmenden Straßenverkehr. Das Kassieren wurde um die Wende zum 20. Jahrhundert schrittweise eingestellt.

Chausseehäuser in ihrer ursprünglichen Gestalt stehen noch am Ortsausgang von Burg Stargard (→ Bergwanderung ...) in Richtung Teschendorf und an der B 96 kurz vor Weisdin (aus Richtung Neustrelitz gesehen). Dieses Haus steht sehr hübsch am Ufer des Langen Sees, deshalb gibt es in den Sommermonaten hier sogar ein touristisches Angebot. Das letzte Chausseehaus von Neubrandenburg am Ortsausgang in Richtung Neddemin an der B 96 ist 2004 abgerissen worden.

Damwildgatter

Der aufmerksame Wanderer kann im Tal des → Malliner Wassers zu jeder Jahreszeit mit Überraschungen rechnen. Auf den gehölzfreien Hängen im Abschnitt westlich der B104 wird seit einigen Jahren Damwild gehalten. Hier lassen sich die Hirsche mit ihren attraktiven Geweihen einmal aus geringerer Distanz beobachten – wenn man sich entsprechend ruhig verhält. Das Areal ist am besten auf dem ausgeschilderten Wanderweg durch die Mühlentannen zu erreichen: von Wulkenzin aus geht es zur Brandmühle (→ Wassermühlen), dann im Bachtal mit seinen artenreichen Wiesen zum Platz der früheren Chemnitzer Ölmühle. Bis hierher reicht das Damwildgatter. Der weitere Weg führt als Rundkurs durch den Wald wieder zurück zur Brandmühle. Die Strecke ist insgesamt etwa 4,5 km lang.

Denkmale

Die politischen Umbrüche im 20. Jahrhundert führten u.a. zu gestürzten Denkmalen und damit zu gebrochenen Erinnerungen, denn Denkmale sind Symbole des politischen und kulturellen Gedächtnisses einer Region. Wie das Leben jedes einzelnen nicht frei ist von Widersprüchlichem und Ungereimtem, so ist die Beziehung zu den Berühmtheiten des öffentlichen Lebens von Generation zu Generation verschieden. Manche ihrer Denkmale blieben unverrückbar, andere wurden versetzt oder gar zerstört. Einige kehrten unter veränderten politischem Vorzeichen an ihren alten Platz zurück oder wurden dort wieder neu errichtet. Gelegentlich reichte es, das aufgewachsene Buschwerk zu lichten und die Schriftzüge auf den Steinen zu erneuern. So sagt der Umgang mit diesen Sinnbildern der Vergangenheit vieles über die Identität einer Gesellschaft aus.
Die hier genannten Denkmale sind Personen (auch → Gedenksteine) oder Ereignissen (auch → Gedenkstätten) gewidmet:

Burg Stargard
Denkmalsberg
Von der Carl-Stolte-Straße aus gelangt man über einen Treppenaufgang auf den Denkmalsberg. Hier ehren drei Gedenksteine die Opfer von drei Kriegen – die Gefallenen des Deutsch-Französischen Krieges (1870/71), des Ersten Weltkrieges (1914 bis1918) und die Opfer des Zweiten Weltkrieges und der Nazi-Diktatur (1933 bis 1945).

Hohenzieritz
In der weiträumigen Parkanlage des Schlosses Hohenzieritz (→Schloss, Guts- und Herrenhaus) gibt es ein berührendes Denkmal, nun leider schon stark verfallen. Der Schlossherr, Herzog Carl II. von Mecklenburg-Strelitz (1741-1816), war kein vom persönlichen Glück verwöhnter Mann. Seinen beiden sehr jung verstorbenen Gattinnen und den fünf verstorbenen Kindern widmete er das Denkmal. Aus der Inschrift spricht die innige Verbundenheit der Familie: „Voran gingt ihr,

Geliebte, Eurem Freund. Bald flieht wie Schaum des Lebens Traum und ewig sind wir dort vereint". Eine allegorische Szene ist dargestellt: eine weibliche Gestalt – die Trauer – schaut hinauf zu einer zweiten weiblichen Figur – der Hoffnung. Diese wendet sich tröstend der Trauer zu und verweist mit der rechten Hand himmelwärts. Auf einer zweiten Schrifttafel sind die persönlichen Daten der Verstorbenen vermerkt. Das Denkmal ist eine Arbeit von Christian Philipp Wolff (1772–1820) und entstand im Jahr 1798. Der frühe Tod seiner Tochter Luise (Louise; 1776–1810) wird ein weiterer schwerer Schicksalsschlag für den Herzog gewesen sein. Sie war seit 1797 preußische Königin. Im Jahr 1810 verstarb sie hier in Hohenzieritz bei einem der wenigen Besuche auf dem Sommersitz des Vaters. 1812/1815 ließ der Herzog in der Nähe des Schlosses einen Gedächtnistempel errichten. Auch diese Erinnerungsstätte entstand nach einem Entwurf von Christian Philipp Wolff, ebenso die Marmorbüste, die früher die Säule im Tempel krönte. Dem Leben und Sterben der Königin Luise wird heute wieder in ihrem als →Gedenkstätte gestalteten Sterbezimmer im Schloss gedacht.

Klein Nemerow

Grabplatte des Komturs Ludwig von der Groeben

→Johanniterkomturei Klein Nemerow

Neubrandenburg

Boll-Denkmal

Die Ölgemälde und Zeichnungen des norddeutschen Künstlers Caspar David Friedrich (1774–1840) sind weltbekannt. Dass er auch den Entwurf für ein Denkmal in Neubrandenburg lieferte, wissen wohl nur wenige Menschen.

Enge Familienbeziehungen verbanden den Künstler mit der Stadt. Er weilte hier mehrmals bei seinen Verwandten und ließ sich von den alten Eichen auf den →Wallanlagen, von stimmungsvollen Winkeln an der →Stadtmauer und von Blicken in die Weite des Umlandes inspirieren.

Das Denkmal ist dem „Prediger und Seelsorger der hiesigen Marien– und Johannisgemeinde" Franz Christian Boll (1775–1818) gewidmet. Er war der Vater der Brüder Franz (1805–1875) und Ernst Boll (1817–1868), welche durch ihre Forschungen und Schriften zur Stadtgeschichte, zur Landesgeschichte und zu naturwissenschaftlichen Themen über die Landesgrenzen hinaus bekannt wurden. Der mit dem Denkmal geehrte Pastor wurde von seinen Kirchgemeinden sehr geliebt. Erst 43 Jahre alt, erlag er einer Typhuserkrankung. Die Gemeindemitglieder wollten ihm bereits 1819 ein kleines „Ehrenandenken" errichten lassen, wofür – wie gesagt – C. D. Friedrich zu seinem Zeichenstift gegriffen hatte. Der Fertigungsauftrag ging nach Sachsen. Aber es blieb nicht bei „klein", „statt dessen ließen jedoch die Repräsentanten in Dresden eine kolossale Spitzsäule aus Sandstein bauen, solche mit großen Transportkosten und Transitgebühren bis Fürstenberg zu Wasser bringen und von da zu Lande hierher fahren, so dass man bei der Ankunft derselben nicht nur den Ertrag der Kollekte verschlungen sah, sondern ein Minus von mehreren hundert Talern hatte" hieß es in einem alten Zeitungsbericht. Wer war wohl schuld an dem Malheur? Es soll an der vergessenen Maßstabsangabe gelegen haben.

Erst 1854 wurde das Denkmal an der Südseite der →Marienkirche aufgestellt, wo es jetzt wieder nach aufwändiger Sanierung zu finden ist. So wurde der ansehnliche Obelisk aus Elbesandstein mit seiner kalligraphisch gestalteten Inschrift und seinem neugotischen Zierrat zum sprichwörtlichen I-Tüpfelchen der erfreulich schlicht gehaltenen Außenanlagen um die heutige →Konzertkirche. Manchmal mutieren Irrtümer eben auch zu Glücksfällen.

Fritz-Reuter-Denkmal
Der berühmteste Dichter niederdeutscher Mundart, Fritz Reuter (1810–1874), hatte sich in Neubrandenburg sehr wohl gefühlt. Hier fand er gute Freunde und die Kraft zu schriftstellerischer Meisterschaft. Als er im Juni 1863 die Stadt verließ, um in Eisenach seinen Wohnsitz zu nehmen, gelobte er in seiner gefeierten Abschiedsrede: „Ich werde nie die freundliche Vorderstadt vergessen mit ihren reinlichen Straßen, mit ihrer schönen Kirche, wie ihrem grünen Eichenkranz, dem hellen blauen Spiegel ihres Sees, ihrem Buchenlaub – niemals werde ich sie vergessen." Wer seine Biografie kennt weiß, dass das keine leeren Worte waren. Aber auch die Neubrandenburger wollten ihrer Berühmtheit gedenken, über welche sie sich so manche Anekdoten erzählten. Reuterverehrer und –verehrerinnen riefen 1887 zu Spenden für ein Reuter–Denkmal auf und hatten Erfolg. Es wurde am 29. Mai 1893 enthüllt. Wir finden dieses sicher schönste Denkmal der Stadt wenige Schritte vom Bahnhof entfernt am Eingang zu den →Wallanlagen umgeben von Blumenrabatten und Ruheplätzen.
Es ist eine Arbeit aus der Werkstatt des Berliner Bildhauers Martin Wolff (1852–1919), der durch seine Familie mit Mecklenburg–Strelitz verbunden war und hier immer wieder Aufträge für neue Denkmale erhielt. So wurde auch das Jahn–Denkmal nach seinem Entwurf gefertigt.

Fritz-Reuter-Brunnen
Gegenüber dem Fritz–Reuter–Denkmal, also im Blickfeld seines eigentlichen Spiritus rector, steht seit 1961 der Fritz–Reuter–Brunnen. Er hatte vorher einen anderen, aber ebenso beziehungsreichen Platz in der Nähe von „Dörchläuchtings" (Adolf Friedrich IV.; 1738 – 1794) Palais auf dem alten Marktplatz. Das Palais ging 1945 im Stadtbrand unter, der Brunnen aber überstand das Inferno. Ihn hatte der Kaufmann H. Carstens anlässlich des 100jährigen Bestehens seines Unternehmens gestiftet.
Der Neubrandenburger Bildhauer Wilhelm H. Jaeger (1888–1979) formte den Brunnen aus süddeutschem Muschelkalk. Als Thema wählte der Künstler eine Szene aus Fritz Reuters Buch „Dörchläuchting", in welcher die selbstbewusste Bäckersfrau „Mudder Schulten" den Landesherrn zur Zahlung einer längst fälligen Brotrechnung auffordert, der Angesprochene sich aber an nichts erinnern kann, Dieses heitere Kunstwerk war am 31. März 1923 feierlich eingeweiht worden.

Gellert-Denkmal
Seit über zweihundert Jahren steht dieses schlichte Denkmal auf den →Wallanlagen unweit des Neuen Tores. Es wurde bereits 1776 errichtet, nur wenige Jahre nach dem Tod des deutschen Lieder– und Fabeldichters Christian Fürchtegott Gellert (1715–1769). Im Verein mit ihrem Herzog Adolf Friedrich IV. („Dörchläuchting", 1738–1794) stifteten es „verschiedene hiesige Verehrer des verewigten Professors Gellert zu Leipzig" wie ein Ratsprotokoll vermerkte. Es soll der Freundeskreis um Landessyndikus Pistorius (1708–1780) gewesen sein, der den Anstoß zu diesem ersten öffentlichen Denkmal für den Dichter der Aufklärungszeit in Deutschland gab. Gellert war damals als Autor von Erzählungen, Fabeln und vielen Liedern weithin beliebt und bekannt. Seine Choräle

wurden in den evangelischen Gemeinden gern gesungen.
Auf einem aus Feldsteinen gemauerten Sockel steht eine verputzte Stele mit einer steinernen Urne, im Zopfstil gestaltet. Die Urne stiftete der Herzog persönlich. Eine Kupfertafel trägt die Lebensdaten des Geehrten und einen kurzen würdigenden Text. Die heutige Urne ist eine Kopie des Originals und wurde 1924 vom Neubrandenburger Bildhauer Wilhelm H. Jaeger (1888–1979) gefertigt. Das Original verwahrt das Regionalmuseum (→Museen).

Jahn-Denkmal
Unmittelbar neben der Vierrade-Mühle (→Wassermühlen) am Beginn der Jahnstraße steht ein Denkmal für Friedrich Ludwig Jahn (1778–1852). Diese Straße wurde auf dem früheren Neubrandenburger Kuhdamm angelegt, der in die Tollensewiesen und später zum ersten Turnplatz der Stadt führte. Fast könnte man meinen, der Turnvater schaue staunend und überrascht auf

Fritz-Reuter-Denkmal

Friedrich-Ludwig-Jahn-Denkmal

die an seinem Sockel vorbei brausenden Fahrzeuge. Vielleicht kommt ihm der Gedanke, dass es manchen dieser Fahrerinnen und Fahrer gut täte, wie er vor 200 Jahren zu Fuß ins →Brodaer Holz zu wandern, mit den Kindern im Tollensesee zu schwimmen, zu klettern, zu laufen oder in Wettspielen körperliche Fitness zu trainieren. Das alles unternahm Jahn mit einer Gruppe von Jungen, als er zwischen 1802 und 1804 in Neubrandenburg unter dem Namen „Herr Fritz" beim Baron LeFort als Hauslehrer tätig war. Er gab in diesen beiden Jahren wichtige Impulse für das Entstehen der vaterländischen Turnbewegung in Mecklenburg-Strelitz.
Am 11. September 1904 wurde das Denkmal der Öffentlichkeit übergeben. Es entstand nach einem Entwurf des Berliner Bildhauers Martin Wolff (1852–1919). Dieser Künstler schuf auch das Fritz-Reuter-Denkmal. Im →Brodaer Holz erinnert zusätzlich ein →Gedenkstein an die inspirierende Persönlichkeit des Turnvaters. Sportstadion und das neue Sportforum in Neubrandenburg tragen ebenfalls seinen Namen.

Pistorius-Grabplatte
Auf dem Außenwall zwischen Friedländer Tor und Bahnhof erinnert eine Grabplatte an Johann Gottlieb Pistorius (1708–1780). Er stammte aus Friedland, wurde 1736 Prinzenerzieher am herzoglichen Hof in Mirow, dann Advokat in Neustrelitz. Das Amt als Landsyndikus des Stargardschen Kreises übte er seit 1756 aus und wohnte deshalb in der Vorderstadt Neubrandenburg, mit der er sich in seiner langen Amtszeit eng verbunden fühlte. Ganz den Ideen der Aufklärung verpflichtet, setzte er sich für eine natürliche und einfache Lebensweise ein, forderte aus hygienischen Gründen die Beerdigung der Verstorbenen auf einem Friedhof außerhalb der Stadtmauern. Er gab dafür selbst ein Beispiel, in dem er mit dem Rat vereinbarte, ihn vor der →Stadtmauer auf dem Wällen in „ungeweihter Erde" beerdigen zu lassen. Dieser Wunsch wurde dem hochgeachteten Menschen und Gelehrten erfüllt. Auf höchst persönliches Verlangen des Landesherrn, Herzog Carl (1741–1816), sollen später die Worte „– und nie vergessen C.H.z.M" der Grabinschrift hinzugefügt worden sein.
Pistorius sammelte Dokumente zur Landes- und Stadtgeschichte. Seine Materialsammlung war die Grundlage für die erste Stadtchronik Neubrandenburgs, die der sächsische Baron von Hacke 1783 zusammenstellte.

Penzlin

Denkmal für die Gefallenen des Deutsch-Französischen Krieges 1870/71
Am östlichen Stadtrand, auf dem Beyer-Platz, befinden sich mehrere

Denkmale. Ein etwas trutziges, in der Manier preußischer Kriegerdenkmale gestaltetes ehrt die Gefallenen des Krieges zwischen Deutschland und Frankreich 1870/71. Es wurde 1890 vom Penzliner Kriegerverein gestiftet, ist aber nicht mehr komplett.

Mahnmal für die Opfer des Faschismus
Auf demselben Platz ist ein Mahnmal aus DDR-Zeit den Menschen gewidmet, die unter der faschistischen Diktatur zu leiden hatten, sich aktiv zur Wehr setzten und dabei oft genug ihr Leben lassen mussten.

Maltzan-Denkmal
Wer sich auf der B 192 von Neubrandenburg kommend der Kleinstadt →Penzlin nähert, kann linkerhand auf einem Hügel das Denkmal wahrnehmen. Der 2,90 m hohe Obelisk ehrt einen bedeutenden Mann aus der Familie von Maltzan – Ferdinand von Maltzan (1778–1849). Dieser hob bereits am 18. Oktober 1816 auf seinen Gütern die Leibeigenschaft auf und ging damit seinen Standesgenossen voran. Erst vier Jahre später wurde dieses feudale Relikt im gesamten Großherzogtum Mecklenburg-Strelitz beseitigt. Das Denkmal wurde 1916 aus Anlass der 100. Wiederkehr dieses Ereignisses gesetzt. Von der Höhe aus blicken wir auf die vielgestaltige Landschaft zwischen Hohenzieritz im Süden und dem bewaldeten Oszug bei Puchow im Norden. Bunte Wiesen, grüne Hügel – der blaue Himmel spiegelt sich in See und Söllen. Die roten Dächer in den Dörfern und im Städtchen Penzlin blinken in der Sonne. Wie in einem aufgeschlagenen Buch liegt die schöne Welt vor uns. –
Über einen ausgeschilderten Wanderweg (östlicher Stadteingang ab B 192) ist das Denkmal an seinem exponierten Platz gut zu erreichen.

Johann-Heinrich-Voß-Denkmal

Voß-Denkmal
Der Dichter und Übersetzer Johann Heinrich Voß (1751–1826) – Zeitgenosse Goethes und Schillers – wurde in Sommerstorf bei Waren geboren, kam aber noch als „Wickelkind" nach →Penzlin und verbrachte hier fröhliche Kinderjahre. Voß behielt das Städtchen in angenehmer Erinnerung – und dieses wie man sehen kann – seinen berühmt gewordenen Bürger. Das Denkmal entstand 1982. Die Büste des Dichters ist eine Arbeit des Bildhauers Walter Preik (geb. 1932) aus Waren. Nach Platzwechsel 1995 steht das Denkmal jetzt vor der →Stadtkirche St. Marien am Markt

Zachow

Lemelson-Denkmal
Nicht im Dorf, sondern ein ganzes Stück entfernt, am ehemaligen Forsthaus Zachow, erinnert ein von Bewuchs und Schutt befreites Denkmal an die interessante Ge-

schichte dieses romantischen Wohnplatzes. Hier war einmal eine Papiermühle in Gang, die nicht nur eine Familie ernährte, sondern auch dem Ländchen Mecklenburg-Strelitz Geld einbrachte.
Die Wanzkaer Papiermühle (→Wassermühlen) – so hieß sie seinerzeit – kam so richtig in Schwung, als im Jahr 1802 der herzogliche Schutzjude Carl Moses Lemelson den Betrieb erwarb und in kurzer Zeit die Anzahl der Beschäftigten von 20 auf 50 erhöhen konnte. Das hier produzierte hochwertige handgeschöpfte Papier aus Lumpen war sogar in den Nachbarländern gefragt.
Bis 1861 blieb die Papierfabrik im Besitz der Familie. Die Kinder von Carl Moses Lemelson und seiner Frau Albertine ließen im Andenken an ihre tüchtigen Eltern auf einer kleinen Insel im →Nonnenbach eine Denkmalsanlage gestalten. Auf dem Rondell stehen heute noch der Sockel des Denkmals mit seinen Beschriftungen und sechs im Kreis gepflanzte Linden. Die Inschriften lauten: „Carl Moses Lemelson, geb. d. 14. May 1747, gest. d. 2. Nov. 1829" und „Albertine Lemelson geb. Bacher, geb. d. 7. July 1757, gest. d. 18. Oct. 1835". Auf dem Sockel soll früher eine Figur gestanden haben.

Dorfkirchen

Es ist zu vermuten, dass die ersten christlichen Andachtsstätten in unseren Dörfern aus Holz gebaut waren. Der bedeutende Pommernmissionar Otto von Bamberg (1060–1139) oder der erste mecklenburgische Bischof Berno von Schwerin (? –1191) werden mit ihren missionierenden Scharen kaum kräfte- und zeitraubende Steinbauwerke errichtet, sondern mit dem überall vorhandenen und schnell zu bearbeitenden Baustoff Holz vorlieb genommen haben. Erst als nach 1164 die heidnischen Slawen endgültig besiegt und „befriedet" waren, schufen die großen christlichen Orden, beispielsweise die Prämonstratenser und die Zisterzienser, steinerne Bauwerke. Ihrem Beispiel folgten seit dem 13. Jahrhundert die wirtschaftlich und politisch erstarkten Städte. Einige Bauten überdauerten die Jahrhunderte. Als natürliches Baumaterial dienten Feldsteine, die in großen Blöcken (→Findlinge) oder kleineren Brocken als Hinterlassenschaft der →Eiszeit reichlich vorhanden waren (und es heute noch sind). Aus der fortgeschrittenen kulturellen Tradition ihrer Heimatgebiete heraus brachten die Klosterangehörigen, die Handwerker und Bauern viele neue Produktionsmethoden und -erfahrungen mit. Auch die Bearbeitung des Granits und der Umgang mit dem Backstein waren ihnen geläufig. Ton und Lehm gab es in der neuen Heimat reichlich, aus denen Ziegel „gebacken" werden konnten. Der Backstein war das variabeler einsetzbare und das „vornehmere" Baumaterial, mit welchem die wunderbaren großen kirchlichen Bauwerke der Klöster und der Städte errichtet wurden. (→Marienkirche „Wege zur Backsteingotik").
Die Feldsteinbauweise blieb im ländlichen Kirchenbau noch lange üblich. Die ältesten Teile an diesen Kirchen bestehen noch heute aus den sorgfältig behauenen Quadern von rund 30–35 cm im Geviert. Sie belegen das hohe Niveau der Architektur und der Steinmetzkunst, die um 1250 hier in unserem Raum einen Höhepunkt hatten. Es ist die Entstehungszeit der ältesten Teile der Feldsteinkirchen in unseren Dörfern (beispielsweise in Alt Tellin, Groß Nemerow, Klatzow, Neddemin, Rollenhagen, Rowa, Trollenhagen). Die Mauern waren oft zwischen 1 und 3 m dick.

Spätere Ausbesserungsarbeiten und Ergänzungen heben sich meist deutlich durch die Verwendung unbehauener Feldsteine und eine weit weniger sorgfältige Verarbeitung der Steine ab.
Ob gleichzeitig Dorfkirchen in Fachwerk entstanden, einer Bauweise, die aus Mittel- und Süddeutschland kam, ist heute nicht mehr nachzuweisen. Diese Bauwerke aus Holz, Stroh und Lehm besaßen nur eine kurze Lebensdauer. In Zeiten der Not, meist durch Kriege und sie begleitende Unglücke wie Epidemien und Brände verursacht, war der Fachwerkbau eine kostengünstige Alternative zum Feld- oder Backstein. So ist es nicht verwunderlich, dass die Fachwerkkirchen in unseren Dörfern in der Regel erst im 18. Jahrhundert entstanden, also nach dem Dreißigjährigen Krieg, der ja das gesamte Land in eine wirtschaftliche und menschliche Katastrophe geführt hatte. Einige Fachwerkkirchen sind noch jüngeren Datums.

Dorfkirche Trollenhagen

Schöne Fachwerkkirchen stehen u.a. in Klempenow, Podewall, Teetzleben, Woggersin, Zachow.

Eine Besonderheit ist die Dorfkirche in Weisdin. Zwischen 1747 und 1749 ließ der Weisdiner Gutsherr Gotthard Karl Friedrich von Peckatel (1715–1773) einen neuen massiven, farbigen Putzbau auf achteckiger Grundfläche errichten. Ihn krönt ein pagodenähnlicher Dachaufbau und erinnert in seinen geschwungenen Formen an die seinerzeit sehr beliebten ostasiatischen, besonders chinesischen Vorbilder (Chinoiserien). Sehenswert ist die Innenausstattung mit umlaufender Empore und der farbenfrohen Ausmalung, die auf die Entstehungszeit des hübschen Bauwerks zurückgeht.
Im 19. Jahrhundert wurden viele Dorfkirchen einer umfangreichen Erneuerung und Rekonstruktion unterzogen. Zerfallene Türme wurden saniert und turmlosen Feldsteinhallen ein schlanker Turm aus Backsteinen angesetzt (u.a. Prillwitz). Das war ein wesentliches Betätigungsfeld des Oberbaurats Buttel (1796–1869) aus Neustrelitz. Er bemühte sich um eine Synthese der so unterschiedlichen Materialien Feldstein und Backstein. Dass heute so manch hoher Kirchturm in den Himmel ragt, ist seinem Engagement für den Kirchenbau im Großherzogtum Mecklenburg-Strelitz zu danken. 1832 wurde beispielsweise die Kirche in Wulkenzin nach Buttels Entwürfen neu errichtet. Am gesamten Bau sind des Meisters Vorlieben zu studieren, etwa für den Baustoff Backstein, besonders den gelben, für die schlanken Glockentürme und für den gotisierenden Zierrat.
Auch in Peckatel, im benachbarten Mecklenburg-Schwerin gelegen, entstand im 19. Jahrhundert die Dorfkirche neu. Hier besaß die Familie von Maltzan das Kirchenpatronat. Friedrich von Maltzan (1822–1871) ließ die alte, baufällig gewordene Kirche abreißen und 1862/63 ein neues, gar nicht so bescheidenes Gotteshaus in neugotischem Stil errichten. Im Oktober 1863 wurde die Kirche geweiht. Ihre Innenausstattung ist sehenswert. Auf dem Kirchhof befinden sich Grabmäler von mehreren Familienmitgliedern derer von Maltzahn (→Tempelberg).
Eine weitere Besonderheit im ländlichen Kirchenbau sind die →Rundkirchen vom Baumeister Dunkelberg (1773–1844). Aber nicht immer konnte ein anspruchsvoller Bauaufwand betrieben werden. Einige Kirchtürme bestehen nur aus einer schlichten Bretterhaut, die aber ständiger Pflege bedarf. Solche „verbretterte" Kirchtürme stehen u.a. in Bargensdorf, Teetzleben, Lebbin, Zachow.
Überhaupt gibt es an und in den Dorfkirchen viele interessante Details zu entdecken. Wertvolle Schnitzarbeiten stammen sogar noch aus vorreformatorischer Zeit. In

Dorfkirche Prillwitz

der Innenausstattung unterscheiden sich die Dorfkirchen erheblich. Altäre, Kanzeln, Patronatsgestühle, Taufbecken, Orgeln, Glocken bezeugen Kirchengeschichte über sieben Jahrhunderte, hauptsächlich aber des Barocks, des Klassizismus und der Neostile des 19. Jahrhunderts. Leider kann an dieser Stelle nicht ausführlicher darauf eingegangen werden.

Unter der meist nur noch vereinzelt vorhandenen alten Dorfarchitektur sind mancherorts die stattlichen Pfarrhäuser beachtenswert (Alt Rehse, Neddemin).

Bedauerlicherweise erfuhren die Dorfkirchen und ihr Umfeld in DDR-Zeiten nur wenig Pflege. Vernachlässigung ist manchenorts noch heute sichtbar. Doch es gibt inzwischen viele Beispiele gelungener Sanierung und Rekonstruktion (Bargensdorf, Hohenbüssow, Klempenow, Lebbin, Podewall, Prillwitz, Rowa, Woggersin, Zachow). Trotzdem gelingt es nicht immer, die erforderlichen finanziellen Mittel aus öffentli-

Dorfkirche Podewall

chen oder kirchlichen Fonds aufzubringen, um eine Kirche zu retten. Da ist private Initiative gefragt. Dass daraus ein originelles, bereicherndes Angebot erwachsen kann, zeigen die Akteure der Feldsteinkirche in Rollenhagen. Ihre Konzertangebote haben inzwischen Kultstatus und eine eigene Fan-Gemeinde.

Eiszeit

Wenn bei der Beschreibung von Landschaftsräumen und naturkundlichen, besonders geologischen Sehenswürdigkeiten immer wieder von der „Eiszeit" die Rede ist, bezieht sich diese Bezeichnung auf einen Zeitraum von rund 500 000 Jahren. In dieser langen Zeit wechselten sich mehrere Kalt- und Warmzeiten ab. In Mecklenburg-Vorpommern sind eiszeitliche Ablagerungen aus drei großen Kaltzeiten (Elster-, Saale- und Weichsel-Kaltzeit) und von zwei, diese Kaltzeiten trennende Warmzeiten gefunden worden. Vor allem die letzte Kaltzeit, die Weichselkaltzeit (ca. 115 000 – 10 200 v. Chr.) mit dem Brandenburger, Frankfurter und Pommerschen Stadium, hinterließ im nordostdeutschen Raum reiche geologische Formenschätze, die noch heute als eindrucksvolle Landschaftselemente erlebbar sind (→Eiszeitlandschaft). Mächtige Gletscher stießen aus dem skandinavischen Raum vor, nahmen Geröllmassen auf und setzten mitgeführte Gesteine (→Findlinge) in den Abtauphasen hier ab. Die riesigen Wassermengen der abtauenden Gletscher, die in den Moränen eingelagerten, nun langsam abtauenden Toteisblöcke und nicht zuletzt der Wind führten das landschaftsgestaltende Werk fort. Verglichen mit dem Alter unserer Erde (ca. 4,5 Milliarden Jahre) ist dieser Zeitraum der Weichselkaltzeit, welcher die Böden und die Oberflächengestalt unseres Landes so nachhaltig prägte, also sehr kurz und noch sehr jung.
Erst nach 10 200 v. Chr., als das Land wieder eisfrei war und sich günstigere klimatische Verhältnisse eingestellt hatten, besiedelten Pflanzen, Tiere und zuletzt Menschen die anfangs sicher noch reichlich unwirtlichen Räume neu.
Im Jahr 2002 wurde ein interessantes touristisches Projekt ins Leben gerufen – der →Geopark „Mecklenburgische Eiszeitlandschaft". In seinen 4880 km^2 sind nicht nur Gebiete des Tollensebeckens enthalten, sondern auch weiter entfernt liegende, beispielsweise um Teterow, Schwichtenberg, Feldberg, Malchow. Dieses geologische Naturerbe soll stärker als bisher für den Tourismus genutzt und dabei auf anregende Weise naturkundliches Wissen vermittelt werden. In 10 Aktionszentren werden besondere Themenschwerpunkte gesetzt.
Im Tollensegebiet liegen die Aktionszentren „Spuren der Eiszeit" (in Neubrandenburg) und der →Naturerlebnispark Mühlenhagen.

Eiszeitlandschaft

In fast genauer Nord-Süd-Richtung verlaufend, reichen die drei Landschaftsschutzgebiete Tollenseniederung, Tollensetal und Tollensebecken mit Tollensesee und -fluss von der welligen Grundmoräne um Demmin bis zur Hauptendmoräne des Pommerschen Stadiums der Weichselkaltzeit nördlich von Neustrelitz. Dieses rund 60 km lange und bis maximal 15 km breite Gebiet beherbergt einen so reichen eiszeitlichen Formenschatz, dass es sozusagen Modellcharakter für geologische Vorgänge während der →Eiszeit besitzt.
Die weiten Grundmoränenflächen im Rückland der Hauptendmoräne

Sölle - „Augen“ in der Grundmoränenlandschaft

werden heute meist intensiv landwirtschaftlich genutzt. Doch auch hier sind interessante geologische Formen zu finden: Sölle und Seen als Toteisbildungen, von späteiszeitlichen Schmelzwässern angelegte Erosionsrinnen (→Malliner Bachtal, →Nonnenbachtal, →Lindetal), Seerinnen (→Tollensesee, Krickower See) und Flusstalungen (Tollensefluss, Landgraben). Die Hügel und Täler der Endmoräne gestalten ein abwechslungsreiches Landschaftsbild mit herrlichen Fernsichten (→Aussichtspunkte). Mit den 138 m über NN des Keulenbergs im →Zechow erreicht hier die Hauptendmoräne eine für mecklenburgische Verhältnisse beachtliche Höhe. Interessante geologische Einzelobjekte wie große →Findlinge, Fossilien enthaltende Gesteine, Schichtquellen (→Suhlquelle), Aufschlüsse in den Kiessandtagebauen u.a. erweitern die geologischen Studienmöglichkeiten. Aber nicht nur die Oberfläche der Landschaft gibt Hinweise zu ihrer eiszeitlichen Entstehung.

Zahlreiche Tiefenbohrungen, die in den letzten Jahrzehnten hier abgeteuft worden sind, ließen auch einen Blick unter die Oberfläche zu.
Dadurch konnte das Wissen um die Entstehungsvorgänge und -prozesse der Landschaft in Mecklenburg-Vorpommern und speziell um Neubrandenburg wesentlich erweitert, Theorien bestätigt aber auch korrigiert werden. So geht man heute davon aus, dass das Tollensebecken nicht, wie bisher angenommen, von einer Gletscherzunge ausgeschürft wurde, sondern durch Spülvorgänge eiszeitlicher Schmelzwässer innerhalb des Gletschers entstanden ist. Die an der Oberfläche des Gletschers durch Sonneneinstrahlung und allgemeine Erwärmung sich bildenden riesigen Mengen an Schmelzwässern stürzten in Löcher und Spalten in die Tiefe, sammelten sich in Spalten und Tunneln, spülten den Untergrund aus und traten dann, bestückt mit diversen Geröllen, am Gletscherrand zu Tage. Die Beschreibung dieser Vorgänge wird heute unter dem Begriff „Tunneltal-

Theorie" zusammengefasst. Die natürliche Landschaftsgestaltung war nach dem Ende der Eiszeit noch längst nicht abgeschlossen. Eigentlich reicht sie bis in unsere Gegenwart. Zuerst waren es die langsamer abtauenden Toteisblöcke, in deren hinterlassenen Vertiefungen sich Sölle und Seen bildeten, Wind- und Wassererosion modellieren am Landschaftsbild und seit rund 300 Jahren vermehrt menschliche Tätigkeit.
Die Landschaftsschutzgebiete an Tollensesee und –fluss liegen im Zentrum des neuen →Geoparks „Mecklenburgische Eiszeitlandschaft". Mit dieser Initiative soll das besondere geologische Naturerbe mehr in der Öffentlichkeit bekannt gemacht und für die regionale Entwicklung, beispielsweise auf dem Gebiet des Tourismus, genutzt werden.

Energiewanderweg

Für unsere Vorväter waren Wind, Wasser, Holz und Torf die wichtigsten Energielieferanten. Heute sind es die fossilen Brennstoffe Kohle, Erdöl und Erdgas sowie die Atomkraft. Ihre Nutzung ist mit hohen Umweltbelastungen und –gefahren verbunden. Die Vorräte an fossilen Brennstoffen werden in absehbarer Zeit erschöpft sein. Umweltfreundliche Energiegewinnung und alternative Energienutzung sind deshalb ein Gebot der Stunde, womit die Energiequellen unserer Vorväter wieder interessant geworden sind. Der „Energiewanderweg" widmet sich dieser Thematik. Der Neubrandenburger Verein „energieplus" rief diesen thematischen Wanderweg ins Leben und will ihn weiterhin inhaltlich betreuen.
Auf dem Weg durch die Stadt Neubrandenburg und in ihre weitere Umgebung lernt der Besucher verschiedene Verfahren der historischen Energienutzung kennen und bekommt die alternativen Verfahren unserer Tage demonstriert: Solarenergie, geothermische Energienutzung, Klärgasnutzung usw. An konkreten Objekten und in Betrieben der Energieerzeugung werden die verschiedenen Technologien erlebbar.

Der Energiewanderweg umfasst in der Stadt Neubrandenburg folgende Punkte:

1. Kontaktstelle des Vereins „energieplus" in der Lindenstraße
2. Geothermische Heizzentrale in der Bachstraße
3. Klärgasnutzung in der Kläranlage Jahnstraße
4. Experimentieranlage „Sonne in der Schule" im Curie–Gymnasium in der Demminer Straße
5. Gas– und Dampfturbinenheizkraftwerk Warliner Straße
6. Biomassenutzung WEKA Holz– und Metallwaren GmbH Johannesstraße
7. Sonnenenergienutzung an der Trainingshalle Katharinenstraße

Wenn ein Beispiel für die historische Energienutzung besucht werden soll, bieten sich die →Wassermühle Zirzow oder die Anlage in der Burg Stargarder Amtsmühle (→Bergwanderung...) als Ausflugsziele an. Für den Energiewanderweg empfiehlt sich vor allem ein Gruppenbesuch, denn eine Voranmeldung beim betreuenden Verein ist immer erforderlich, wenn Betriebsbesichtigungen gewünscht werden.

Fahrgastschifffahrt

Der erste Ausflugsdampfer auf dem →Tollensesee stach vor rund 120 Jahren von Neubrandenburg aus „in See". Er hieß damals – wie sollte es anders sein – „Fritz

Reuter". Ein solches Boot mit dem Namen des verehrten Dichters schipperte bis 1993 über den See. Nun tut es seit längerem ein Schiff mit dem Namen einer durch den Dichter Fritz Reuter zur Berühmtheit gewordenen Bäckersfrau – die „Mudder Schulten". Auf dem Sonnendeck dieses modernen Schiffes haben 50 Gäste Platz, unten im Boot werden noch einmal 70 Plätze angeboten. Für gastronomische Betreuung und für Hinweise auf die Sehenswürdigkeiten rechts und links des Sees sorgt die freundliche Besatzung. Die „Mudder Schulten" geht auf See–Rundfahrt mit Anlegestellen in Klein Nemerow und am → Campingplatz Gatsch–Eck. In den Sommermonaten gibt es regelmäßig Fahrten durch den 800 m langen Kanal in die →Lieps bis nach →Prillwitz, ein Naturabenteuer besonderer Art. Im Sommer 2004 wurde eine Tradition wieder belebt – eine fahrplanmäßige Fahrgastschifffahrt durch das kleinere Schiff „Rethra" mit verschiedenen Anlegestellen am Ufer des Tollensesees. Ob das Angebot auch in den nächsten Jahren aufrecht erhalten werden kann, bleibt abzuwarten.

Fangelturm

Ursprünglich gehörten Fangeltürme zu den mittelalterlichen →Stadtbefestigungen. In Neubrandenburg gab es zwei solcher Türme. Jener, welcher der Turmstraße (heute der Boulevard) den Namen gab, stürzte 1899 in sich zusammen. Der heutige Fangelturm an Ende der Darrenstraße hieß früher „Mönchenturm". Er wurde um 1400 erbaut und misst bis zur Spitze seiner Kreuzblume 25 m, sein äußerer Durchmesser beträgt 6,50 m. Schießscharten erinnern an seinen kriegerischen Zweck, denn er besaß eine genau kalkulierte Funktion im mittelalterlichen Verteidigungssystem. Später, als seine Bedeutung als Wehranlage verloren ging, diente er als Gefängnis. Und wer saß ein in seinem 7 m tiefen Verlies? Nicht nur Mörder oder andere Schwerverbrecher, weiß der Chronist zu berichten: „Ein 70jähriger Goldschmied hatte sich mit seiner Frau erzürnt, die ihn abends auf die Straße setzte. Als er durch Schelten und Randalieren seinem Herzen Luft machte, ergriff ihn der Hornträger (Nachtwächter). Unser Alter musste acht Tage Quartier im Mönchenturm nehmen und noch dafür einen Gulden zahlen.
Besonders aber zu Festtagen, zu Neujahr und Fasching, wenn oftmals über den Durst getrunken wurde und es zu Streitigkeiten und Schlägereien auf den Straßen oder in den Wirtshäusern kam, war das Verlies überfüllt ..."
1845 wurde der Fangelturm gründlich restauriert. Er erhielt sein Kegeldach und den schönen Ornamentkranz aus Backsteinen unterhalb der Zinnen. Durch Umbauten in neuerer Zeit entstand sein unterer Eingang. Ursprünglich musste man sechs Meter hoch steigen, um in den Turm zu gelangen. Heute führen in seinem Inneren 95 Stufen bis zur Aussichtsplattform, denn bei besonderen Gelegenheiten und nach Anmeldung kann der Fangelturm bestiegen werden. Der Mauerdurchbruch neben ihm stammt aus dem Jahr 1904 und ist mit dem hübschen Torbogen sicher das architektonisch gelungenste „Loch" in der Stadtmauer.

Findlinge

Die Geologen bezeichnen sie als „nordische Geschiebe" oder „erratische Blöcke". Sie deuten damit an, dass diese uns so heimatlich anmutenden Gesteine Fremdlinge im Lande sind und einen weiten Weg

„Riesenstein" an der Krappmühle

hinter sich haben. Sie stammen aus den skandinavischen Gebirgen (Schweden, Norwegen, Finnland) und wurden in den verschiedenen Phasen der Weichselkaltzeit (→Eiszeit) durch das Eis tatsächlich bis nach Mitteleuropa „verschoben". Diese energieintensive Transportmethode erzeugte die sympathischen „runden Ecken" an den Findlingen. Die Vielfalt der Gesteinarten dokumentiert sehr schön die Zusammensetzung der Gebirge ihrer Heimat. Durch ihre unterschiedlich großen Körnungen und die roten, blauen, grauen oder grünen Farbtöne schimmern die Granite, Gneise oder Porphyre besonders schön, wenn sie ein frischer Regenguss gewaschen hat. Aber viele dieser „Findelkinder" stecken noch in der mecklenburgischen oder pommerschen Muttererde und bereiten als Feldsteine seit tausend Jahren den pflügenden Bauern mancherlei Kümmernisse.

Andererseits verwandelten die hier siedelnden Menschen die harten Steine in einen geradezu kulturprägenden Baustoff. Feldsteine dienten als Fundamente und Bausteine für →Dorfkirchen, →Burgen und →Stadtbefestigungen. Sie quälten als „Kattenköppe" ganze Generationen von Fuhrleuten und Fahrgästen, doch befestigten auch, zu Schotter oder Kopfsteinpflaster verarbeitet, die neuen Chausseen. Die mächtigsten unter den Findlingen bemühten schon in grauer Vorzeit die Fantasie unserer Vorfahren, denn Sagen und Märchen sind mit ihrem Vorkommen verknüpft. Die Riesen oder der Teufel haben sich an ihnen versucht, sie durch die Gegend geworfen und dabei angeblich Fuß- oder Fingerabdrücke auf ihnen hinterlassen.

In vorgeschichtlicher Zeit schichteten unsere Vorfahren große Findlinge zu riesigen Grabstätten auf („Hünengräber", →Großsteingräber) oder brachten im Schatten großer Steine ihren Göttern Opfer dar (→Schälchensteine). Die „Götter" neuerer Zeit wurden nicht nur mit Marmor, sondern oft mit Grab- oder →Gedenksteinen aus schlichtem

Findlingsgestein geehrt, ebenso bedeutende Persönlichkeiten aus Kultur, Kunst und Geschichte. Nicht zuletzt sind heute die erhalten gebliebenen großen Findlinge attraktive Naturdenkmale, als Geotope geschützt und bieten sich als Ausflugsziele an.

Die bekanntesten sind:

- Riesenstein, Hünenstein, der Große Stein im Kleinen Mühlenholz (→Lindetal) bei Neubrandenburg; ca. 35 m^3 Volumen; grauer Wexö-Granit; stellenweise Hohlkehlenschliff durch den Transport aus Skandinavien; eingemeißelte Inschrift „Der König der Jahrhunderte".
- De groote Stein, ca. 6 km westlich der Stadt Neubrandenburg auf der Feldmark Blankenhof; ca. 42 m^3 Volumen; Gneis; Treppenstufen eingehauen, 2 Bohrlöcher, Rinnen mit alten Metallkeilen, die zum Spalten verwendet werden sollten.
- Riesenstein (→Schälchensteine), ca. 500 m nördlich der Krappmühle (→Wassermühlen) bei Neubrandenburg; ca. 54 m^3 Volumen; grobkörniger Granit; mit kreisförmigen Vertiefungen (Schälchen); einige Bohrlöcher. Die Spalten sollen auf den Beschuss mit Panzerwaffen (1945) zurückgehen.
- Teufelsstein, „Landvermessers Ruh"; im →Brodaer Holz direkt am steilen Westufer des →Tollensesees zwischen Meiershof und →Campingplatz Gatsch-Eck, ca. 14 m^3 Volumen; rötlicher Granit.
- Große Stein, Opferstein oder Bismarckstein, am Rand des Klosterbergs in →Altentreptow, mit 133 m^3 (sichtbarer Teil); mittelkörniger Granit aus Schweden. Mit ca.177 m^3, einschl. des in der Erde vermuteten Teils, ist er der größte Findling auf dem Festland von Mecklenburg-Vorpommern. Er trug einige Jahrzehnte eine Gedenktafel für den deutschen Kanzler Bismarck.
- Brohmer Ei, stammt aus dem ehemaligen Gutspark in Brohm und liegt heute in einer kleinen naturhistorischen Anlage hinter der →Johanniskirche in Neubrandenburg; helles Sandsteingeschiebe, über dessen Alter sich die Wissenschaftler nicht ganz einig sind; ca. 2,20 m^3 in fast idealer Eiform, Oberfläche mit eiszeitlichen Schrammen.
- Findling bei Broock, liegt an der Straße zwischen Broock und Hohenbüssow, Umfang ca. 14 m, Rauminhalt ca. 12 m^3.

Findlingsgarten

In der Neubrandenburger Umgebung sind nach 1990 ergiebige Kiessandtagebaue aufgeschlossen bzw. vorhandene erweitert worden. Hier fallen in größeren Mengen die „nordischen Geschiebe" an, also Feldsteine und →Findlinge. Besonders markante oder seltene Steine werden in den Findlingsgärten im →Landschaftsgarten „Brodaer Teiche" und am Kiessandtagebau „Hinterste Mühle" im →Lindetal präsentiert. Ihr langer Weg aus den skandinavischen Gebirgen bis zu uns ist auf Informationstafeln dargestellt. Hier kann sich der Besucher eine Übersicht über die unterschiedlichen Körnungsgrößen, Farben, kristallinen Formen und die skandinavische Heimat der Granite, Gneise, Porphyre verschaffen. Die Attraktion im Findlingsgarten „Hinterste Mühle" ist ein fast 2 m langer Doggersandstein, der ungezählte Fossilienreste enthält.

Fischerinsel

Rund 500 m östlich des beliebten Ausflugsortes Wustrow liegt im süd-

Fischerhaus auf der Fischerinsel

westlichen Teil des →Tollensesees die langgestreckte Fischerinsel. Dieses heute reichlich feuchte Eiland wäre kaum der Erwähnung wert, würde es nicht in der nun schon rund 150 Jahre währenden Diskussion um die Lage des slawischen Heiligtums →Rethra eine zentrale Rolle spielen. Dass diese Insel Teil einer slawischen Siedlungskammer war, die sich um die Lieps und diesen Teil des Tollensesees erstreckte – darüber ist sich nun die Fachwelt einig. Wustrow selbst besaß vor Jahrhunderten eine größere Bedeutung, denn beispielsweise wurde 1236 in dem für die Siedlungsgeschichte der Region wichtigen „Vertrag von Kremmen" eine „terra wustrowe" (Land Wustrow) erwähnt, ein Landstrich, den der Pommernfürst Wartislav an die brandenburgischen Markgrafenbrüder Johann I. (1213–1266) und Otto III. (1215–1267) abtrat.

In einer noch älteren Urkunde wird für Wustrow ein „castrum cum villa" genannt, also eine Burg und eine Stadt (Siedlung) – was immer man sich darunter vorstellen kann. Einige Archäologen vertraten die Auffassung, dass sich diese „castrum" auf der Fischerinsel befunden habe, die seinerzeit ja eine wesentlich größere Ausdehnung besaß als heute. Erst durch das Aufstauen des Tollensesees am Ende des 13. Jahrhunderts gerieten erheblich Teile der Insel unter Wasser.

Seit Jahrzehnten ist die Insel nun ein Dorado der Archäologen. Ausgrabungen, Bohrungen und Unterwasseruntersuchungen förderten reiches slawisches und frühdeutsches Fundgut zu Tage. Im Sommer 1969 gelang den Archäologen ein sensationeller Wurf, der die Rethra-These zu stützen scheint. Eine fast lebensgroße Figur aus Eichenholz mit zwei Köpfen wurde ausgegraben und setzte die Fachwelt in Erstaunen. Dieses doppelköpfige Holzidol war der erste derartige Fund im slawischen Siedlungsbereich überhaupt. Die Kostbarkeit ist heute im Regionalmuseum (→Museen) in Neubrandenburg zu besichtigen.

Ob nun tatsächlich der Tempel von Rethra auf der Fischerinsel stand oder einige Kilometer weiter oder vielleicht doch noch ganz woanders – den endgültigen Beweis ist uns die Fachwissenschaft bis heute schuldig geblieben.

Der Name der Insel hat allerdings einen weit weniger mythischen Hintergrund. Er erinnert an die Berufsbezeichnung der Leute, die sich hier schon vor langer Zeit einen Stützpunkt schufen – die Fischer vom Tollensesee. Ein altes Gebäude auf der Insel dient noch heute ihren Zwecken.

Die Fischerinsel liegt im Naturschutzgebiet →Nonnenhof und darf deshalb von Unbefugten nicht betreten werden.

Flughafen Trollenhagen

Nur 6 km vom Stadtzentrum entfernt liegt Neubrandenburgs und der Region „jüngstes und schnellstes Tor zur weiten Welt" wie es im Werbetext heißt. Der Flughafen Neubrandenburg–Trollenhagen erhielt 1995 ein modernes Terminal und bietet heute die flugtechnischen und logistischen Voraussetzungen für den Charterverkehr, für Geschäfts– und Privatflüge. Von der Terrasse des Terminals aus kann man den Flugbetrieb beobachten. Und wer das schöne mecklenburgische Land aus der Vogelperspektive erkunden will, kann einen Rundflug buchen.

Doch besonders in jüngster Zeit werden die Bürger der Stadt und der Region immer häufiger an die ursprüngliche Geschichte des Flugplatzes erinnert, denn er wird von der Bundeswehr und von NATO–Verbänden wieder als Militärflugplatz, besonders für Übungsflüge, genutzt.
Entstanden ist der „Fliegerhorst Trollenhagen" kurz nach der Machtergreifung der Nazis. Erste Planungen fallen in das Jahr 1933. Sehr bald wurde mit dem Bauen begonnen und bereits im Oktober 1935 ging er in die Wehrhoheit der deutschen Wehrmacht über. 1936 wurde die erste Gruppe eines Kampfgeschwaders, das in Trollenhagen den Namen „Hindenburg" erhielt, auf den Flugplatz verlegt. Der Fliegerhorst war vor Kriegsbeginn vor allem Ausbildungsstätte für Flugzeugführer und Bodenpersonal. Nach Abschluss der Bauarbeiten gab es hier sieben freitragende Flugzeughallen und eine Holzhalle für Segelflugzeuge, außerdem alle Versorgungseinrichtungen für das Personal, das 1940 zwischen 2000 bis 3000 Personen umfasst haben soll. Die hier ausgebildeten Fliegerstaffeln flogen nach Kriegsbeginn Einsätze an viele Fronten und vollbrachten ihr unheilvolles, zerstörerisches Werk.
Am 20. Juni 1944 war der Flugplatz zum erstem Mal Ziel eines Angriffes alliierter Luftstreitkräfte. Ein zweiter Angriff folgte. Es gab erhebliche Schäden an Gebäuden und am Rollfeld. Am 29. April 1945 besetzte die Rote Armee den Flugplatz, hatte aber kein Interesse an seiner weiteren Nutzung.
Nach Kriegsende wurden viele beschädigte Gebäude abgerissen, um Baumaterial zu gewinnen.
Schließlich entstand der Flugplatz wie Phönix aus der Asche als Militärflugplatz neu, seit 1961 für die Nationale Volksarmee der DDR.
Nach 1990 gab es kurzzeitig nur einen zivilen Flugbetrieb durch kleinere Flugzeuge, Privatmaschinen und „Hobbyflieger". Nun gibt es die oben beschriebene „Koexistenz" von militärischer und ziviler Nutzung.

Franziskanerkloster

Von den →Klöstern im Tollensegebiet bietet dieses in Neubrandenburg die am besten erhaltene Bausubstanz.
Glücklicherweise überstand das Refektorium (ehemaliger Speisesaal) die Brände und Kriege in seiner über siebenhundertjährigen wechselvollen Geschichte verhältnismäßig unversehrt, selbst die schlimmen Tage Ende April 1945, als über 80 % der Neubrandenburger Innenstadt in Schutt und Asche fiel.
Leider sind die schriftlichen Zeugnisse über das Kloster rar. Gegründet wurde es um 1260 durch den Orden der Franziskaner, der sich auf den Heiligen Franziskus (Franz von Assisi; 1181–1226) beruft. Demut, Bescheidenheit, Verzicht auf irdische Güter und tatkräftige Hilfe für

Arme und Bedrängte, beispielsweise für die Pest- und Leprakranken, waren Säulen seines Bekenntnisses. Damit stand der Orden den ärmeren Volksschichten nahe und fand in den sich rasch entwickelnden Städten ein breites Betätigungsfeld. Dieser Bestimmung blieb das Franziskanerkloster bis in die ersten Jahrzehnte des 20. Jahrhunderts verbunden, obwohl es als Kloster bereits 1552 im Zuge der Reformation aufgelöst wurde. Seit 1567 dienten die Gebäude als Hospital und Armenhaus, besonders für verarmte Adlige. Später war es ein städtisches Altersheim. Von der gesamten Anlage sind heute noch zwei Gebäude vorhanden, deren Gemäuer in den Anfangszeiten des Klosters zusammengefügt wurden. Die Nordseite des rund 770 m² großen Klosterhofes wird durch das bereits erwähnte Refektorium eingenommen, die Südseite durch die Kirche →Sankt Johannis. Vom früheren Dormitorium (ehemaliger Schlafsaal) an der Ostseite steht nur noch ein Mauer- und Kreuzgewölberest, das westliche Gebäude ist ein verputzter Fachwerkbau aus neuerer Zeit. Beim Refektorium handelt es sich um einen frühgotischen, gewölbten zweigeschossigen Backsteinbau, der um 1300 entstand. Sein Kreuzgang, der ursprünglich den gesamten Klosterhof umschloss, beherbergte von 1979 bis 1996 das Neubrandenburger Standesamt – eine originelle Nutzung eines ehemaligen Klosters! In diesem Amt mit historischem Ambiente waren nicht nur die Treueschwüre der Neubrandenburger Eheleute in spe, sondern auch die vieler auswärtiger zu hören. In den oberen Etagen des Refektoriums und in einem neuen Bau auf der Ostseite soll (wann wohl?) das Neubrandenburger Regionalmuseum ein attraktives Domizil erhalten, womit ein Jahrzehnte alter Vorschlag und ein lang gehegter Wunsch Wirklichkeit würde.

Freizeitsportanlagen

Von den unterschiedlichen Sportmöglichkeiten, die sich in Neubrandenburg und in der näheren Umgebung bieten, werden hier in Auswahl genannt:

- Sanierte Freizeitsporthalle „Am Klosterberg" in Altentreptow mit den vielen Angeboten
- Kart- und Freizeithalle an der Neustrelitzer Straße (B 96), neben dem →Wassersportzentrum Neubrandenburg
- Kartbahn in Neubrandenburg-Oststadt (Fritscheshof)
- Sommerrodelbahn in Burg Stargard
- Kegel- und Bowlingbahnen in Gaststätten bzw. in Bowling-Zentren in Neubrandenburg, beispielsweise am →Augustabad, in der Rathauspassage, an der Hochstraße, in der Johannisstraße und in Wulkenzin
- Golfen; wunderbar gelegener Platz des Golfclubs Mecklenburg-Strelitz e.V. Groß Nemerow am Hotel Bornmühle bei Klein Nemerow. Die 9-Loch Golfanlage soll zu einer 18-Loch- Meisterschaftsanlage ausgebaut werden. Ein Clubgebäude ist bereits vorhanden.
- Mini-Golfanlage auf dem Gelände des Strandbades →Augustabad
- Tennis, Squash u.ä. in der Sport- und Tennishalle Wulkenzin
- Hallenschwimmen in der Schwimmhalle an der Neustrelitzer Straße (auch →Reiten, →Wassersport, →Tauchen, →Nordic Walking)

Gedenkstätten

Hohenzieritz

Königin Louise-Gedenkstätte

Im →Schloss Hohenzieritz, dem Sterbeort der preußischen Königin Luise (Louise; 1776 – 1810), Prinzessin von Mecklenburg-Strelitz, ist eine frühere Gedenkstätte wiedererstanden. Bis 1945 hatte diese als wichtiger Ort der allgemeinen Luisen-Verehrung existiert. Dann verschwanden die meisten Ausstellungsstücke und damit über fünf Jahrzehnte jede Erinnerung an die bemerkenswerte Frau. Nach der Wende 1990 gründete sich bald ein Verein, der sich der historischen Fakten annahm und die Wiedereinrichtung der Gedenkstätte vorbereitete. In relativ kurzer Zeit gingen viele private Spenden ein, vor allem an Ausstellungsstücken. Geldspenden und finanzielle Unterstützung des Landkreises ermöglichten zuerst die Sanierung des Sterbezimmers. Inzwischen gibt es eine sehenswerte Ausstellung in drei Räumen und entsprechendes Prospektmaterial. Alles dokumentiert den kurzen, aber ereignisreichen Lebensweg der Königin, der 1810 hier auf der Sommerresidenz ihres Vaters, des Herzogs Carl von Mecklenburg-Strelitz (1741 – 1816), endete.

Neubrandenburg

Fünfeichen

Der etwas abseits im südöstlichen Teil der Feldmark von Neubrandenburg gelegene ehemalige Gutshof ist in den letzten sechs Jahrzehnten zu trauriger Berühmtheit gelangt. Daran erinnert heute die Mahn- und Gedenkstätte (Kriegsopfergedenkstätte) Fünfeichen als Ort des Gedenkens und der Trauer.

Nach Beginn des Zweiten Weltkrieges [am 1.September 1939] wurden auf der Gemarkung Fünfeichen zwei Kriegsgefangenenlager errichtet, eines für Mannschaften und ein anderes für Offiziere. Hier waren im Laufe der Kriegsjahre etwa 60 000 Kriegsgefangene aus zehn europäischen Ländern und den USA inhaftiert. Sie mussten in den Neubrandenburger Rüstungsbetrieben und auf den umliegenden Landgütern oder Bauernwirtschaften arbeiten. Nicht alle Gefangenen überstanden Arbeitsstrapazen und schlechte Versorgung. Zwischen 1958 und 1960 wurde auf dem ehemaligen Friedhof des Lagers eine Erinnerungsstätte angelegt. Dabei scheint die Gedenkstätte Buchenwald bei Weimar Vorbild gewesen zu sein (Glockenturm und Figurengruppe). Aber diese Gedenkstätte wurde nie eingeweiht, im Gegenteil. Es wurde versucht, sie aus dem Gedächtnis der Bewohner Neubrandenburgs zu verdrängen, was auch gelang. Sie lag seit 1969 in einem Kasernengelände und militärischen Sperrgebiet, war also für die Öffentlichkeit unzugänglich. Erst nach 1990 wurden die Gründe des Verschweigens publik: Nachdem das Lager Fünfeichen nach Kriegsende 1945 für einige Wochen als Repatriierungslager der Siegermächte für ausländische Kriegsgefangene, Häftlinge und Zwangsarbeiter gedient hatte, übernahm der sowjetische Geheimdienst NKWD das Gelände als Internierungslager (Speziallager Nr. 9). Hier wurden Deutsche eingeliefert, denen man Funktionen im NS-Staat zur Last legte, Jugendliche, die als „Wehrwolf-Sympathisanten" galten, und andere Missliebige, die denunziert wurden, darunter selbst Menschen, die in der NS-Zeit Häftlinge im KZ gewesen waren. Über 15.000 Häftlinge darbten hier unter schwierigsten Lebensbedingungen ohne Gerichtsurteile. 4709 Menschen starben an Hunger und Krankheiten, 686 Inhaftierte wurden in die UdSSR deportiert und 3511 nach Schließung des Lagers in andere La-

ger in Deutschland verlegt. Am Rande des Kleinen Mühlenholzes wurden die Toten in Massengräbern beerdigt. Es brauchte mehrere Jahre, ehe die Geschichte der Lager und ihrer Insassen wenigstens in Grundzügen erforscht war.
Im April 1993 wurde die heutige Mahn– und Gedenkstätte feierlich eröffnet. Sie erinnert sowohl an die Opfer der Kriegsgefangenenlager als auch an die des Internierungslagers. Das „gestützte Kreuz" im Eingangsbereich des weitläufigen Geländes der Gedenkstätte schuf der Holzbildhauer Uwe Grimm, die große Bronzegedenktafel der Bildhauer Walter Preik (geb. 1932). Das 11m hohe Kreuz aus Eichenholz steht für die Opfer diktatorischer politischer Regime. Die Stütze aus Edelstahl symbolisiert die Kräfte, die sich der zerstörerischen Politik entgegenstellten. Die im Mühlenholz liegenden beiden Gräberfelder sind ebenfalls würdig gestaltet und gepflegt.
Die Gedenkstätte ist mit dem Stadtbus oder mit dem PKW von der B 96 aus leicht zu erreichen. Alle Wege dahin sind gut ausgeschildert.

Gedenkstätte unbekannter Frauen des KZ Ravensbrück
Im Frühjahr 1943 kamen die ersten 200 Frauen aus dem KZ Ravensbrück in der Neubrandenburger Rüstungsindustrie zum Einsatz. Ihre Zahl erhöhte sich in den folgenden Monaten auf ca. 5000. Ihre Lebens– und Arbeitsbedingungen waren katastrophal, besonders für die Frauen, die im →Nemerower Holz das sogenannte Waldbaulager errichten, dort leben und in den unterirdischen Werkstätten arbeiten mussten. Für wichtige Abteilungen des Rüstungsbetriebes „Mechanische Werkstätten Neubrandenburg" mussten in den letzten Monaten vor Kriegsende im Waldstück nahe Tannenkrug kurzfristig unterirdisch gelegene und entsprechend getarnte Produktionsstätten angelegt werden.
Viele Frauen starben an Entkräftung und durch Krankheit. Ihnen und ihren Gefährtinnen, welche auf den berüchtigten Todesmärschen aus dem KZ Ravensbrück in Neubrandenburg ums Leben kamen, ist eine Gedenkstätte an Rande der Oststadt hinter dem Neuen Friedhof gewidmet. Die Anlage gestaltete der Künstler Arnd Wittig (geb. 1921). Zu ihr gehören die Plastik „Mutter", eine Gedenktafel und das Relief „Ravensbrück". Die Plastik steht am Rande des Mühlendamms, an dem Platz, an welchem etwa 90 Frauen aus dem KZ Ravensbrück ruhen, die kurz vor Kriegsende, offensichtlich in den Außenlagern Neubrandenburgs, verstarben.

Gedenkstätte Synagoge
Die Geschichte der Mitbürger jüdischen Glaubens war über Jahrhunderte in Mecklenburg, wie anderswo, eine Geschichte von Verleumdung, Ausgrenzung, Verfolgung und Vernichtung.
1864 konstituierte sich in Neubrandenburg eine kleine jüdische Gemeinde. Sie ließ sich 1877 ein Bethaus, die Synagoge, errichten. Das Gebäude besaß eine interessante Architektur, die das Stadtbild bereicherte. In der Pogromnacht vom 9. zum 10. November 1938, in der Nazi–Sprache „Reichskristallnacht" genannt, wurde das Gebäude ein Raub der Flammen. Die Feuerwehr bemühte sich nur, ein Übergreifen des Feuers auf die Nachbargebäude zu verhindern. Die kleine jüdische Gemeinde musste dann sogar für die Beräumung der Trümmer aufkommen.
Erst im Jahr 1988 wurde in der Poststrasse, dort, wo die Synagoge gestanden hatte, eine Gedenkstätte eingeweiht. Hier mahnen ein Gedenkstein – eine Arbeit des Bild-

hauers Uwe Maroske (geb. 1951) – und eine Gedenktafel zu Toleranz und historischer Besinnung.

Gedenkstätten auf dem Neuen Friedhof
Auf dem zwischen 1919 bis 1923 entstandenen, stimmungsvollen Neuen Friedhof an der Woldegker Straße in Neubrandenburg erinnern zwei Gedenkstätten an den Zweiten Weltkrieg und seine Opfer. Auf dem Gräberfeld am Ehrenmal für die gefallenen sowjetischen Soldaten wurden über 360 Tote der letzten Kampfhandlungen und aus der unmittelbaren Nachkriegszeit bestattet. Die toten Soldaten waren zuerst auf 3 Friedhöfen im Stadtgebiet beerdigt, sind aber 1958 auf den Neuen Friedhof umgebettet worden. Ein neues Ehrenmal wurde am 8. Mai 1975 eingeweiht. Nicht weit entfernt in einer gestalteten Anlage auf dem südlichen Hang des Friedhofs ruhen über 500 Kriegsopfer (deutsche Soldaten, Zwangsarbeiter, Opfer von Luftangriffen). Diese Kriegsgräberanlage des Zweiten Weltkrieges wurde 1992 umgestaltet, dabei die Einzelgräber eingeebnet und symbolische Grabsteine gesetzt. Bis zum 60. Jahrestag des Kriegsendes im Jahr 2005 soll der deutsche Soldatenfriedhof ein neues Aussehen erhalten. Auf Friedhöfen und anderen Plätzen in den umliegenden Orten erinnern Soldatengräber oder → Gedenksteine an Opfer aus den letzten Kriegstagen, beispielsweise in Rodenkrug bei Usadel (hier sind sechs deutsche Soldaten und ein Soldat der Roten Armee gemeinsam bestattet), in Burg Stargard, Neddemin, Weitin.

Gedenksteine; Gedenktafeln

Alt Rehse

Mahn- und Sühnestein
Im Gutspark des Dorfes wurde im November 1998 ein Mahn- und Sühnestein gesetzt. Der heimatliche Findling trägt das Bibelwort „Das Geheimnis unserer Erlösung ist die Erinnerung" und mahnt damit, die verhängnisvolle Zeit des Nationalsozialismus nicht zu vergessen. Sie prägte die Geschichte des Dorfes→Alt Rehse noch mehr als anderswo.

Altentreptow

Fritz-Reuter-Stein
Nach den schweren Festungs- und Stromjahren fand Fritz Reuter (1810–1874) im damaligen Treptow a. Toll. als Privatlehrer für Zeichnen und Turnen (bald unterrichtete er weitere Fächer) zum ersten Mal öffentliche Anerkennung und eine gewisse finanzielle Sicherheit. Sein natürliches Wesen und sein pädagogisches Geschick machten ihn beliebt. Der Treptower Rat kam ihm entgegen, als er für seinen Turnunterricht ein Stück Land und Holz für die Turngeräte beantragte. Auf einem Gelände am Klosterberg konnte er einen Turnplatz einrichten und in derselben Ecke am Torneybach, der hier in die Tollense fließt, die erste Schwimmanstalt in [Alten]Treptow schaffen. Als Fritz Reuter 1856 nach Neubrandenburg umzog, fand sich nicht gleich ein Nachfolger. Erst Jahre später entstand ein Turnverein, der die Erinnerung an den „Turn-Reuter" in der Ackerbürgerstadt wach hielt. Er ließ 1935 anlässlich des 125. Geburtstages von Fritz Reuter an der Stelle des ehemaligen Turnplatzes am Klosterberg einen Gedenkstein setzen. Es ist ein unbehauener Feldstein mit einer Tafel, welche die Aufschrift trägt: „Diesen Turnplatz schuf unser Fritz Reuter 1850".

Wilhelm-Henschel-Gedenktafel
Altentreptows anderer Dichter kann sich, was „Ruhm und Ehren" betrifft,

mit Fritz Reuter nicht ganz messen. Der am 12.7.1874 geborene Heimatschriftsteller Wilhelm Henschel schrieb ebenfalls in niederdeutscher Sprache. Es gibt zwei Gedichtsammlungen von ihm und auch Prosaschriften – allesamt heute vergessen. Nachdem Wilhelm Henschel über mehrere Jahre in Berlin gelebt hatte, kehrte er 1935 nach Altentreptow zurück, wo er am 19. September 1938 verstarb. Eine schlichte Gedenktafel in der Stralsunder Straße ist ihm gewidmet.

Blumenholz

Der Gedenkstein in einer kleinen Anlage direkt an der Dorfstraße wurde 1950 errichtet und erinnert an eine Aktion, die das Dorf wesentlich vergrößerte. Im Zuge der Bodenreform 1946 erhielten viele Vertriebene, Flüchtlinge und ehemalige Landarbeiter kleine Ländereien für eine Bauernwirtschaft. Es fehlte aber an Gehöften. Die Besatzungsmacht und die deutschen Verwaltungsorgane legten 1946/47 ein Bauprogramm auf, das diesen Personenkreis mit den „berühmt" gewordenen Neubauernhäusern ausrüstete. In Blumenholz entstanden 21 solcher standardisierter Gebäude, die allerdings nur minimale Anforderungen erfüllten. In nur 48 Tagen errichteten Einwohner des Dorfes und Helfer aus der Kreisstadt Neustrelitz die Gebäude. Diesem Gemeinschaftsunternehmen ist der Stein gewidmet.

Burg Stargard

Hans-Leuss-Stein

Nur wenige Schritte von Parkplatz vor dem Unteren Burgtor der Burg Stargard (→Burgen) entfernt, an der Stelle, von welcher aus man einen besonders schönen Blick auf die kleine Stadt in Tal genießen kann, steht ein unbehauener →Findling. Er führt den Betrachter in die bewegten Monate nach der Novemberrevolution 1918, die auch in Mecklenburg-Strelitz mit dem Ende des Großherzogtums historische Wirkungen zeigte. Der Stein ist dem Schriftsteller, Publizisten und Politiker Hans Leuss (1861–1920) gewidmet. Leuss war Mitglied der SPD und Fraktionsführer seiner Partei im ersten Landtag des im Januar 1919 entstandenen Freistaates. Er erwies sich als kluger, redegewandter und engagierter Volksvertreter, der trotz vieler Anfeindungen seiner politischen Gegner die Landdrostenwahl des Amtes Stargard im April 1920 gewann. Leider konnte er dieses Amt nicht lange ausüben. Bereits im September des Jahres verstarb er an einem Gehirnschlag.

Hans-Leuss-Stein

Neubrandenburg

Arion-Stein

Nach dem Beispiel der Zelter'schen „Berliner Liedertafel", einem „von Zunftgeist, Freimaurerei und Patriotismus geprägten Männergesangs-

verein auf gehobenem Bildungsniveau" gründeten 1829 sangesfreudige Neubrandenburger den Gesangverein „Arion". Vielleicht inspirierte der →Tollensesee zu dieser Namenwahl, hatte doch der Namenspatron, der griechische Sänger und Dichter Arion ein besonders gutes Verhältnis zum Wasser und seinem Getier. Sicher werden die mecklenburgischen Sänger auf ihren Sängerfahrten im großen Ruderboot – ein bis zu 15 Personen fassendes Boot hatte sich der Verein 1848 bauen lassen – nicht auf einen Delfin vertraut haben, der sie nach eventuellem Kentern ans rettende Ufer tragen würde, sondern anderweitig Vorsorge getroffen haben. Ihre Lieder aber klangen gewiss ebenso schön über das Wasser wie die des Sängers Arion.
Als die Nachfahren der Vereinsgründer einhundert Jahre später das Jubiläum des Vereins mit einem Gedenkstein würdigen wollten, wählten sie einen attraktiven Platz am Tollensesee aus, auf dem „Hohen Ufer", nur wenige Meter unterhalb des →Aussichtsturms „Behms Höhe". Dort steht noch heute ein stattlicher →Findling mit dem markigen Spruch: „Im Liede frei/stets deutsch und treu" und erinnert an diese musikalische Tradition in Neubrandenburg. Von seinem Standplatz aus hat man einen besonders schönen Blick auf den Tollensesee.

Gedenktafel Dodo von Knyphausen
Neben der Gedenktafel für Kapitän Pflug im Friedländer Tor (→Stadttore) ist diese die zweite Tafel, die einem Kämpfer des Dreißigjährigen Krieges gewidmet ist. Heute würden wir den aus dem Ostfriesischen stammenden Reichsfreiherrn Dodo zu Inn- und von Knyphausen (auch Kniephausen geschrieben; 1582–1636) als Berufssoldaten bezeichnen. Der lange Krieg im 17. Jahrhundert bot dem „Glückssoldaten" verschiedenste Gelegenheiten, den unterschiedlichsten Herren zu dienen. Er wechselte die Seiten wie es sich ihm gerade bot. Unter dem schwedischen König Gustav II. Adolf (1594–1632) begann seine Karriere. Mit den Schweden kam er 1631 nach Neubrandenburg. Hier konnte seine Mannschaft die Stadt gegen die von Westen her anstürmenden Tillyschen Truppen vorerst verteidigen, indem sie die gegnerischen Soldaten im Stargarder und Werderbruch unter Wasser setzte. Aber dann verließ den kampferprobten Haudegen das Kriegsglück. Die 2000 Mann umfassende schwedische Truppe war den 18 000 kaiserlichen Soldaten unterlegen. Diese eroberten die Stadt und richteten unter den schwedischen Soldaten und unter den Einwohnern ein fürchterliches Blutbad an. In dem historischen Bericht heißt es dazu: „Der Obriste Kniphausen hat auff seiner Poste mit Capitäin Pfluch fürm Friedelandischen Thore ritterlich gefochten, ist gefangen, nackend aussgezogen, dass er nur das leinene Beingewand, und einen Strumpff anbehalten, und also nackend ans Marckt in ein Hauss geschlepffet ..." Knyphausen wurde auf die Burg Stargard (→Burgen) gebracht und später gegen drei kaiserliche Oberste ausgetauscht. Anfang des Jahres 1636 fiel Knyphausen in einer der unzähligen Schlachten dieses schlimmen Krieges.
Die Gedenktafel befindet sich seit kurzem wieder am alten Platz in der Rostocker Straße, jetzt am neuen Hotel Jahnke. Früher stand hier das beliebte Lokal „Büngers Garten".

Jahn-Stein
Folgt man dem markierten Uferweg auf dem westlichen Ufer des →Tollensesee von →Broda aus durch das →Brodaer Holz, gelangt man bald zum Krähenberg, der eine Zeitlang „Jahn's Höhe" hieß.

Hier geht es 160 Stufen bis zum Gedenkstein empor. Der Findling wurde 1928 zum 150. Geburtstag des Turnvaters aufgestellt. „Frisch, frei, fröhlich, fromm" war der Schlachtruf der Turner, im Signum am Stein verewigt. Eine weitere Inschrift besagt: „Hier schuf Jahn das deutsche Turnen. An dieser Stätte bildete er zuerst deutsche Jugend. 1802–1804". Zwischen diesen Zeilen steht ein wenig Lokalpatriotismus. Aber wichtige Gedanken für die deutsche Turnbewegung werden Friedrich Ludwig Jahn (1778–1852) schon gekommen sein, als er hier die Jungen aus Neubrandenburg mit Wettläufen, Spielen, Gymnastik, Schwimmen oder Klettern zu körperlicher Ertüchtigung anhielt und dabei pädagogische Erfahrungen sammelte (→Denkmale).

Lübbert-Stein

Der Maler und Illustrator Ernst Lübbert (1879–1915) verbrachte zwei Jahre seines kurzen Lebens in Neubrandenburg. Er wurde in Warin bei Sternberg geboren, besuchte in Stavenhagen die Bürgerschule, dann eine private Knabenschule und wechselte 1894 an das Neubrandenburger Gymnasium, welches er 1896 als Siebzehnjähriger verließ. Seine künstlerische Ausbildung in Berlin verlief sehr erfolgreich, so dass ihm mit Hilfe von Stipendien und Preisen auch Auslandsaufenthalte möglich waren. Im August 1914 wird er zum Kriegsdienst eingerufen. Er verstirbt schon ein Jahr später an einer Schussverletzung, die er sich bei Grodno am Njemen zuzog.

Lübbert galt als talentierter und hoffnungsvoller Landschaftsmaler, Genremaler, Porträtist und Karikaturist.

Der Gedenkstein wurde 1934 vor allem durch Initiative des Neubrandenburger Gymnasiums gesetzt, 1994 saniert und mit der Kopie eines Jahrzehnte lang verloren geglaubten Bronzereliefs komplettiert. Der Stein steht gut sichtbar an der Einmündung der Großen Wollweberstraße in den Friedrich-Engels-Ring auf den →Wallanlagen.

Gedenktafel Hauptmann Pflug

Unter den vielen kriegerischen Auseinandersetzungen, die Mecklenburg und Vorpommern in der Vergangenheit heimsuchten, schlugen der Dreißigjährige Krieg und der Zweite Weltkrieg die tiefsten Wunden. In der Phase des Dreißigjährigen Krieges um 1630 waren diese Gebiete von schwedischen Truppen besetzt. Eine relativ kleine Mannschaft schwedischer Soldaten unter Befehl des Generals Dodo von Knyphausen (1582–1636) hielt sich in Neubrandenburg auf. Die gegnerischen Truppen unter dem kaiserlichen Generalissimus Tilly (1559–1632) besetzten am 13. März 1631 (am 3. März nach altem Kalender) die Burg Stargard (→Burgen). Von hier aus begannen Tillys Truppen mit dem Angriff auf Neubrandenburg. Unter vielen Verlusten auf beiden Seiten eroberten die Tilly-Truppen schließlich die Stadt und metzelten die Schweden und die Einwohner nieder. Zu den tapferen Verteidigern am Friedländer Tor (→Stadttore) gehörte der in schwedischen Diensten stehende deutsche Kapitän (Hauptmann) Pflug. Er gehört zu den über 90 Toten, die zwischen Innen- und Außentor im sogenannten Fanghof gefunden wurden. Ihm gilt stellvertretend für alle Verteidiger der Stadt die Ehrung auf der Gedenktafel an dieser Stelle.

Prillwisse-Stein

Am Zingel vor dem Friedländer Tor (→Stadttore) steht ein alter, reichlich unscheinbarer Gedenkstein. Es ist ein sogenannter Sühnestein, der an der Stelle errichtet wurde, an welcher der Neubrandenburger Bürgermeister Heinrich Prillwitz (lat. Henricus Prillwisse) am 24. Juni 1469 in einem Gefecht den Tod fand. In der „pommerschen Fehde" 1468/69 bekriegten sich die Neubrandenburger und die Treptower (heute →Altentreptow) besonders heftig. Damals hatte Neubrandenburg vier Bürgermeister, für jedes der Torquartiere einen. Sie organisierten das Zusammenleben im jeweiligen Stadtteil und im Kriegsfall die Verteidigung jedes der Stadttore. Der Gedenkstein für Prillwitz musste mehrmals den Platz wechseln, hauptsächlich wegen des Ausbaus der Straßen.

VVN-Stein
Auf den südöstlichen →Wallanlagen, unweit des Stargarder Tores, steht ein schlichter Gedenkstein aus grob behauenem Granit mit der Aufschrift: „Den Toten zum Ruhm, den Lebenden zur Mahnung". Die Abkürzung VVN steht für die „Vereinigung der Verfolgten des Nazi–Regimes" und ist mit einem roten Dreieck verbunden, dem Kennzeichen, welches die politischen Häftlinge in den Konzentrationslagern tragen mussten. Dieser Gedenkstein erinnert an und ehrt die Opfer jener Zeit. Um den Menschen zu helfen, die unter Verfolgung und Terror des Nationalsozialismus besonders zu leiden hatten, wurde am 3. Juni 1945 in Berlin ein Hauptausschuss „Opfer des Faschismus" gebildet. Er wollte die soziale und kulturelle Betreuung der Opfer organisieren, ohne Rücksicht auf deren Parteizugehörigkeit und Konfession. Aus dieser Bewegung „Opfer des Faschismus" ging 1947 eine politisch selbständig agierende Vereinigung, die genannte VVN, hervor. Sie knüpfte in ihrer Tätigkeit an den von den Überlebenden des KZ Buchenwald am 19. April 1945 geleisteten Schwur an, nicht eher ruhen zu wollen, bis auch der letzte Schuldige des nationalsozialistischen Massenmordes „vor den Richtern der Völker steht". Der Vereinigung gelang es aber nicht, ihren überparteilichen Charakter zu wahren. Kontroversen belasteten die Organisation, besonders angesichts des beginnenden Kalten Krieges und des damit verbundenen stärkeren Einflusses der SED in der SBZ/DDR auf die Vereinigung. Die VVN wurde 1953 aufgelöst. Ihre DDR–Mitglieder bildeten das „Komitee der antifaschistischen Widerstandskämpfer".
Auch in Neubrandenburg befanden sich Außenlager der KZ Ravensbrück und Sachsenhausen. Sie waren für viele Häftlinge die letzte Station eines leidvollen Weges. Ihr Schicksal soll nicht vergessen sein (→Gedenkstätten).

Penzlin

Gedenkstein für die Völkerschlacht 1813
Auf dem Beyer–Platz im östlichen Stadtgebiet befindet sich der schlichte Gedenkstein für die Völkerschlacht bei Leipzig (1813), einem der Höhepunkte in den Auseinandersetzungen mit der Napoleonischen Fremdherrschaft. Der legendäre Marschall „Vorwärts", Lebrecht von Blücher (1742–1819), war mit seinen Kämpfern durch Mecklenburg gezogen. Die Begeisterung war groß. Selbst das kleine Herzogtum Mecklenburg–Strelitz beteiligte sich mit einem Jägercorps und einem Husaren–Regiment – es waren alles Freiwillige – an den wichtigsten Kämpfen, u.a. bei Leipzig und an der Schlacht bei Waterloo (1815). Der Gedenkstein wurde 1913 anlässlich des 100. Jahrestages der Völkerschlacht gesetzt.

Grab- und Gedenkstein für die Opfer des Kapp-Putsches 1920
Auf dem Friedhof der Stadt am östlichen Stadtrand befindet sich ein Grab– und Gedenkstein für die Opfer des Kapp–Putsches.

Generaldirektor Wolfgang Kapp (1857–1922), General von Lüttwitz (1859–1942) und ihre Gesinnungsgenossen versuchten im März 1920, mit einem Militärputsch die im Zuge der Novemberrevolution 1918/19 entstandene erste deutsche Republik zu beseitigen. Sie besaßen unter dem mecklenburgischen und pommerschen Adel besonders viele Anhänger mit entsprechenden Waffenlagern. Demokratisch und liberal gesinnte Bürger verteidigten die junge Republik, auch mit erbeuteten Waffen. Bei den Schießereien gab es Opfer, beispielsweise bei einer solchen im benachbarten Dorf Kruckow. Hier hatten sich der Gutsherr, Angehörige der Reichswehr und Kapp–Sympathisanten verschanzt. Nach wenigen Tagen brach der Kapp–Putsch zusammen.
Den Opfern dieser politischen Auseinandersetzung ist der Gedenkstein gewidmet.

Gedenkstein für Bürgermeister Beyer
Dass Einwohner und Gäste heute durch die gärtnerisch gestalteten Anlagen am westlichen Ufer des Stadtsees spazieren können, geht auf den rührigen Bürgermeister Rudolf Beyer (1852–1926) zurück. Nach dem Beispiel anderer Städte, in denen die „Verschönerungsvereine" tatkräftig für ein gepflegteres Stadtbild sorgten, sollte in Penzlin eine Promenade entstehen. Aber den „Punschendörpern" (Penzlins Spitzname) stand der Sinn nicht nach solchem „neumodischen" Kram. Doch Bürgermeister Beyer blieb hartnäckig und ließ nach und nach das Seeufer umgestalten. Das Ergebnis überzeugte sogar die Skeptiker, also setzten die dankbaren Bürger ihrem Stadtoberhaupt einen Gedenkstein, der mit den Jahreszahlen 1889–1919 den Entstehungszeitraum der Anlagen angibt. In der Nähe musste später ein ganz anderer Gedenkstein aufgestellt werden. Er ehrt die Opfer der beiden Weltkriege.

Trollenhagen

Rudolphi-Stein
Im Gutspark der Gemeinde trägt ein unbehauener Granitstein (→Findlinge) die Aufschrift „Hier dichtete Caroline von Rudolphi, 1778 bis 1783". In unserer Aufzählung beachtenswerter Gedenksteine ist er übrigens der einzige Stein, der einer Frau gewidmet ist. Und doch wusste bis vor wenigen Jahren kaum jemand etwas über die Geehrte. Erst als Anfang der 1990er Jahre neu hinzu gezogene Einwohner über den Stein „stolperten", wurde sein Anliegen erhellt: Caroline Christiane Louise Rudolphi wurde 1754 in Magdeburg geboren und 1778 als Erzieherin der Kinder des Trollenhagener Gutsherrn Georg Christoph von Röpert (→Schloss, Guts– und Herrenhaus) in dessen Familie aufgenommen. Als Autodidaktin hatte sie sich mit zeitgenössischer Dichtung (Gellert, Klopstock, Wieland, Goethe) und pädagogischen Konzepten der Aufklärung (Pestalozzi, Basedow, Campe) vertraut gemacht. Sie versuchte sich selbst in lyrischer Dichtung – und hatte Erfolg. Das Frauenbild der Aufklärung und Romantik vermittelnd, gründete sie in Hamburg und später in Heidelberg „Mädcheninstitute", in denen besonders Töchter begüterter Eltern auf ihre sogenannte „natürliche Berufung als Gattin, Hausfrau und Mutter" vorbereitet wurden. Ihr Erziehungskonzept brachte ihr Anerkennung und Verehrung ein. Mit berühmten Zeitgenossen – Dichtern wie Pädagogen – stand sie in regem Gedankenaustausch. Caroline von Rudolphi starb 1811 in Heidelberg.

Wendfeld

Walter-Gotsmann-Stein
Auf dem höchsten Punkt im NSG →Hellberge liegt ein mächtiger

→Findling. Er war der Lieblingsplatz des Neustrelitzer Malers, Lehrers und Naturschützers Walter Gotsmann (1891–1961). Hier bot sich ihm ein Landschaftsbild dar, dass er besonders liebte und gern malte. Den Naturreichtum dieser Gegend zu erhalten und ebenso den anderer Regionen des Strelitzer Landes vor unbedachten Eingriffen in das natürliche Gleichgewicht zu schützen, war Gotsmanns besonderes Anliegen. Als Kreisnaturschutzbeauftragter hatte er sich über Jahre dafür stark gemacht. Mit der Benennung des Steins auf den Hellbergen wurde dieses besondere Engagement 1971, anlässlich des 10. Todestages von Walter Gotsmann, öffentlich gewürdigt.

Er erblickte am 8. Januar 1891 in der Dorfschule Granzow, seinem Elternhaus, das Licht der Welt. Er sollte in die Fußstapfen des Vaters treten und Volkschullehrer werden. Nach dem Besuch des Lehrerseminars pflegte der Junglehrer neben seiner beruflichen Tätigkeit besonders sein Maltalent. Er besuchte beim Landschaftsmaler Prof. Hans Licht (1876–1935), der in Stargard die von Eugen Bracht (1842–1921) begründete Maltradition weiterführte, Kurse in Landschaftsmalerei. Auch im Barkenhof bei Heinrich Vogeler (1872–1942) war Gotsmann einige Wochen zu Gast. Nach seiner Fachausbildung zum Zeichenlehrer unterrichtete er am Gymnasium Carolinum und an der Oberschule für Mädchen in Neustrelitz, blieb der Landschaftsmalerei treu und betrieb nebenher botanische, ornithologische und heimatgeschichtliche Studien. 1947 wurde er zum ehrenamtlichen Naturschutzbeauftragten des Kreises Neustrelitz berufen. Bis zu seinem Lebensende am 18. Juli 1961 widmete er sich nun fast ausschließlich dieser Aufgabe und erwarb sich dabei bleibende Verdienste.

Geopark

Dieses neue touristische Angebot, der Geopark „Mecklenburgische Eiszeitlandschaft", wurde am 3. Juli 2002 auf attraktivem Platz, den →Hellbergen bei Wendfeld, vom Umweltminister des Landes Mecklenburg–Vorpommern offiziell eröffnet.

Der über 4800 km^2 große Geopark (= 21 % der Fläche des Landes Mecklenburg-Vorpommern) erhielt 2003 das Prädikat „Nationaler Geopark". Er gehört damit zu den vier in Deutschland bestehenden geologischen Modellregionen, in welchen erdgeschichtliche Vorgänge allgemeinverständlich erlebbar gemacht und für einen landschaftsgebundenen Tourismus erschlossen werden sollen. Bereits im Herbst 2004 wurde der Geopark „Mecklenburgische Eiszeitlandschaft" in den Kreis der Europäischen Geoparks und in das weltweite UNESCO–Netzwerk Nationaler Geoparks (Global Network of Geoparks) aufgenommen.

Der „Geowissenschaftliche Verein Neubrandenburg e.V." als Träger des Geoparks bemüht sich einfallsreich und zäh, den einzigartigen eiszeitlichen Formenschatz der Region zu präsentieren, ihn als Basis für Besonderheiten der Regionalgeschichte zu deuten und seine Nutzung als natürliche Ressource bewahrend zu begleiten. Das wurde mit dieser internationalen Anerkennung belohnt.

Der Geopark reicht von Malchow im Westen bis zu den Brohmer Bergen und den Feldberger Seen im Osten, von der Kreisstadt Demmin im Norden bis zum brandenburgischen Fürstenberg im Süden.

Hier wird geologisches Allgemeinwissen durch Erleben und Anschauen verbreitet und das Landschaftserlebnis (→Eiszeitlandschaft) bewusst mit den unterschiedlichen Folgen des menschlichen Umgangs mit der natürlichen Umwelt konfrontiert.

Das Tollensegebiet – mit See und Fluss – liegt im Zentrum des Geoparks „Mecklenburgische Eiszeitlandschaft“. Zwei der zehn Aktionszentren des Geoparks befinden sich hier – das Neubrandenburger Aktionszentrum „Spuren der Eiszeit“ und der →Naturerlebnispark Mühlenhagen. Viele geologische Sehenswürdigkeiten sind hier vereint; in Neubrandenburg beispielsweise der →Tollensesee, die beiden →Findlingsgärten, mehrere große Einzelgeschiebe (→Findlinge), die →Stadtmauer als historisches und geologisches Anschauungsobjekt, das → Lindetal mit dem ältesten, noch aktivem Kiessandtagebau in Mecklenburg –Vorpommern. Im Zusammenhang mit dem Bau der Berliner Nordbahn (Berlin–Neubrandenburg–Stralsund) wurde hier 1876/77 eine über 50 m mächtige Kiessandlagerstätte in einer eiszeitlich angelegten Schmelzwasserrinne aufgeschlossen, die bereits um 1900 bei Gesteins– und Fossiliensammlern einen fast legendären Ruf besaß wie uns auch Walter Karbe berichtet (s. S. 174).

Heute sind die in den Kiessanden eingelagerten Torfbänder eine besondere geologische Sehenswürdigkeit. Sie bezeugen eine Warmzeit vor ca. 120 000 Jahren (Eem–Warmzeit). Durch Pollenanalysen sind Gehölze und wasserliebende Pflanzen in diesem Torf nachgewiesen, von denen wir heute wieder umgeben sind (Kiefer, Hainbuche, Eiche, Ulme, Hasel, Fichte u.a.). Diese Eem–Torflagerstätte wurde als ein Naturdenkmal gesichert. Die Ausstellungsstücke des Findlingsgartens „Hinterste Mühle“ stammen ebenfalls aus diesem Kiessandtagebau.

Seit 2004 führt eine 666 km lange Fahrradroute durch den Geopark – die „Eiszeitroute Mecklenburgische Seenplatte“. In neun Teilabschnitten wird diese wunderbare Natur– und Kulturlandschaft für Radler erschlossen (→Radwandern).

Besucher des Geoparks sollten beachten, dass verschiedene geologische Formen gemäß „Landesnaturschutzgesetz“ (1998) als „Geotope“ geschützt sind. Momentan ist Mecklenburg–Vorpommern das einzige Bundesland, welches den Geotopschutz landesgesetzlich verankert hat.

Grosssteingräber

Sie werden auch Hünengräber oder - wissenschaftlicher - Megalithgräber genannt und stammen aus der Jungsteinzeit (etwa seit 5000 v. Chr.). Sie sind aus mächtigen →Findlingen errichtet und geben noch heute manches Rätsel auf. Wie haben unsere Vorfahren diese großen Steine aufgesetzt oder beispielsweise den riesigen Deckstein auf die Steinsetzungen gehievt? Diese Monumente waren Sippengräber und meist in einem Erdhügel versteckt. In ihrer langen Entwicklungsgeschichte sind verschiedene Formen entstanden. Viele Gräber wurden zerstört, weil man in ihnen Schätze vermutete oder weil der Straßen– und Chausseebau in ihnen einen günstig gelegenen Steinbruch sah. Der Neubrandenburger Region sind durch letzteres mehrere Großsteingräber verloren gegangen, so dass hier nicht mehr so attraktive Anlagen wie in Nordwest–Mecklenburg (beispielsweise bei Grevesmühlen, Wismar, Sternberg, Waren, Güstrow) oder in Vorpommern (bei Loitz, Insel Rügen) vorhanden sind.

Im →Nemerower Holz erinnert nur noch eine Beschilderung an ein früheres Großsteingrab. Auch die beiden Steinkistengräber im →Kulturpark von Neubrandenburg nahe dem Badehaus liegen nicht am originalen Ort. Sie wurden vor Jahrzehnten aus der Feldmark hierher umgesetzt.

Hellberge

Das →Naturschutzgebiet ist ein beliebtes Ausflugs- und Wanderziel. Es besitzt ideale Bedingungen für Landschafts- und Naturbetrachtung. Besonders die geologischen Vorgange während der →Eiszeit lassen sich hier beeindruckend nachvollziehen. Hügel und Täler ergeben ein bewegtes Landschaftsbild. Ältere geologische Thesen sahen in den Hellbergen die Randmoränen eines Gletscherzungenbeckens. Aber die Hellberge sind sandig-kiesige Aufschüttungen, welche auf die Existenz und Wirksamkeit einer unter dem Eis verlaufende Schmelzwasserrinne zurückzuführen sind. Der Druck des herabstürzenden Schmelzwassers war so groß, dass es in südlicher Richtung auf die Hauptendmoräne zu sogar bergauf floss. Es führte Geröllmassen mit sich, von denen größeren Geschiebe hier abgeladen wurden. Die feineren Sande wurden über die Hauptabflussbahnen der Schmelzwässer bis vor die Endmoräne transportiert und bildeten die großen Sanderflächen um Neustrelitz. Nachdem der Gletscher endgültig abgeschmolzen war, trat die unter dem Eis entstandene „Landschaft" der Hellberge zutage – die Hügelzüge, die im geologischen Fachvokabular als Oser bezeichnet werden.

Im zentralen Teil der Hellberge liegt eine markante Senke – ein sogenanntes Osauge. Es entstand durch das spätere Abtauen eines inmitten der Schmelzwasserrinne liegen gebliebenen Toteisblocks. Die Hellberge sind somit ein Schlüssel zum Verständnis des Modells der neuen Tunneltal-Theorie.

Heute versickern die Niederschläge meist sofort im Untergrund und treten u.a. an den westlichen Hangseiten als Druckwasser zutage. Hier hat eine wasserreiche offene Schichtquelle ein interessantes Hangquellmoor ausgebildet. Der im Nordwesten gelegene Caarssee wird ebenfalls durch dieses Druckwasser aufgefüllt.

Auf der „Schmettauschen Karte" von 1797 erscheinen die Hellberge als kahler namenloser Hügelrücken östlich des Vorwerks Wendfeld. Erst auf dem Messtischblatt von 1885 ist der Flurname „Hellberge" verzeichnet.

Die Hellberge sind auf Grund ihrer steilen, trockenen Hänge wohl kaum ackerbaulich genutzt worden, aber sie waren für die Schafhutung geeignet. Diese erfolgte regelmäßig bis über die erste Hälfte des vergangenen Jahrhunderts. Mit den einschneidenden Veränderungen der landwirtschaftlichen Produktion in den vergangenen Jahrzehnten verloren diese Weiden an Bedeutung. Schließlich blieben die Flächen ganz ohne Nutzung und wurden von Gebüschen besiedelt. Mit entsprechenden Pflegemaßnahmen wird heute versucht, das ehemalige offene Landschaftsbild und die artenreiche Wiesen- und Weidevegetation wieder herzustellen. Einige Mulden im Gelände deuten an, dass zeitweise Kies oder Mergel abgetragen wurde. Die früher zahlreich auf den Hügel verteilten →Findlinge wurden bis auf wenige Reste Anfang der 50er Jahre des 20. Jahrhunderts für Baumaterialgewinnung abgetragen. Ein besonders großer, an exponierter Stelle auf der Hügelkuppe (+ 90,3 m über NN) liegender Findling blieb erhalten und ist als →Gedenkstein dem Naturforscher, Lehrer und Künstler Walter Gotsmann (1891–1961) gewidmet. Von hier aus hat man einen fantastischen Rundblick. Man kann das →Schloss Hohenzieritz erkennen, den →Tollensesee überblicken und

Von den Hellbergen bis nach Neubrandenburg - ein Fernblick über rund 16 km

an klaren Tagen die Stadt Neubrandenburg grüßen.

In der Pflanzenwelt der Hellberge haben sich manche Raritäten erhalten:

Schopf–Kreuzblümchen, Stengellose Kratzdistel, Thymian, Frühlings–Segge, Blaugrüne Segge, Knöllchen–Steinbrech, Mittlerer Wegerich, Rauher Löwenzahn, Wiesen–Margerite und Wiesen–Lein, dazu Frühlings–Ehrenpreis, Bauernsenf, Finger–Steinbrech, Gemeine Grasnelke und Mondrautenfarn. Im Mai steht der Besenginster in seiner gelben Blütenpracht. Er wird aber immer mehr von Wildrosen–, Schlehen- und Weißdorngebüschen verdrängt.

In den kleinen Hangquellmooren am westlichen Hangfuß findet man Schwarzerlenwälder mit Bitterem Schaumkraut, Echtem Baldrian, Sumpf–Segge, Vierblättriger Einbeere und Sumpf–Pippau. In der Vogel– und Insektenwelt sind typische Vertreter der Gebüsch– und Heidelandschaften zu entdecken.

Das Gebiet ist für Besucher gut erschlossen. Über Wendfeld (Ortsmitte) erreicht man einen Parkplatz am Fuße der Hellberge. Hier und am Gotsmann–Gedenkstein findet man mehrere Informationstafeln. Ein Rundweg führt in die schönsten Teile des Naturschutzgebietes. Er sollte stets benutzt und nicht verlassen werden.

Hinterste Mühle

→ Wassermühlen
→ Findlingsgarten

Hügelgräber

In den meisten Fällen sind das sichtbare Zeugen der Bronzezeit (2000–800 v. Chr.), die in der Regel Einzelbestattungen enthielten. Sie können in exponierter Lage und mit entsprechender Größe eine Landschaft prägen, wie etwa das baumbestandene, noch heute rund 3 m hohe Hügelgrab „Wendenkönig" bei Wustrow oder das auf dem „Großen Geldberg" bei Peckatel. Andere sind für den Laien kaum erkennbare Erhebungen in Wäldern oder sie liegen unter Busch– und Strauchwerk versteckt. Diese Situation finden wir

Hügelgrab „Wendenkönig" bei Wustrow

im Hohenbüssower Wald vor, in welchem eine ganze Reihe Hügelgräber verborgen sind.
Ein weiteres gut sichtbares Hügelgrab ist der „Höhentipsberg", linkerhand am Wanderweg Klein Nemerow – Groß Nemerow. Es ist zwar leicht zu ersteigen, aber schon sehr zugewachsen. Auch nach den beiden Hügelgräbern mit dem Flurnamen „Pferdegräber" am Wanderweg →Prillwitz – Usadel muss man im Gebüsch am Wegesrand etwas suchen. Westlich von Alt Rehse liegt ein Hügelgrab in der offenen Landschaft, ein solches ebenso südöstlich von Wulkenzin.

Johanniterkomturei Klein Nemerow

Auch der älteste geistliche Ritterorden, der Johanniterorden, beteiligte sich an der Erschließung des historischen Stargarder Landes. Bereits seit 1226 bezog er Einkünfte aus dem „Lande Turne" am Mirower See. Dort errichtete er ein Verwaltungszentrum, eine Komturei, um welche sich alsbald das heutige Landstädtchen Mirow entwickelte. Rund siebzig Jahre später verschenkte der Markgraf Albrecht III. von Brandenburg (gest. 1300) die Dörfer Klein und Groß Nemerow an den Orden und würdigte damit besonders die Verdienste des tatkräftigen Komturs Ulrich Schwabe. Diese Schenkung wurde am 15. Mai 1298 beurkundet und damit die Johanniterkomturei Nemerow begründet. Neben dieser Dependance unterhielt der Orden noch eine zweite im Lande, und zwar im später untergegangenen Dorf Gardow südöstlich von Neustrelitz.
Heute erinnert hier der Wohnplatz „Comthurey" an diese Geschichte. Der Orden verstand es, seine Besitzungen ständig zu erweitern und wirtschaftlich erfolgreich zu führen. Nach der Reformation wehrte sich der Orden mit diplomatischen Winkelzügen lange erfolgreich gegen eine Säkularisierung. Er nahm beispielsweise immer wieder Angehörige der ansässigen Adelsfamilien in seine Reihen auf und setzte sie als Komture ein. Erst der Westfälische Friedensschluss nach dem Dreißig-

jährigen Krieg 1648 beendete den Streit um das Eigentum des Ordens zu dessen Ungunsten.
Das fast lebensgroße Abbild eines der letzten Komture in Nemerow, Ludwig von der Groeben, von 1593 bis 1620 im Amt, kann man noch heute in Klein Nemerow anschauen. Die Platte seines Grabes steht gegenüber dem Hotel Heidehof unter einer riesigen Kastanie (Naturdenkmal) und ist ein beliebtes Fotomotiv. Dieser große Grabstein stammt sicher aus der früheren Kirche der Komturei, die es schon lange nicht mehr gibt.
Übrigens hatte dieser Komtur die Regeln seines Ordens schon nicht mehr so genau genommen, denn er war mit Sabina von Bredow verheiratet.

Grabplatte in Klein Nemerow

Der Dreißigjährige Krieg richtete die Komturei Nemerow wirtschaftlich zugrunde. Schließlich gingen – wie oben angedeutet – die Besitzungen des Ordens nach 1648 an das Fürstenhaus von Mecklenburg-Güstrow und nach dem Hamburger Vergleich 1701 an das eben entstandene Herzogtum Mecklenburg-Strelitz über. Von den einstmals vorhandenen respektablen Gebäuden der Komturei vermitteln nur noch die Mauern einer mächtigen Feldsteinscheune, am Ufer des →Tollensesees gelegen, eine vage Vorstellung. Das verfallende Gemäuer wurde in den letzten Jahren gesichert und wird wohl noch über Jahrzehnte von der alten Komturei künden.

Katholische Kirche Neubrandenburg

Kirchen

Sie sind zweifelsfrei noch heute architektonische Höhepunkte und oft – zumindest in ihren ältesten Bauwerksteilen – die einzigen Originalzeugnisse, die sieben Jahrhunderte und mehr überdauerten. Alle →Stadtkirchen im Gebiet präsentieren sich als bemerkenswerte Beispiele norddeutscher Backsteinarchitektur. Die meist gerühmte ist die →Marienkirche in Neubrandenburg. Unter den →Dorfkirchen finden wir, neben Backsteinbauten, vor allem uralte Feldsteinkirchen und einige aus Fachwerk errichtete, die erst nach dem Dreißigjährigen Krieg oder noch später entstanden.

Kirchen neueren Datums sind die 1962 geweihte katholische Wallfahrtskirche in Burg Stargard, die im Oktober 1980 geweihte Katholische Kirche St. Josef und Lukas an der Heidmühlenstraße in Neubrandenburg– erbaut nach einem Entwurf des Baumeisters und Architekten Ulrich Müther (geb. 1934) – und die evangelische Friedenskirche in der Oststadt von Neubrandenburg. Sie sind sehenswerte moderne Kirchenbauten.
Von den Kirchen der →Klöster überdauerten nur die →Sankt Johanniskirche des →Franziskanerklosters in Neubrandenburg und die Klosterkirche des →Zisterzienser–Nonnenklosters in Wanzka die wechselvollen Zeiten. Die Kapelle →Sankt Georg in Neubrandenburg, die Spitalkapelle Sankt Georg (Sankt Jürgen) in →Altentreptow und die Heiliggeist–Spitalkapelle in Burg Stargard (→Bergwanderung ...) blieben von den kleineren Andachtsstätten erhalten.
Die von Oberbaurat Buttel (1796–1869) entworfene und 1864 errichtete Kapelle des alten Friedhofs von Neubrandenburg steht heute, sehr schön restauriert, der Apostelgemeinde Jesu Christi als Gotteshaus zur Verfügung und heißt jetzt „St. Thomaskapelle".
Leider hat sie ihre frühere, stimmungsvolle Umgebung verloren. Der alte Friedhof war zuletzt ein

reichlich verwilderter kleiner Park mit alten Grabmalen, die an manche bemerkenswerte Persönlichkeit der Stadt erinnerten. In den 1980er Jahren musste er einem Neubaugebiet weichen, was nicht gerade zu den gelungensten Entscheidungen in der Neubrandenburger Stadtplanung zählt.

Klöster

Nach dem Tod Niklots, des bedeutenden Fürsten der Slawen, im Jahr 1160 und nach der letzten großen militärischen Auseinandersetzung zwischen dem Sachsenherzog Heinrich dem Löwen und dem Slawenheer bei Verchen am Kummerower See (1164) war der Weg endgültig frei für die Christianisierung der heidnisch gebliebenen slawischen Länder zwischen Tollense und Peene.

St. Petri Kirche Altentreptow (mit Wasserspeier)

Der siegreiche Sachsenherzog sicherte seine politische Macht mit diplomatischen Schachzügen ab, indem er slawische Fürsten, seine ehemaligen Gegner, in den sächsischen Lehnsverband aufnahm. Den Widerstandswillen der Slawen aber für immer zu brechen, konnte nur gelingen, wenn die slawische Identität untergraben würde. Eine Schlüsselrolle übernahm dabei die christliche Kirche. Die bedeutendsten christlichen Orden sandten nun verstärkt ihre Mitglieder, Mönche wie Nonnen, in die eroberten Gebiete und ließen Klöster errichten. Die christliche Kirche setzte nicht mehr, wie in den zwei Jahrhunderten zuvor, auf die Vertreibung oder sogar Ausrottung der Slawen, sondern auf ihre Bekehrung. Und dieses Konzept hatte letztendlich Erfolg. Es begann eine Phase des deutschen Landausbaus und der Besiedelung, die vergleichsweise friedlich verlief. Die ansässige slawische Bevölkerung wurde allmählich integriert. Davon zeugt u.a. das Nebeneinander von alten slawischen Siedlungen und von neuen deutschen Dörfer wie wir es beispielhaft in Klein Nemerow (früher Wendisch-Nemerow) und Groß Nemerow vorfinden. Wie die Angehörigen der christlichen Orden, brachten die einwandernden deutschen Bauern, Handwerker, Kaufleute, Händler oder Ritter fortgeschrittene Produktionsmethoden und eine entwickelte feudale Lebensweise mit. Es begann ein großes Aufbauwerk mit Stadt- und Dorfgründungen, Mühlenbau, Ackerbau und Viehzucht, Garten- und Weinbau usw. Programmatisch formulierte der Zisterzienser-Orden den Weg: „Ora et labora" (Bete und arbeite). Die in dieser Phase entstandenen und erhalten gebliebenen →Kirchen und →Stadtbefestigungen vermitteln uns noch heute eine gewisse Vorstellung von der Vitalität des Alltags jener Tage.

Von den am Ende des 12. und im Laufe des 13. Jahrhunderts entstandenen Klöstern im Tollensegebiet gibt es nur noch wenig sichtbare Zeichen, meist nur bewachsene Hügel mit Mauerresten. Die Reformation, die ab 1549 in Mecklenburg wirksam wurde, beendete das katholische Klosterleben. Der kirchliche Besitz wurde durch die weltlichen Herren eingezogen (säkularisiert), die Klöster in den meisten Fällen in herzogliche Ämter umgewandelt. Das betraf das Prämonstratenser-Kloster in →Broda und das →Zisterzienser-Nonnenkloster in Wanzka. Etwas anders verlief die Geschichte des →Franziskaner-Klosters in Neubrandenburg.
Der Klosterberg in →Altentreptow erzählt ebenfalls eine alte Klostergeschichte: Hier befand sich das Benediktinerinnenkloster Marienberg. Es gehörte zur Diözese Kammin und soll am Ende des 12. Jahrhunderts gegründet worden sein und wäre damit das älteste Frauenkloster Pommerns. Der Bischof Sigwin von Kammin bestätigte 1191/94 die Stiftung. 1239 verlegten die Benediktinerinnen ihr Kloster vom Marienberg (auf dem Hügel soll aber eine kleine Kirche verblieben sein) nach Klatzow an der Tollense, 1245 zur Insel Marienwerder in der Peene und 1269 in das Dorf Verchen am Kummerower See.

Konzertkirche

→Marienkirche

Kulturpark

Zwischen dem Nordufer des →Tollensesees und der →Stadtmauer von Neubrandenburg lag in früherer Zeit ein großes Bruchgelände, auf welches noch heute die beiden Flurnamen Werderbruch und Stargarder Bruch hinweisen.

Als 1631 der kaiserliche General Tilly (1559–1632) seine Soldaten von →Broda aus gegen Neubrandenburg vorrücken ließ, versackten diese erst einmal im Modder der Brüche [wobei die Verteidiger unter Dodo von Knyphausen (1582–1636; →Gedenksteine, Gedenktafeln) mit zusätzlichem Wasser nachgeholfen haben sollen]. Das unwegsame Gelände hatte sich in der Tat als zusätzlicher Schutz der Stadt bewährt. Jahrhunderte später wurden die Brüche zum Problem und bereiteten manchem Bauherren Kopfzerbrechen. Von der Mitte des 19. Jahrhunderts an lockten Badeanstalten (→Badestrände) und Ausflugsgaststätten Spaziergänger zum See. Spazierwege wurden durch die Brüche und am Seeufer entlang angelegt. Um 1900 herum entstanden die Villen am Lindebach, in der Schwedenstraße, das erste Bootsbecken am Oberbach usw. Kriegsgefangene des Ersten Weltkrieges, welche im →Augustabad einquartiert worden waren, schaufelten Entwässerungsgräben durch das Bruch. In den Jahren nach dem Zweiten Weltkrieg nahm das Werderbruch einen Teil des Trümmerschutts auf, der bei der Beräumung und dem Wiederaufbau des Stadtzentrums anfiel.
Im Jahr 1956 entstand der erste Flächennutzungsplan der Stadt, welcher zum ersten Mal Aussagen zu einem „Kulturpark" enthielt. Diese Park–Kategorie hat ihre gartenhistorischen Wurzeln im „Volkspark", einer typischen Begleiterscheinung der durch Industrialisierung schnell wachsenden Städte. Er sollte vor allem den ärmeren Volksschichten Freiräume für Gemeinschaftserlebnisse, Erholung an frischer Luft und Naturerlebnis bieten, auch mit dem Ziel, soziale Spannungen in den Ballungszentren abzubauen. Im Unterschied zum Volkspark bietet der Kulturpark aber weit mehr Angebote für eigenes Aktivsein, nicht nur durch spazieren gehen in gestalteten Naturräumen, sondern durch direkte Beteiligung an deren Gestaltung, durch sportliche Betätigung, Unterhaltung und durch Bildungsangebote. Die Stadtvertreter fassten im März 1968 den Beschluss, einen solchen Kulturpark anzulegen. Der offizielle Baubeginn war aber erst eineinhalb Jahre später im November 1969.
Inzwischen war ein ca. 35 ha großes Gelände um das Werderbruch herum eingezäunt worden. Mit tatkräftiger Hilfe der Bürger der Stadt – unzählige Arbeitsstunden wurden hier freiwillig im Rahmen des Nationalen Aufbauwerkes (NAW) geleistet – entstanden Promenaden, große Wiesen, Heidegarten, Staudengarten und Moorbeetgarten. Der Baumbestand wurde ausgeholzt, durch Neupflanzungen ergänzt und Plätze für Spielen und Toben, für Feste, Rummel, Zirkus und Streichelzoo wurden erschlossen.
Gartenplastiken und eine künstlerisch gestaltete Sonnenuhr fanden in dem sich von Jahr zu Jahr heiterer und einladender präsentierenden Gelände entsprechende Plätze. Im Oktober 1969 verblüffte die neue Stadthalle mit ihrer ungewohnten Architektur. Es ist eine Hyparschalen-Konstruktion des Baumeisters und Architekten Ulrich Müther (geb. 1934) aus Binz. Seine Bauwerke in kühn geschwungenen Formen besitzen inzwischen beinahe legendären Ruf. Diese Stadthalle ist als Sport- und Festhalle nach wie vor in Betrieb und beliebt.
Auf Betonpfählen wurde die Forstgaststätte „Werderbruch" gegründet, weniger Bauaufwand erforderte der Eispavillon. Seit 1973 schoss eine Fontäne aus dem →Tollensesee in luftige Höhe, zu abendlichen Festen (Pfingst–, Presse–, Oktoberfest) sogar farbig beleuchtet. Nach 1990 wurde die Trinkwassergewinnung im benachbarten Star-

garder Bruch eingestellt, was zu einem schnellen Anstieg des Grundwasserspiegels im Kulturpark führte. Große Flächen standen unter Wasser, Wege wurden unpassierbar und Bäume gingen ein.
Seit 1994 ist nun eine Grundwasserregulierungsanlage für den Park in Betrieb. Weite Teile des Parks wurden inzwischen rekonstruiert und neu bepflanzt, beispielsweise im Rosen– und Magnoliengarten.
Der Kulturpark ist heute eines der beliebtesten nah gelegenen Ausflugsziele der Neubrandenburger und ihrer Gäste, denn er ist eine geradezu ideale Verbindung zwischen dem See und der Innenstadt. Welche Stadt kann sich schon einer solch´ gelungenen Korrespondenz zwischen „Innen und Außen" erfreuen? Bleibt nur zu hoffen, dass Stadtplaner und Stadtväter (bzw. –mütter) das zukünftig ebenso sehen!

Frühlingsfarben im Kulturpark

Kunstsammlung

Neubrandenburg besaß vor fast einhundert Jahren schon einmal eine Städtische Kunstsammlung. Sie ging auf das Vermächtnis zweier Bürger der Stadt zurück, die zu Lebzeiten als passionierte Sammler manche Kostbarkeit mit Kunstverstand und Sensibilität ausgewählt und in ihren Besitz gebracht hatten. Kein Wunder, denn sie waren ja „Kunstfachleute", nämlich der Kunstmaler Henry [Heinrich] Stoll (1822–1890) und der Kunsthändler August Schmidt (1825–1911). Ohne Erben geblieben, vermachten sie ihre Sammlungen der Vaterstadt. Den Vorstellungen dieser beiden Stifter entsprechend wurde die Sammeltätigkeit fortgeführt. Mit der Schenkung Henry Stolls war die Städtische Kunstsammlung am 10. Juni 1891 eröffnet worden. 1911 kam das Vermächtnis August Schmidts hinzu, so dass nun mehr Platz benötigt wurde. Das Ende des Großherzogtums 1918 brachte dafür eine glückliche Lösung. Im ehemaligen großherzoglichen Palais am Marktplatz wurde für die Kunstsammlung eine repräsentative Heimstatt geschaffen. In den neuen Ausstellungsräumen konnte die Öffentlichkeit die Gemälde, Grafiken, Skulpturen und Antiquitäten von Juli 1920 an in Augenschein nehmen. Der erfahrene Maler und Grafiker Josef Alterdinger (1874–1934) hatte bereits im Mai 1920 die Leitung der Kunstsammlung übernommen. Zur gleichen Zeit gründete sich ein Kunstverein und begleitete die Geschicke der Kunstsammlung bis zu seiner Auflösung 1935. Alterdinger hielt seine Hände bis zu seinem Tode 1934 über der Sammlung, aber er hatte nicht verhindern können, dass in der Öffentlichkeit nationalsozialistische Kunstvorstellungen immer stärker akzeptiert wurden und auf die Tätigkeit der Kunstsammlung zurückwirkten. Nach Alterdingers Tod folgte der diesem Gedankengut nahestehende Künstler Walter Günteritz (1888–1962) in der Betreuung der Sammlung.

Im April 1945 sollen die Exponate verpackt die Stadt in Richtung Schwerin verlassen haben. Seit dieser Zeit gelten sie als verschollen. Noch heute wird nach ihnen gesucht.

1982 wurde die Städtische Kunstsammlung neu gegründet. Allerdings wurde die Sammeltätigkeit ausschließlich auf künstlerische Arbeiten beschränkt – Malerei, Grafik, Plastik. Im Vordergrund standen Werke der im Norden ansässigen Künstler bzw. der DDR allgemein. Mit Einfühlungsvermögen und einem Blick für künstlerische Qualität wurde ein Kunstbestand aufgebaut, der seine Anziehungskraft in mehreren gut besuchten Bestandsausstellungen inzwischen beweisen konnte. Eine solche Sammlung zusammenzubringen war sicher nicht leicht.

Beispielsweise stand als erstes Domizil nur eine kleinere Fachwerkvilla zur Verfügung, vor der Jahrhundertwende im Landhausstil erbaut. Sie war als Provisorium hergerichtet worden, denn die Sammlung sollte ursprünglich unter dem Dach der →Marienkirche neue Räume beziehen können. Daraus wurde nichts, dafür aber Ende der 1990er Jahre eine weit bessere Lösung gefunden. Ein geschichtsträchtiges Haus, in der Großen Wollweberstraße gelegen, wurde von Grund auf saniert, mit einem neuen Anbau komplettiert. Darin wurden alle erforderlichen Ausstellungsräume, Depots und Arbeitsräume geschaffen. Seit dem 13. April 2003 ist die Städtische Kunstsammlung in dieser neuen, repräsentativen Heimstatt der Öffentlichkeit zugänglich. Man ist geneigt, das metaphorisch aufzufassen, denn im Haus befand sich

Dekorentwürfe von Johanna Beckmann

von 1877 bis 1945 die „Herberge zur Heimat". Das Gebäude selbst ist noch älter. Es entstand nach dem großen Stadtbrand 1737. Seit 1833 sind Eigentümer und Bewohner des Hauses bekannt. Da es sehr viel Platz bot, hatte sich ein Verein „Herberge zur Heimat" 1877 zum Kauf entschlossen. Seine Mitglieder fühlten sich dem Gedankengut der evangelischen Erweckungsbewegung vom Anfang des 19. Jahrhundert verbunden. Sie hatte der christlichen Nächstenliebe einen zentralen Platz im religiösen Bekenntnis eingeräumt. Einrichtungen der evangelischen Inneren Mission und des diakonischen Werkes sind aus dieser Bewegung hervorgegangen. Die „Herbergen zur Heimat" boten wandernden Handwerksburschen und Wanderarbeitern ein Obdach, sorgten für leibliches Wohl und christlichen Zuspruch.
Nun finden hier Kunstwerke Fürsorge und – hoffentlich – den steten Zuspruch kunstinteressierter Besucher.
Die Kunstsammlung umfasst momentan rund 5000 Kunstwerke. Über sie informieren – neben der Ausstellung – zwei sehr gelungene Bestandskataloge.

Da sich die Sammlung als Gegenwartsmuseum versteht, möchte sie durch ihre Sammeltätigkeit und durch vielfältige Aktionen den zeitgenössischen Kunstprozess begleiten. Besonders „gehört es zur schönen Aufgabe, ernsthaftes und bedeutendes Schaffen der Region wahrzunehmen und zu befördern" – heißt es in einem Selbstzeugnis der Einrichtung. Oft wechselnde Sonderausstellungen informieren über die zeitgenössische Kunst in ihren vielfältigen Ausdrucksformen, über das Lebenswerk einzelner Künstler oder spezielle Themen des Kunstschaffens, natürlich auch solcher der Vergangenheit. Ein museumspädagogisches Kabinett und eine Kunstbibliothek regen außerdem zur Selbstbetätigung auf künstlerischem Gebiet und zur kunsthistorischen Forschung an.

Landschaftsgarten „Brodaer Teiche"

Jahrzehnte nur Insidern als Dorado gefährdeter oder vom Aussterben bedrohter Tiere und Pflanzen bekannt, von der landwirtschaftlichen Nutzung wegen der minderwertigen Böden und der steilen Hänge seit längerem ausgeschlossen, erfuhr diese ehemalige Schmuddelecke am Stadtrand Neubrandenburgs in den 1990er Jahren eine überraschende Verwandlung. Weil mit Fingerspitzengefühl und Sachverstand zu Werke gegangen wurde, konnten die versteckten Potenzen dieses verhältnismäßig kleinen Territoriums (40 ha) für Landschafts- und Naturerlebnis, für Naturbeobachtung und Umweltbildung freigelegt und nun sehr hübsch präsentiert werden. Der Landschaftsgarten liegt nur 2 km vom Stadtzentrum entfernt zwischen der B 104 und der B 192 unmittelbar hinter der neuen Eigenheimsiedlung Broda – Nord. An beiden Eingängen halten die Stadtbusse (Linie 10 bzw. 11). Autofahrer finden am Haupteingang an der B 192 einen Parkplatz vor. Durch das gesamte Gelände des Landschaftsgartens führen gepflegte Wanderwege, von welchen aus alle Sehenswürdigkeiten beobachtet bzw. besucht werden können. Ein Reitweg verbindet den Landschaftsgarten mit dem benachbarten Reitplatz Broda (→Reiten).

Vom höchsten Punkt aus schauten zu DDR-Zeiten Soldaten der Nationalen Volksarmee in die Runde. Heute haben die Fledermäuse den Bunker in Beschlag genommen. Über ihm wurde vor wenigen Jahren eine Aussichtsplattform errichtet. Dieser →Aussichtspunkt bietet dem Besucher einen phantastischen Rundblick über die Stadt, das Datzetal und das Tollenseflusstal sowie den gesamten Landschaftsgarten.

Hier ist der geeignete Ort, sich die landschaftsgestaltenden Kräfte der →Eiszeit zu vergegenwärtigen, welchen wir dieses abwechslungsreiche Areal verdanken. Das Terrain des Landschaftsgartens ist ein Seitental des →Tollensetals und wurde vom eiszeitlichen Schmelzwasser ausgeformt, welches in den Spalten des abtauenden, ursprünglich 200 – 300 m dicken Gletschers hinabstürzte. Der Wasserdruck formte die Erdschichten unter dem Gletscher zu Rinnen aus und schuf damit das markante Relief. Das Wasser strudelte auch runde bis ovale Wasserlöcher aus. Diese „Auskolkungen" tragen hier die Bezeichnung Butter-Soll, Rats-Soll, Hell-Soll und Görs-Soll, obwohl es keine „echten" Sölle sind. Diese entstanden durch Toteisblöcke, welche – vom aktiven Gletscher abgetrennt und mit Schutt und Geröll bedeckt – später langsam abtauten. Das aufliegende Erdreich sank ein und bildete runde Hohlformen, welche sich mit Wasser füllten. Sölle, oft als „Augen der Landschaft" bezeichnet, stehen als „Geotope" unter Schutz.

Die „Wasserlöcher" im Landschaftsgarten bilden aber eine besondere Schutzzone, durch welche ein Holzsteg führt, so dass der Besucher das Leben an und im Wasser genauer beobachten kann.

Weitere Themenschwerpunkte sind:

a) Findlingsgarten
   Hier sind →Findlinge nach ihren skandinavischen Herkunftsländern und nach Gesteinsarten geordnet.
b) Schmetterlings- und Bienengarten
   Moderne Bedürfnisse und Lebensweise unserer Zeit gehen auf Kosten der Lebensräume vieler Tier- und Pflanzenarten. „Aus den Augen – aus dem Sinn" bedeutet in diesem Zusammenhang, dass wir ihren Verlust selten oder gar erst bemerken, wenn es zu spät ist. Das trifft besonders auf die Tagfalter, Schwärmer, Wildbienen, Hummeln u.a. Insekten zu. Auf Trocken- und Halbtrockenrasen wachsen viele ihrer Futterpflanzen.
   Diese Biotope werden aber auch in Mecklenburg-Vorpommern immer seltener. Wer ein Herz für diese farbenfrohen und nützlichen Insekten hat, kann in die-

Aussichtsplattform im Landschaftsgarten

sem thematischen Bereich Pflanzen kennen lernen, die durchaus in den heimischen Garten passen, wenig Pflege beanspruchen, hübsch aussehen und eben für den Lebenszyklus von Schmetterlingen u.a. Insekten unersetzlich sind.

c) Naturerlebnisraum
Natur appelliert an alle menschlichen Sinne: Sehen, Hören, Riechen, Schmecken, Tasten. Das wird in diesem Bereich anhand verschiedener Pflanzen und Naturmaterialien demonstriert. Eine Sonnenuhr, eine interessante Kreation eines Neubrandenburg Künstlers, verrät die Tageszeit auch ohne Zeiger (aber nur bei schönem Wetter).

d) Trockenmauer
Mit den in der norddeutschen Muttererde so reichlich vorhandenen →Findlingen, hier der kleineren Art, wurde eine 120 m lange Trockenmauer aufgeschichtet. Kleinlebewesen, besonders Eidechsen, Kröten und Insekten wie Hummeln und Wildbienen, finden in ihr eine Behausung. Auch solche extrem trockenen Standorte werden von Pflanzen besiedelt.

e) Obstwiese
Dass Äpfel, Birnen, Pflaumen von Großmutters/Großvaters Obstbäumen viel besser schmecken als die Früchte aus dem Supermarkt, dürfte sich inzwischen herumgesprochen haben. Die alten Obstsorten erfüllen zwar keine EU–Normen, aber sie sind oft robuster, eben schmackhafter und weniger krankheitsanfällig. Sie durch Neuanpflanzung zu erhalten, besitzt nicht nur einen wichtigen kulturhistorischen Hintergrund, sondern einen aktuellen, denn die alten Obstsorten sind Genreserven für Neuzüchtungen. Dieser Thematik widmet sich die Obstwiese, die zu einer blumenreichen traditionellen Streuobstwiese weiterentwickelt werden soll.

Landwehr, Landhemme

Landwehren sind sowohl interessante →Bodendenkmale, als auch

Denkmale der Rechtsgeschichte. Sie begrenzten die Stadtfeldmark, waren überhaupt wichtige Besitz- und Territorialgrenzen. So umzogen sie in weitem Bogen beispielsweise die Städte Neubrandenburg und Burg Stargard, denn hier sind noch Teile der Landwehren erhalten. Im Mittelalter war es doch gang und gäbe, sich auf fremdem Territorium umzutun, beispielsweise um dem Nachbarn das Vieh zu stehlen. Sich vor solchen Übergriffen schützend, schaufelten die Städter einen hohen Wall um ihre Äcker und Wiesen und bepflanzten ihn mit allerhand wehrhaftem Gesträuch. Ein Graben vervollständigte meist das Bauwerk. So wurden alle, die unterwegs waren gezwungen, die offiziellen Durchlässe zu benutzen und konnten kontrolliert werden. Innerhalb der Stadtfeldmark galt das Stadtrecht, während hinter dem Wall der Landwehr die dörflichen Feudalgewalten das Sagen hatten.
Noch erkennbare Abschnitte dieser mittelalterlichen Anlage ziehen sich am südlichen Stadtrand von Neubrandenburg hin. Stattliche Eichen markieren den Verlauf. Entlang dieses →Bodendenkmals gibt es jetzt einen gepflegten Spazierweg zwischen den neuen Wohngebieten „An der Landwehr", „Am Waldrand" und dem Ortsteil Fünfeichen (Armeestandort und →Gedenkstätte). Die Reste der Burg Stargarder Landwehr tragen den Flurnamen „Tillyschanzen" und liegen am Westrand des Denkmalsbergs. Sie haben aber mit dem Haudegen Tilly (1559–1632) aus dem Dreißigjährigen Krieg nichts zu tun. Eine in ihrer Ausprägung noch heute imposante Landwehr ist am Süd- bzw. Südostufer des Kleinen Penzliner Stadtsees zu entdecken. Sie wird vom Wanderweg Hohenzieritz – Wüstung Christenhof – Zippelower Holz – Werder durchschnitten und trägt eine historische Bezeichnung: „Isernpurt" (eiserne Pforte). Diese, aus alter Zeit stammende Grenze trennt noch heute die Landkreise Mecklenburg-Strelitz und Müritz.

Latücht

Hinter diesem sympathischen niederdeutschen Wort für „Laterne" verbirgt sich der eingetragene Verein „Film & Medien" und sein originelles Domizil, die ehemalige katholische Kapelle Sankt Joseph. Das kleine Bauwerk wurde 1906 erbaut und am 23. Juli 1907 geweiht. Heute besitzt die katholische Gemeinde in Neubrandenburg ein in den 1980er Jahren erbautes Gemeindezentrum mit einem interessanten modernen Kirchenbau (→Kirchen). So ist kaum vorstellbar, dass es in dieser Stadt nach der Reformation (1549 in Mecklenburg) über 350 Jahre lang keinen offiziellen katholischen Gottesdienst gab!
Die rasante Wirtschaftsentwicklung im späten 19. Jahrhundert, hervorgerufen durch die Industrialisierung,

Fensterschmuck am Latücht

Herbststimmung an der Lieps

führte zu einer bis dahin unbekannten Mobilität der Bevölkerung. In unserem Zusammenhang zeigte sich das im Zuzug von Einwohnern katholischer Konfession. Außerdem sollten die polnischen Schnitter, die in immer größerer Zahl über Monate als Saisonarbeiter auf den großen Gütern arbeiteten und lebten, auch am Gottesdienst in ihrer Konfession teilnehmen können. Deshalb erwarb der katholische Bonifacius-Verein 1905 an der Großen Krauthöfer-Straße ein Grundstück, auf welchem die katholische Kirche mit einer schlichten Inneneinrichtung und sparsamem historisierendem Zierrat an der Fassade errichtet wurde.

Mitte der 1970er Jahre sollte sie eigentlich Verkehrsbauten weichen, aber der Abriss konnte verhindert werden. Sie ging in das Eigentum der Stadt über und wurde als Werkstatt und Requisitenlager genutzt. Die politische Wende 1990 bescherte dem kleinen denkmalgeschützten Haus eine Renaissance. Der genannte Verein „Film & Medien" entwickelte ein vielseitiges Nutzungskonzept. Heute ist das Latücht Programmkino, Medienwerkstatt, Ort für Jugendmedienfeste und Spielstätte des deutschlandweit bekannten Dokumentarfilm-Festivals „documentART". Ein moderner Anbau bietet Foyer und Funktionsräume. Viel zu wenig beachtet wird, dass im Zuge der Sanierung und Rekonstruktion die alten Kirchenfenster durch den Künstler Thomas Kuzio (geb. 1959) mit wunderschönen Glasmalereien geschmückt wurden.

Lieps

Dieser Flachwassersee erstreckt sich südlich vom →Tollensesee und ist durch die Halbinsel →Nonnenhof von jenem getrennt. Die Wassertiefe der Lieps wird mit 2 m bis maximal 3,80 m angegeben. Im See liegen drei Inseln, die siedlungsgeschichtliche Bedeutung haben, denn sie gehörten zu einer slawischen Siedlungskammer – der Hanfwerder, der Binsenwerder und der Kietzwerder. Über viele Jahre waren sie Gegenstand der archäologischen Forschungen des Regionalmuseums Neubrandenburg (→Museen). Letztendlich ging es dabei darum, das Heiligtum der Slawen, das berühmte →Rethra, zu lokalisieren, was aber bis heute nicht eindeutig gelang. Die 4,23 km² große Lieps ist Teil des Naturschutzgebietes →Nonnenhof. Sie ist nicht öffentlich befahrbar, wird aber in der Saison regelmäßig von der Neubrandenburger →Fahrgastschifffahrt überquert. Das am westlichen Ufer der Lieps gelegene geschichtsträchtige Dorf →Prillwitz unterhält eine Badestelle und eine Anlegestelle für den Ausflugsdampfer.

Lindetal, Lindebach

Dieses Bachtal zwischen Neubrandenburg und Burg Stargard entstand ausgangs der →Eiszeit vor ca. 10 000 Jahren. Große Toteis-Stauseen südlich von Burg Stargard entwässerten nach Norden, wobei ihnen das vorgeformte Tollensebecken als Vorfluter diente. Blockreiche Geschiebemergelschollen lenkten das Wasser in zahlreichen Mäandern durch das Tal. Durch die Kraft der Wassermassen wurde in die hier lagernden sandigen Böden ein 20–40 m tiefes Tal eingeschnitten und dieses heute so malerisch gelegene, abwechslungsreiche Erholungsgebiet ausgeformt. Zwar ist der Flusslauf durch Menschenhand mehrfach korrigiert worden, um beispielsweise die Wasserversorgung der Mühlen zu regeln, aber noch immer bietet das Bachtal ein naturnahes Bild. Der Status als Landschaftsschutzgebiet (ca. 550 ha) soll dafür sorgen, dass sich daran noch zukünftige Besucher erfreuen können. Die Waldgebiete im Tal und rechts und links auf den Hängen heißen Kleines und Großes Mühlenholz, denn der Lindebach, der munter und flott durch das Tal strömt, trieb hier eine ganze Reihe →Wassermühlen an. Sein Einzugsgebiet ist groß, denn aus der Gegend um Helpt bei Woldegk und aus dem Neetzkaer See kommen die Zuflüsse. Seine Mündung in den Tollensesee liegt rund 35 m tiefer als seine Ausgangspunkte. So hatte das Wasser den richtigen Schwung, um die Wassermühlen in Bewegung zu halten. 15 Mühlenstandorte sind an seinem langen Weg bekannt geworden, davon allein fünf direkt im Lindetal gelegene:

die Heidmühle, die drei Bachmühlen (die Vorderste Mühle, die Mittelste Mühle, die Hinterste Mühle) und die Papiermühle.

Nach regenreichen Sommergewittern lässt der Bach gelegentlich noch etwas von seinen meist schlummernden Kräften spüren.

Bei gutem Wasserstand wäre er eine lohnende Paddelstrecke, ist aber leider mit einigen Hindernissen gespickt.

Seine heute gebräuchliche Bezeichnung „Linde" soll der Bach dem Stargarder Präpositus Gottlieb Burchard Genzmer (1716–1771) zu danken haben, der den Namen in Erinnerung an eine Stargarder Sage verlieh, die von einem tragischen Ereignis am Jungfernbrunnen neben der Jungfernlinde erzählt, einem Platz, der direkt am Bach lag. In älteren Dokumenten heißt der Bach „Schmerlebach", was auf seinen Wert als Salmoniden-Gewässer hinweist, auch „Stargard" oder „Alt-Stargard", in der Ortslage von Burg Stargard „Mühlenbach".

Die romantischen Partien am Lindebach, besonders in Burg Stargard, boten beliebte Motive für die Malerinnen und Maler, welche am Ende des 19. Jahrhunderts das mecklenburgische Städtchen als Malort entdeckten [Eugen Bracht (1842–

1921), Hermann Koenemann (1871–1934), Hans Licht (1876–1935), Marie Hager (1872–1947) u.a.]

Malliner Wasser

Dieser wasserreiche Zufluss zum Tollensefluss besitzt ein großes Einzugsgebiet und in den verschiedenen Gegenden unterschiedliche Bezeichnungen (Aalbach, Malliner Bach).
Am Ende der letzten →Eiszeit diente das Malliner Wasser als Schmelzwasserabfluss. Allerdings strömte das Wasser in südwestlicher Richtung der Penzliner Seenkette zu. Nachdem das Eis im Tollensetal verschwunden war, änderte sich die Fließrichtung. Im Unterlauf entstand eine tief eingeschnittene Erosionsrinne mit 25 bis 40 m hohen Hängen, die der Bach aus der umgebenden Grundmoräne heraus modellierte. Jahrhunderte lang wurde die reich strukturierte Landschaft um den Bach landwirtschaftlich genutzt, hauptsächlich als Viehweide. Da heute versucht wird, durch Pflegemaßnahmen diesen Charakter der alten Weidelandschaft zu erhalten, sind noch artenreiche Magerrasen, Feuchtwiesen, bachbegleitende Gehölzsäume und Quellfluren erhalten.
Der Bach besitzt ein erhebliches Gefälle. Auf den 13,8 km vom Ausfluss aus dem Malliner See bis zur Mündung in die Tollense sind es immerhin 29,3 m Höhenunterschied. Mit dem Einzugsgebiet der Penzliner Seen entwässert der Malliner Bach eine Fläche von 350 bis 400 km². Er hat mehrere Seitenzuflüsse. Diese Situation war prädestiniert für die Anlage von →Wassermühlen. An vier Mühlenstandorten sind mehr oder weniger deutliche Spuren dieser Mühlen noch zu entdecken: von der Brandmühle bei Wulkenzin, von der Chemnitzer Ölmühle, der Zirzower Mühle und von der Krappmühle. Die früher als Säge-, Walk- und Kornmühle betriebene Mühle in Zirzow war selbst noch nach 1990 als Mischfutterwerk in Funktion. Sie ist ein zentraler Ort des →Energiewanderweges und vermittelt interessante Details zur Geschichte der Mühlentechnik.

Malliner Wasser im Hochsommer

1998 ist auf der Grundlage des „Landesnaturschutzgesetzes" das Landschaftsschutzgebiet „Malliner Bach und Seenkette" entstanden, welches auf den Territorien des Landkreises Mecklenburg-Strelitz und der Stadt Neubrandenburg liegt und ca. 200 ha umfasst. Mehrere ausgeschilderte Wander- und Reitwege erschließen das reizvolle Gebiet. Ein traditioneller Weg führt von der Krappmühle zur Zirzower Wassermühle.
Ein Rundweg um Wulkenzin berührt ebenfalls das Tal des Malliner Wassers.

Marienkirche

Dieses wunderbare Monument norddeutscher Backsteingotik ist nun, fünfzig Jahre nach seiner Zerstörung Ende April 1945, wieder zu einem weithin sichtbaren Wahrzeichen der Stadt Neubrandenburg geworden. Aber nicht nur das. Als „die wohl schönste und aufregendste Konzertkirche Deutschlands" gehört sie heute zu den – im wahrsten Sinne des Wortes – herausragenden Kulturstätten in Mecklenburg-Vorpommern. Bis hierher aber war es ein weiter, beschwerlicher Weg. Für die ersten Jahre nach der Stadtgründung 1248 wird ein Vorgängerbau, eine Pfarrkirche aus Feldsteinen vermutet. Diese Kirche wurde über einen längeren Zeitraum hin in drei Bauabschnitten vergrößert und in Backstein ausgeführt. Als 1298 der Havelberger Bischof Johann die Weihe des Hauptaltars vornahm und sie dabei ihren Namen – Sankt Marien – erhielt, waren die ersten vier östlichen Joche errichtet. Von 1300 an folgten die fünf westlichen Joche, in einer dritten Bauphase dann die Westseite mit dem Turm. Das schöne Westportal war aber zu dieser Zeit schon vorhanden. Die lange Bauzeit und mancherlei Veränderungen im Bauablauf hinterließen an diesem Kirchenbau Stilelemente der Frühgotik bis zur Hochgotik. Ihr schönster Schmuck ist der, ein fast gleichseitiges Giebeldreieck bildende, gotische Ostgiebel mit dreiteiligem Maßwerk in den Fenstern. Weiter enthalten sind aufwändig gestaltete Ziergiebel und fünf Ziertürmchen, dessen mittleres als Glockentürmchen etwas größer und breiter ausgebaut wurde. Der gesamte Ziergiebel steht frei vor der Giebelfläche.

Die Marienkirche stand stets real, aber auch sinnbildlich inmitten des Lebens und Treibens zwischen den Toren der Stadt und ging mit ihr durch alle Höhen und Tiefen. Die Chronisten des 17. und des 18. Jahrhunderts berichteten von Zerstörung durch Blitzschlag, durch Kampfhandlungen bei der Eroberung der Stadt durch General Tilly (1631) und von Stadtbränden. Lange Zeit musste das Gotteshaus an den dabei zugefügten Wunden tragen. Noch zu Beginn des 19. Jahrhunderts fehlte dem Kirchturm die Spitze, das Gewölbe war abgetragen und durch einen Bretterboden ersetzt worden. 1832 veranlasste der Großherzog Georg von Mecklenburg-Strelitz (1779–1860) die Sanierung des Bauwerks. Er beauftragte seinen Oberbaurat Buttel (1796–1869) mit dieser verantwortungsvollen Aufgabe. Es dauerte fast zehn Jahre bis die Arbeit beendet und eine wunderbare, wieder gewölbte Kirche mit einem weit ins Land schauenden Turm auferstanden war. Buttel unternahm ein interessantes Experiment. Für die notwendigen Ergänzungen am Bauwerk und dessen Schmuck setzte er gelbe Ziegelsteine ein, so dass die unter seiner Leitung vorgenommenen Rekonstruktionen noch heute gut zu erkennen sind.

1945 fiel wieder alles in Schutt und Asche. Der Turm brannte aus, die Glocken stürzten ab, vom großen Kirchenschiff blieben nur die Außenmauern erhalten. Die →Sankt Johanniskirche übernahm nun die Funktion der Stadtkirche. Im Jahr 1975 wurde zwischen der Kirchenleitung und der Stadt ein Vertrag geschlossen, der den Umbau der Marienkirche zur Konzerthalle und Kunstgalerie vorsah. Im Dachbereich sollte die 1982 wiedererstandene →Kunstsammlung Neubrandenburgs ihr endgültiges Domizil erhalten. Die Aufbauarbeiten gingen nur schleppend voran. Ein Dach wurde aufgesetzt. 1982 erhielt der sanierte Turm eine neue kupferne Spitze. Nach 1990 setzte eine kontroverse Diskussion um den weiteren Bauverlauf ein. 1996 wurde das Nutzungskonzept aus finanziellen Gründen geändert. Es sollte ein moderner Konzertsaal im alten Gemäuer entstehen. Den

internationalen Wettbewerb gewann der finnische Architekt Prof. Pekka Salminen (geb. 1937). Sein Entwurf wurde unter großer Anteilnahme der Neubrandenburger und der Musikfreunde der Region verwirklicht. Ausverkaufte „Baustellenkonzerte" der Neubrandenburger Philharmonie begleiteten das Baugeschehen. Am 13. Juli 2001 fand das festliche Eröffnungskonzert statt. Inzwischen rühmten hochkarätige Künstler und Ensembles des In- und Auslandes die ungewöhnliche Architektur des Hauses, die hervorragende Akustik, den eigentlichen „Hausherren", die Neubrandenburger Philharmonie, und das sachkundige, begeisterungsfähige Musikpublikum.

Seit Sommer 2003 beherbergt der Turm der Marienkirche eine sehens-

Turm der Marienkirche

werte Ausstellung zur Geschichte der Backsteingotik in Norddeutschland und zu ihren wertvollsten Bauwerken in der Neubrandenburger Region.

Modellpark

Auf dem Gelände einer ehemaligen Kleingartenanlage in Neubrandenburg entstand nach 1990 durch Arbeitsbeschaffungs- und Umschulungsmaßnahmen der Modellpark Mecklenburgische Seenplatte. Zwischen kleinen Hügeln, Weihern, Bachläufen und Blumenrabatten sind Modelle von Kirchen, Stadttoren, Burgen, Schlössern oder Windmühlen aus der Region um Neubrandenburg, einschließlich der nahen vorpommerschen Gebiete, platziert. Neben architektonischen Besonderheiten, die man noch in natura betrachten kann, wie das Kirchlein →Sankt Georg, die →Burgen Klempenow und Stargard, das Rathaus in Stavenhagen oder die →Rundkirche in Dolgen, gibt es Modelle, die verloren gegangene Gebäude vorstellen wie das Schloss Neustrelitz oder das alte Rathaus von Neubrandenburg.
Hier ist „en miniature" versammelt, was die Region über Jahrhunderte an Architektur hervorbrachte und wovon sie noch heute geprägt ist.
Der Modellpark liegt in der Südstadt von Neubrandenburg am Gätenbach und ist von der Bundesstraße 96 aus über Clara-Zetkin-Straße – Külz-Straße gut zu erreichen.

Mörderberg

Der alte Umlaufberg des →Malliner Wassers, heute vom genannten Bach auf der nördlichen Seite und dem fast trocken gefallenen Krappmühlengraben südlich umflossen, ist nur noch +27 m über NN hoch und hat doch die Archäologen

immer wieder beschäftigt. Es handelt sich um einen →Turmhügel, der einen Meter höher gewesen sein soll, bevor er überackert wurde. Ältere Bücher erwähnen Fundamentreste, die allerdings bei der letzten intensiven Ausgrabung (von 1976 bis 1978) nicht mehr nachgewiesen werden konnten. Die Feldsteine des Fundaments sollen zum Chausseebau 1842/43 verwendet worden sein.
Der Turmhügel hatte eine wichtige strategische Bedeutung. Er schützte die leistungsfähige →Wassermühle zu Füßen des Hügels, die spätere Krappmühle, welche Walwanus, der Propst des Klosters →Broda, Ende des 13. Jahrhunderts stiftete. 1348 spricht eine Urkunde sogar von einem „castrum walwensmoelen". Hier war nicht nur die Wassermühle unter Kontrolle, sondern der gesamte Verkehr auf der alten, bedeutungsvollen Landstraße von Neubrandenburg nach →Altentreptow. Mühsam musste der rauschende Bach durchquert werden. Also war eine gute Gelegenheit geboten, sich die Passanten genauer ansehen zu können.

Heute lohnt sich ein Rundblick vom Hügel aus auf das Tollenseflusstal und den Stadtrand von Neubrandenburg.

Museen

Altentreptow

Die Heimatstube ist eine neu zusammengestellte Sammlung, erst 1995 zur 750-Jahr-Feier der Stadt eröffnet. Sie ist im Haus Holländergang 2 eingerichtet und wird von den zwei Mitarbeitern der Stadtbibliothek mit betreut.

Die Ausstellungsexponate versinnbildlichen die verschiedenen Etappen der Stadtgeschichte, angefangen von der Ersterwähnung 1127, über die Jahrhunderte des bescheidenen Wachstums bis zur florierenden Ackerbürgerstadt im 20. Jahrhundert. Natürlich hat Fritz Reuter (1810–1874), der von 1850 bis 1856 in Altentreptow lebte (→Denkmale), einen gebührenden Platz eingeräumt bekommen.
Die Heimatstube gestaltet darüber hinaus kleinere Sonderausstellungen zu verschiedenen kulturhistorischen Themen.

Marie-Hager-Haus

Burg Stargard

Marie-Hager-Haus

Vor dem Ersten Weltkrieg waren ihre farbenfrohen, temperamentvollen Ölgemälde auf Ausstellungen in vielen deutschen Städten zu sehen, nicht nur hier in Norddeutschland. Nach dem Krieg schaffte sie es, an diesem Erfolg anzuknüpfen, zumindest teilweise. Gemeint ist die heute als bedeutende mecklenburgische Landschafts- und Architekturmalerin geltende Künstlerin Marie Hager (1872–1947). Sie wurde in →Penzlin geboren, besuchte dort und in Schwerin die Schule. Nach einer missglückten Gesangsausbildung entdeckte sie ihre Liebe zur Malerei und ließ sich in privaten Malschulen ausbilden. Ihre Mutter verstarb bereits 1903, so dass sie bis 1921 den Haushalt ihres Vaters in Dargun führte.
1911 beteiligte sie sich zum ersten Mal an einer großen Ausstellung in Berlin. Ihr künstlerischer Erfolg ermöglichte es ihr, in [Burg] Stargard ein Haus bauen zu können. 1921 bezog sie zusammen mit ihrem Vater das hübsche Domizil, das ihr ans Herz wuchs.
Das mecklenburgische Ackerbürgerstädtchen Stargard kannte Marie Hager von ihrer Ausbildungszeit her. Maler-Professoren besuchten es zu Malkursen und Studienzwecken seit der Jahrhundertwende regelmäßig mit Schülerinnen und Schülern. Zu einer solchen Gruppe „Malweiber" hatte Marie Hager gehört. Das „muntere Künstlervölkchen" sorgte stets für Aufregung im gemächlichen Leben der Bürger und blieb in lebhafter Erinnerung.
Marie Hager verstarb 1947 in Burg Stargard. Auf dem Friedhof der Stadt ist ihre Grabstätte noch vorhanden. Sie und ihr Werk aber gerieten fast in Vergessenheit, selbst hier in ihrer eigentlichen Heimat. Dafür hatten vor allem der Zweite Weltkrieg, die Nachkriegsjahre und das kulturpolitische Konzept der DDR gesorgt. Nur wenigen Enthusiasten blieben ihre wunderbaren Winterbilder, farbenfrohen herbstlichen Waldlandschaften, ausdrucksstarken Stadtansichten – ob von Küstenstädten mit ihren Häfen oder den verwinkelten Straßenzügen mittelalterlicher Stadtzentren in Süddeutschland –, ihre topographisch genauen Zeichnungen von Star-

gard, Neustrelitz, Penzlin, Dargun u.a. im Gedächtnis.
Nach 1990 wendete sich das Schicksal dieses künstlerischen Werkes. Durch die Initiative der Stiftung Mecklenburg in Ratzeburg und der Nichte von Marie Hager, die sich um die Bewahrung des Werkes verantwortungsvoll bemüht hatten, kamen viele Kunstwerke und ein vielfältiger Nachlass nach Burg Stargard zurück. Die Stadt ließ das ehemalige Wohnhaus herrichten und 1996 als Kunstmuseum eröffnen. Marie Hagers Werk auszustellen und zu vermitteln, ist heute zwar die Hauptsache, aber das Werk anderer Künstler der Vergangenheit und Gegenwart zu zeigen, ein weiteres Anliegen des Hauses. Der im selben Jahr gegründete Marie-Hager-Kunstverein e.V. verantwortet diese inhaltliche Seite der Museumsarbeit.

Museum auf der Burg
Eine Heimatstube im ältesten Haus der Stadt, dem Hospital, war der Vorläufer des heutigen Museums auf der Burg Stargard (→Burgen). Der sanierte Marstall bot gute Möglichkeiten, eine zugkräftige Schau zu gestalten, angefangen bei dem mit noch viel originalem „Interieur" ausgestatteten Pferdestall, über das großzügig ausgebaute Dachgeschoss bis zu den ehemaligen Wohnstuben der letzten Bewohner des historischen Gebäudes. Im Sommer 1999 war es soweit – die rekonstruierten Räumlichkeiten konnten die musealen Sammlungen aufnehmen und boten darüber hinaus noch Platz für einen kleinen Museumsshop, für Werkstatt und Arbeitsraum der Mitarbeiter. Die Ausstellungsexponate widerspiegeln die Vielfalt des Alltagslebens in einer Ackerbürgerstadt im 18.–20. Jahrhundert. Da musste für Speis' und Trank gesorgt werden, also gibt es Mengen der verschiedensten „Schöttel un Pött" zu bewundern, Gerätschaften zur Milchverarbeitung, zum Brotbacken usw. Kleidung und Schuhe wurden gefertigt oder waren zu reparieren, also kann sich der Museumsbesucher diverse alte Nähmaschinen, Bügeleisen und sogar eine komplette Schusterwerkstatt anschauen. Oder er bekommt eine Antwort auf die neugierige Frage „Wie sah es denn im Schlafzimmer unserer Altvorderen aus?" Historische Utensilien der verschiedensten Art, die mit der Stadt und der Burg bzw. mit ihren vor allem im Handwerk und in der Landwirtschaft tätigen Bewohnern im Zusammenhang stehen, wurden gesammelt, bewahrt und für die Dauer- bzw. für Sonderausstellungen aufbereitet. Es ist ein Museum zum Staunen und – hier und da – zum Anfassen. Damit empfiehlt es sich besonders den jungen Besuchern. Den Eltern oder Großeltern dürfte das Museum so manchen Seufzer entlocken: „Ach ja, das kenne ich ja auch noch."
In weiterer Zukunft soll das Museum zu einem norddeutschen Burgenmuseum entwickelt werden.

Neubrandenburg

Regionalmuseum
Wie sehr sich Neubrandenburg nach der 1848er Revolution zum Zentrum von bürgerlichem Selbstbewusstsein und Initiative in Mecklenburg-Strelitz entwickelte, zeigte sich auch 1872 an der Gründung des ersten bürgerlichen Museums im Lande. Am 13. Juni des Jahres fanden sich geschichtsinteressierte Bürger der Stadt in einem Verein zusammen mit dem Ziel, die Zeugnisse der Vergangenheit systematisch sammeln und sie in geeigneter Weise der Öffentlichkeit zugänglich machen zu wollen. Der verdienstvolle, langjährige Bürgermeister Wilhelm Ahlers (1810–1889) führte den Gründungsvorstand an.

Eine archäologische Zeitreise wird vorbereitet

In seinen, 1876 fertiggestellten „Historisch–topographischen Skizzen aus der Vorzeit der Vorderstadt Neubrandenburg" (Verlag C. Brünslow, Neubrandenburg) begründete er noch einmal die Notwendigkeit historischer Forschung und Bildung mit einem ausdrücklichen Bezug auf den Stiftungsbrief der Stadt: „Damit nicht durch Vergessenheit, welche eine Feindin der Nachwelt zu sein pflegt, die Beweise der Wahrheit verdunkelt werden, und eine zweifelhafte Frage entsteht" müsse alles genau erforscht und dokumentiert werden.

Der Magistrat stellte für das künftige Museum die erste Etage des Treptower Innentores (→Stadttore) zur Verfügung. Sie wurde zügig hergerichtet. Bereits nach einem Jahr konnte das Museum eröffnet werden. Der Verein zählte inzwischen über 90 Mitglieder aus der Stadt und dem Umland, welche eine Vielzahl der Exponate und Spenden zur Verfügung gestellt hatten.

Für die Weitsicht und Kompetenz der Museumsgründer spricht, dass sie keine allgemeine „Raritätenschau" planten, sondern sich von Anfang an um Wissenschaftlichkeit in der historischen Forschung bemühten. Sie bauten Kontakte zu Fachwissenschaftlern auf, luden zu Vorträgen, Exkursionen und zu Ausgrabungen ein. Das Museum bekam nach und nach wertvolle Privatsammlungen vermacht, beispielsweise 1876 von der Familie von Oertzen (Brunn) eine große Schmetterlingssammlung.

1895 erwarb der Verein die ethnographische Sammlung des Arztes und Plantagenbesitzers Dr. Bernhard Funk (1844–1911). Es sind noch heute attraktive und wertvolle volkskundliche Stücke, die Einblicke in das Alltagsleben und die religiöse Zeremonie der Südseebewohner ermöglichen.

Die Gästebücher des Museums verzeichneten in diesen Jahren bekannte Namen aus nah und fern.

Die vielen gegenständlichen Spenden, die Fundstücke der Grabungen, die Museumsbibliothek – alles beanspruchte mehr und mehr Platz. Das Museum erfuhr weitere Unterstützung und konnte sich auf die an-

deren Etagen des Stadttores ausdehnen.
Der Erste Weltkrieg unterbrach – wie in anderen Lebensbereichen – diese erfreuliche Entwicklung. Das Museum geriet an den Rand des öffentlichen Interesses. Ein Zeitungsbericht zum 50. Gründungstag 1923 appellierte besonders an die junge Generation, sich dieses Erbes anzunehmen. Obwohl der Museumsverein bis Mitte der 1930er Jahre bestand, konnte er die Autorität der Anfangsjahre nicht wiedergewinnen. Es fehlte dafür auch die finanzielle Unterstützung. 1935 musste er sich nationalsozialistischen Vorgaben beugen und löste sich auf. Die musealen Sammlungen, der Vereinsbesitz, gingen in städtisches Eigentum über, fanden hier leider nicht die erforderliche Wartung und Pflege.
Den großen Stadtbrand zu Ende des Zweiten Weltkrieges überstand das Treptower Tor ohne Schaden. Es wurde sogar die baldige Wiedereröffnung in Aussicht gestellt. Doch dazu kam es nicht. Anfang 1946 begannen Klagen über Einbrüche, Zerstörungen und Verluste. Lange zogen sich die Debatten um die Wiedereröffnung hin. Erst im Oktober 1948, nachdem die Exponate gesichtet und neu geordnet worden waren, konnten zwei Etagen im Tor für Besucher zugänglich gemacht werden. Aber die „Durststrecke" war noch nicht vorüber, obwohl sich engagierte Leiter fanden, die viel für das Museum versuchten und manches erreichten, beispielsweise neue Mitarbeiter einzustellen, besonders solche mit einer Fachausbildung. 1960 konnte die Museumsverwaltung mit den Magazinen in das 1856 im Torkomplex errichtete erste Telegrafenamt der Stadt einziehen. Erweiterung und Umgestaltung der Ausstellung im Turm waren nun möglich. Seit Mitte der 1960er Jahre erlebte hier die ur– und frühgeschichtliche Grabungstätigkeit und die Slawenforschung einen ungewöhnlichen Aufschwung, unterstützt durch die Akademie der Wissenschaften der DDR und die Forschungsstelle in Schwerin. Für die Ausgrabungen wurden besonders Jugendliche interessiert, die dabei ein spannendes Hobby fanden und viele Stunden freiwilliger Arbeit leisteten. Sie hatten spektakuläre Erfolge, beispielsweise 1969, als auf der →Fischerinsel das inzwischen berühmt gewordene „doppelköpfige Holzidol", ein Kultobjekt aus der Slawenzeit, gefunden wurde. Die jungen Leute schlossen sich zum Jugendklub „Heinrich Schliemann" zusammen, der heute noch aktiv ist. Aus seinen Reihen gingen in den vergangenen Jahrzehnten tatkräftige Museumsleiter und anerkannte Historiker hervor.
1975 begründete das Museum eine neue heimatkundliche Zeitschrift – das „Neubrandenburger Mosaik". Sie ist inzwischen zu einem Fundus neuer Erkenntnissen zur Geschichte und zu einer reichhaltigen Faktensammlung über die Stadt und die Region herangewachsen.
1979 erhielt das Museum den Status eines Historischen Bezirksmuseums. Drei Jahre später konnte die Stadtgeschichtliche Abteilung mit Mitarbeitern und Ausstellungsexponaten ein zusätzliches Haus in Besitz nehmen, eine nach 1900 im Jugendstil errichtete Stadtvilla (Friedrich–Engels–Ring 7).
Die politische Wende 1990 stellte die Historiker des Museums vor besondere Herausforderungen, denn natürlich prägte das Geschichtsbild der DDR auch die Museumsarbeit in Neubrandenburg. Während die gegenständlichen Zeugnisse der Ur– und Frühgeschichte und der Slawenforschung ihren unumstritten Platz in der Ausstellung behaupteten, galt es, im Bild der jüngsten Geschichte von Stadt und Region vie-

„Alte Burg" Penzlin

les zu korrigieren und zu ergänzen. Erwähnt werden soll hier nur als Beispiel die „Mahn– und Gedenkstätte (Kriegsopfergedenkstätte) Fünfeichen" (→Gedenkstätten), deren Geschichte es aufzuarbeiten und darzustellen galt.

Das Museum versteht sich heute als Regionalmuseum.

Im November 1990 gründete sich der Museumsverein neu und hat das erste Jahrzehnt der Stadtentwicklung nach der Wiedervereinigung mit unzähligen Hinweisen, Ratschlägen und Kommentaren kritisch begleitet. Die stadtgeschichtliche Forschung und die Publikationstätigkeit sind ungewöhnlich rege und werden im wesentlichen von den Vereinsmitgliedern getragen. Ganz im Widerspruch zu dieser nachdrücklichen „geistigen" Wirkung von Verein und Museum stehen deren materielle Verhältnisse. Das Museum musste das Telegrafenamtsgebäude im Torkomplex räumen und die stadtgeschichtliche Ausstellung in der Jugendstilvilla schließen. Das →Franziskanerkloster soll einmal die momentan unbehausten Ausstellungen und die in Provisorien untergebrachte Verwaltung des Museums aufnehmen. Als Übergangslösung gibt es eine provisorische, aber trotzdem attraktive Variante der stadtgeschichtlichen Ausstellung in der 3. Etage der Vierrademühle (→Wassermühlen). Im Treptower Innentor kann man nach wie vor auf der geheimnisumwitterten, engen Wendeltreppe über fünf Etagen durch die Jahrtausende steigen – von der Steinzeit, über die Bronzezeit, die Slawenzeit bis zur deutschen Ostsiedlung im 12. und 13. Jahrhundert.

Penzlin

Museum „Alte Burg"

Dieses Museum als eine „Rarität" zu bezeichnen, ist sicher nicht übertrieben. Es entwickelte sich in den letzten Jahren zu einem Spezialmuseum für Magie und Hexenverfolgung in Mecklenburg.

Mit seinem originalen spätmittelalterlichen „Hexenkeller" besitzt es dafür die besten Voraussetzungen.

Hexenverliese und Folterkeller lassen erkennen, welchen Tortouren die als Hexen denunzierten Frauen ausgesetzt waren.
Besonders wertvoll sind die Dokumentationen zur Hexenverfolgung, etwa die Hexenakte der Benigna Schultz, die ausgestellt und ausführlich kommentiert ist. Es soll mindestens zweitausend solcher Prozesse in Mecklenburg gegeben haben. Weitere thematische Präsentationen befassen sich mit Hexen im Spiegel der Kunst, beispielsweise bei Ernst Barlach (1870–1938), und mit Brunnen und Herd als magieträchtige Orte. Im historischen Kräutergarten des Burghofs wachsen „Hexenkräuter" und weitere „magische" Pflanzen. Und wer heutzutage ein bisschen Hexerei genießen möchte, der müsste sich zur Walpurgisnacht auf der Alten Burg in →Penzlin einfinden oder zumindest in der mittelalterlichen Schwarzküche des Museums einen Hexentrunk probieren.
Gleich nebenan im romantischen Rittersaal der Alten Burg kann man sich noch einer ganz anderen Magie hingeben – dem Heiraten. Im rustikalen Burgrestaurant werden die Hochzeitsgäste (und ebenso andere Besucher der Burg) dann gern bewirtet – mit solider mecklenburgischer Küche und entsprechenden Getränken.

Naturerlebnispark Mühlenhagen

Dieses Freizeit- und Lernangebot entstand erst nach 1990 mit Hilfe von Fördermaßnahmen und -geldern. Der Park wird von einem Verein betreut bzw. verwaltet. Er liegt in dem reich gegliederten Goldbachtal und auf den sich anschließenden Hängen und ist über die B 96 sehr gut zu erreichen (Abzweig zwischen Altentreptow und der Gemeinde Burow).
Der Bach mündet nur wenige hundert Meter vom Park entfernt in den Tollensefluss. Besucher finden hier auf einem rund 40 ha großen Areal Gehege für Wild- und Haustiere, Volieren für Mäusebussarde, Eulen, Uhus, Rabenvögel u.a., Gartenanlagen wie Duft-, Kräuter- und Heidegarten, Streuobstwiese, Streichelgehege, Storchenschule, Ponyreiten. Im „Haus der Begegnungen" kann man Vorträge buchen, basteln oder mit Freunden und Familie feiern. Auf der Naturbühne gibt es regelmäßig Veranstaltungen. Abenteuerspielplatz, Lagerfeuer- und Grillplatz bieten beliebte Beschäftigungsmöglichkeiten.
Auf dem Gelände gibt es ein →Hügelgrab und einen →Aussichtspunkt, von welchem man weit ins Tollensflusstal und auf das Goldbach – Durchbruchtal schauen kann. Der Park ist eines der zehn Aktionszentren des →Geoparks „Mecklenburgische Eiszeitlandschaft". Ein →Naturlehrpfad führt an die interessantesten Plätze. Der Park bietet Campingmöglichkeiten an, was für die →Wasserwanderer auf dem Tollensefluss von Interesse sein dürfte.
Leider befinden sich die beiden dem Ort den Namen gebenden Mühlen – die Wind- und die Wassermühle – noch in desolatem Zustand. Nur der ehemalige Mühlenteich wurde bisher in die gestalteten Teile des Naturerlebnisparks einbezogen.

Naturlehrpfade

Diese besonderen Wanderwege vermitteln Grundkenntnisse der heimischen Flora und Fauna durch direkte Anschauung vor Ort. Gelegentlich wird auf geologische Besonderheiten aufmerksam gemacht.

Kostbarkeiten der Natur

Hier und da „kranken" unsere Lehrpfade daran, dass Plakate und Anschauungstafeln verwendet werden, die nicht speziell für unsere Region entwickelt worden sind, also gelegentlich unzutreffende Informationen enthalten. Trotzdem lohnt sich eine Wanderung über diese Pfade, weil sie durch attraktive Gebiete führen. Das trifft beispielsweise auf folgende Naturlehr- und Erlebnispfade zu:

- Klein Nemerow – Nonnenhof
- Alt Rehse – Wustrow
- im →Naturerlebnispark Mühlenhagen
- durch das →Lindetal ab Sozial- und Jugendzentrum „Hinterste Mühle"

Naturschutzgebiete

In den vielgestaltigen Landschaftsschutzgebieten um Tollensesee und -fluss liegen mehrere Naturschutzgebiete:

Bezeichnung	Größe	Geschützt seit:
Naturschutzgebiet →Nonnenhof	958 ha	1937
Naturschutzgebiet →Nonnenbachtal	60 ha	1961
Naturschutzgebiet →Hellberge	48 ha	1994
Naturschutzgebiet Zippelower Bachtal	160 ha	1967
Naturschutzgebiet Ziemenbachtal	179 ha	1994
Naturschutzgebiet Birkbuschwiesen	130 ha	1975

Einige dieser Gebiete können auf öffentlichen Wegen besucht werden. Dabei sind die Bestimmungen des „Landesnaturschutzgesetzes" strikt einzuhalten. Außerhalb öffentlicher Wege ist das Betreten der Naturschutzgebiete nur den dafür Berechtigten erlaubt.

Frühling und Herbst im Nemerower Holz

Nemerower Holz

Das ca. 680 ha große Waldgebiet bedeckt fast das gesamte östliche Ufer des →Tollensesees. Es liegt sowohl auf dem Stadtgebiet Neubrandenburg als auch im Landkreis Mecklenburg-Strelitz. Der Neubrandenburger Teil ist jetzt durch mehrere gut ausgeschilderte Rundwege und den sehr beliebten Tollense-Rundweg (→Radwandern Teilstrecke Neubrandenburg – Klein Nemerow) erschlossen. Die Spaziergänge im Wald trainieren die Kondition, denn es geht bergauf und bergab. Das markante Geländerelief schufen eiszeitliche bzw. nacheiszeitliche Erosionsprozesse. Von den höher gelegenen Flächen des Umlandes flossen stetig Wassermassen in Richtung Seebecken ab und spülten dabei tiefe Schluchten aus (sogenannte Randzertalung). Werden dabei wasserführende Schichten freigelegt, tritt das Wasser als Quelle zutage, wie es an der →Suhlquelle beispielhaft zu beobachten ist. Die steilen Abhänge dürften selbst als Viehweiden kaum nutzbar und deshalb wohl schon immer von Wäldern bedeckt gewesen sein. Das gleiche trifft auf das →Brodaer Holz auf der Westseite des Tollensesees zu.

Der Naturforscher und Historiker Ernst Boll (1817–1868) beschrieb 1847 das Nemerower Holz als einen mit Buchen durchsetzten Eichenwald. Heute ist es umgekehrt: In einem ausgeprägten Rotbuchenwald mit einigen Eichen (überwiegend Traubeneichen) sind andere Laubbaumarten wie Winterlinde, Berg- und Spitzahorn, Esche, Roterlen vorhanden. Kleinflächiger wurden Nadelgehölze aufgeforstet (Kiefer, Lärche, Rotfichte, Douglasie). Geradezu schwärmerisch schilderte Boll den reichen Blumenflor des Nemerower Holzes, der vom Vorfrühling bis zum Herbst besondere Raritäten bereit hielt. Das „hohe Ufer" zeichnete sich dabei besonders aus. Selbst jetzt sind hier noch Reste davon feststellbar, obwohl gerade dieser stadtnahe

Teil des Waldgebietes viele Eingriffe verkraften musste. Hier entstand der →Aussichtsturm „Behms Höhe", der Arion-Stein (→Gedenksteine). Zu DDR-Zeiten wurde die breite Panzerstraße über die Höhe geführt und auf exponiertem Platz Gebäude für militärische Zwecke errichtet. Trotzdem sollte der Pflanzenfreund sich einmal genauer umschauen. Zu Frühlingsbeginn trotzen Leberblümchen, weiße und gelbe Buschwindröschen, Bingelkraut, Lungenkraut den letzten Frösten. Ihnen folgen die Frühlingsblatterbse, die Schwarze Platterbse, die Wald- und Hainveilchen, die Zwiebelntragende Zahnwurz, das Nickende Leimkraut und viele andere. Direkt am Uferhang steht die in Mecklenburg seltene Elsbeere. Weiter in Richtung Klein Nemerow läuten in einem Bruchwald in der Nähe des Sees Tausende Schneeglöckchen den Frühling ein. In den Monaten April / Mai blüht der Hohle Lerchensporn direkt neben dem Aussichtsturm in verschwenderischer Fülle.

Auch die Tierwelt bietet interessante Beobachtungsmöglichkeiten. Mehrere alte Dachsburgen existieren im Revier, Reh- und Rotwild streift durch den Wald, Wildschweine besuchen sogar die Vorgärten der Anwohner des Waldes. Aus der Vogelwelt sind u.a. Bunt-, Mittel- und Schwarzspecht zu nennen, dazu Waldkauz, Waldohreule, die Schellente als „Höhlenbrüter". Der vielstimmige Gesang der kleineren Singvögel klingt durch lichtes Buchengrün. Im Herbst vereinen sich die Laubfarben in unterschiedlichsten Rot-, Gelb- und Brauntönen zu einer prächtigen Farbensinfonie.

Kein anderes Waldgebiet in Neubrandenburg enthält so viele unterschiedliche Zeugnisse der Stadtgeschichte wie das Nemerower Holz. Seit 1818 vergnügten sich hier die Neubrandenburger Bürger im Sommer beim „Vogelschuss", sie tranken Kaffee in der Waldrestauration „Hieronymus" oder die Kinder pflückten im Mai „Lilienconvalcen" (Maiglöckchen). Als Kurhaus und Strandbad →Augustabad entstanden waren, ließ sich das Bad im See mit einem erholsamen Spaziergang auf der Promenade und im Wald verbinden. Dann aber störten kriegerische Aktivitäten immer stärker den Waldfrieden.

Es begann mit dem Ersten Weltkrieg, als das Kurhaus Kriegsgefangenenlager für britische Offiziere wurde. In den Jahren 1941/42 wurde auf einer künstlich angelegten Insel im Tollensesee die Schieß- und Kommandozentrale der Torpedoversuchsanstalt (TVA) errichtet. Auf der Landseite mussten Kriegsgefangene aus vielen Ländern auf einer Fläche von ca. 25 ha in unmittelbarer Nachbarschaft zum Nemerower Holz die erforderlichen Industriebauten aus dem Boden stampfen.

Der schreckliche Höhepunkt dieses verhängnisvollen Weges war die Errichtung des „Waldbaulagers" im Nemerower Holz durch etwa 2000 weibliche KZ-Häftlinge im Jahr 1944. In elf unterirdisch gelegenen Produktionsstätten wurden Teile für das V1 - Programm und für andere Waffen produziert. Auf dem ca. 5 ha großen Gelände befanden sich auch die unterirdischen Häftlingsunterkünfte, in denen bis zu 1200 Frauen unter jämmerlichsten Verhältnissen ohne ausreichende Verpflegung, medizinische Versorgung und nach schwerer körperlicher Arbeit dahinvegetierten.

Dieses Areal ist heute noch auffindbar, aber nicht öffentlich zugänglich.

Kurz vor Ende des Zweiten Weltkrieges wird das Kurhaus Lazarett, nach dem Einmarsch der Roten Armee werden dieses Haus und das Gebiet der „Kolonie Augustabad" von der sowjetischen Besatzungsmacht in Anspruch genommen. Anfang der 1950er Jahre entsteht auf dem Gelände mit den Werkhallen der TVA ein Reparaturbetrieb für Armeefahrzeuge, der sich ab 1953 VEB Reparaturwerk Neubrandenburg (RWN) nannte und der sowohl für die Sowjetarmee als auch später für die Nationale Volksarmee der DDR arbeitete.

Da durch das Waldgelände die Übungs- und Kontrollstrecken für die Armeefahrzeuge führten, Schießstände eingerichtet wurden usw., wird das Nemerower Holz zum Sperrgebiet erklärt. Dieser Status verschärfte sich noch, als von 1974/75 an die Bezirksdienststelle des Staatssicherheitsdienstes der DDR entstand, direkt am Rand des Waldes gelegen. So wurde der schöne Wald über vier Jahrzehnte zu einer „Terra inkognita", die nach 1990 endlich zu entdecken, vielen Neubrandenburgern und ihren Gästen besondere Freude bereitete.

Nonnenbach

Dieses nur rund 5 km lange Fließgewässer entspringt im Wanzkaer See und mündet an der ehemaligen Gaststätte „Nonnenhof" in den →Tollensesee. Der Bach hat ein starkes Gefälle, da sein Abfluss aus dem Wanzkaer See rund 45 m höher liegt als seine Mündung, wodurch der Nonnenbach zu einem der schnellfließendsten Gewässer Mecklenburgs wurde. Zehn bis fünfundzwanzig Meter tief grub sich der Bach in die Hangränder des Tollensebeckens ein und erhielt dadurch streckenweise den Charakter eines Wildwassers. Hier leben u.a. Eisvogel, Gebirgsstelze und Wasseramsel, alles für diesen Lebensraum typische Vogelarten. Im munteren Wasser tummeln sich Bachforelle und Bachneunauge. Die steilen Talhänge sind seit langem bewaldet. In dieser interessanten Bachaue entfalten die Frühjahrsblüher von März bis Mai unter dem durchsichtigen, hellgrünen Blätterdach der stattlichen Buchen ein heiteres Farbenspiel von großem ästhetischen Reiz. Der Bachlauf zwischen Wanzkaer See und Bundesstraße 96 ist als →Naturschutzgebiet (Totalreservat) ausgewiesen, in seinen wertvollsten Teilen schon seit 1961. Der untere Bachlauf führt durch das Naturschutzgebiet →Nonnenhof. Mehrere Straßen queren den Bach. Von den Brücken der Landstraße Wanzka – Neuhof – Blumenhagen (an der Wanzkaer Mühle), des Fahrwegs Usadel – Zachower Mühle und besonders intensiv vom Fahrweg zur Nonnenmühle aus, kann man den Nonnenbach in Augenschein nehmen. Der Bach trieb früher die Räder von mehreren →Wassermühlen an, die der Wanzkaer Mühle, die der Wanzkaer Papiermühle – sie war eine der geschichtsträchtigsten Industriestätten des Gebietes –, die Räder der Pulver- und der Nonnenmühle (jetzt Wohnplatz). Keine besteht mehr, aber einige Rudimente der früheren Mühlenanlagen sind noch zu entdecken.

Nonnenhof

Diese Halbinsel ist eine an der Oberfläche vermoorte Sanderfläche und trennt den →Tollensesee vom Flachwassersee →Lieps. Auch der →Nonnenbach dürfte mit seinem Transportmaterial an dieser Barriere mitgebaut haben. Der Nonnenhof ist eines der ältesten Naturschutzgebiete Deutschlands, denn seit 1937 besteht sein Schutzstatus und damit eine vergleichsweise kontinuierliche Beobachtung über sechs Jahrzehn-

ten, die viele Veränderungen der Tier- und Pflanzenwelt registrierte. Heute herrschen auf den flachgründigen Moorflächen Sumpf- und Bruchwaldgesellschaften vor. Die ehemaligen Wiesen sind mit einem Dickicht aus Grauweidengebüschen, Moorbirken und Schwarzerlenaufwuchs überzogen. Die noch offenen Flächen haben nach wie vor Bedeutung als Rastplätze für Zugvögel (Gänse, Kraniche, Entenvögel). See- und Fischadler sowie der Schwarzstorch werden hier regelmäßig als Nahrungssucher beobachtet. Übrigens war die reiche Brutvogelwelt einmal der wichtigste Grund für den Schutzstatus des Gebietes. Aber fast 40 % der Arten haben erhebliche Bestandsverluste hinnehmen müssen oder kommen heute überhaupt nicht mehr vor.
An der Südwestspitze des Nonnenhofs finden wir die Reste eines slawischen →Burgwalls, den sogenannten Bacherswall. Er ist aber in weiten Teilen in der Lieps versunken, denn durch menschliches Zutun ist der Wasserspiegel in diesem Gebiet vor Jahrhunderten um ca. 1,50 m bis 1,90 m angehoben worden. Vom →Aussichtspunkt Rastplatz Usadel ist das gesamte Naturschutzgebiet, zu welchem außer dem Nonnenhof noch die Lieps mit ihren Inseln und das Südende des Tollensesees (einschließlich →Fischerinsel) gehören, sehr gut zu überschauen. Durch das Naturschutzgebiet führen keine öffentlichen Wege.

Nordic Walking

Für diesen neuen Trendsport bietet das Tollensegebiet beste Bedingungen. Ursprünglich als Sommertrainingsmethode für Wintersportler wie Skilangläufer, Biathleten usw. entwickelt, wurde Nordic Walking schnell für den Breitensport entdeckt. Dafür spricht die vergleichsweise schlichte Ausrüstung, die erforderlich ist - gute Laufschuhe und Walking-Stöcke - und das die Gesundheit fördernde Ganzkörpertraining durch Nordic Walking. Außerdem kann diese Sportart zu jeder Jahreszeit, allein oder in der Gruppe ausgeübt werden. Am wirkungsvollsten sind hügelige Strecken, die in den Waldgebieten am Tollensesee (→Nemerower Holz, →Brodaer Holz, Mühlenholz im →Lindetal) mit ihren gut ausgeschilderten Wanderwegen bereits vorhanden sind. Auch der Tollenserundweg (→Radwandern) oder die Wanderwege westlich und östlich des Tollenseflusses laden zu diesem Bewegungstraining in Natur und schöner Landschaft ein. Hier kann Walking oder Jogging je nach Kondition oder Lust und Laune, bergauf als zusätzliche Belastung oder bergab zur Entlastung betrieben werden.

Park- und Gartenanlagen

Wohlgestaltete Garten- und Parkanlagen gehörten zur Reputation des Landesfürsten wie zu der seiner Landadligen. Allerdings rangierten beim Gartenbau selbst in diesen Kreisen oft wirtschaftliche Erwartungen vor künstlerischen Ambitionen. Bei den Bürgern in den Landstädten sowieso. Hier waren es erst die in der zweiten Hälfte des 19. Jahrhunderts entstandenen „Verschönerungsvereine", welche die Aufmerksamkeit der Bürger auf eine gepflegte und gestaltete Umwelt lenkten und praktische Schritte dazu einleiteten. In Neubrandenburg nahm sich ein solcher Verein beispielsweise der →Wallanlagen an.
Die wirtschaftliche Lage der ritterschaftlichen Güter hatte sich in der zweiten Hälfte des 18. Jahrhunderts stabilisiert. Um die Wende zum 19. Jahrhundert gingen immer mehr Gutsbesitzer, allen voran die ersten bürgerlichen, zu fortschrittlicheren landwirtschaftlichen Produktions-

methoden über. Dadurch stiegen die Einkünfte weiter. Besonders in den zwei Jahrzehnten nach dem Ende der Befreiungskriege (1815) und der Aufhebung der Leibeigenschaft (1820) gelang es mehreren adligen Familien, sich finanziell zu sanieren. Sie waren in der Lage, den oft verstreut liegenden Familienbesitz zusammenzuführen und die ehemaligen Lehngüter in vom Landesherren unabhängigen Familienbesitz umzuwandeln. Damit verbunden war oft der Wunsch, das Herrenhaus bzw. die gesamte Gutsanlage aufzuwerten und zu modernisieren (→Schloss, Guts- und Herrenhaus). Hatten die Vorgängerbauten meist kleinere Nutzgärten (Küchengärten) oder kleine „Lustgärten" oder beides besessen, wurde jetzt auf repräsentativere Gärten und Parkanlagen wert gelegt. In England fand man in dieser Zeit nicht nur Vorbilder für die Architektur der Häuser („Tudorgotik"), sondern eben-

Jagdschloß und Park Prillwitz

so für die Parkgestaltung. Der englische Landschaftspark kam „in Mode". Natürlich waren bei der Anlage von Parks und Gärten vor allem persönliche Neigungen und das Schönheitsempfinden der Eigentümer maßgebend. Doch es werden von den engen familiären Beziehungen des Strelitzer Fürstenhauses zu England und zum englischen Königshaus mancherlei Impulse auch in dieser Hinsicht ausgegangen sein. Oberbaurat Buttel (1796–1869) unternahm beispielsweise Studienreisen nach England, und der Landadlige Joseph von Maltzan (1735–1805) (→Tempelberg) weilte mehrmals im britischen Königreich. Sein „Englischer Garten" (→Alleen), angelegt auf einer Halbinsel im Penzliner Stadtsee bei Werder, geht möglicherweise auf solche Reiseeindrücke zurück.

Im Gegensatz zum sogenannten Architekturpark, für welchen geometrische, architektonische Formen maßgebend waren (etwa im Barockgarten), wurde der Landschaftspark nach Linien, Formen und Elementen der freien Landschaft gestaltet, dieses allerdings oft in idealisierter Form. „Die Einbauten, die Gartenskulpturen, das Wasser, die Wege, die Pflanzen – alle die Elemente blieben, aber sie vertauschten ihre mathematische Bestimmtheit gegen eine künstliche Zufälligkeit ..."

Der ländliche Landschaftspark verband die Gartenräume in unmittelbarer Nähe des Guts- und Herrenhauses mit der umgebenden Landschaft. Diese Häuser waren die wichtigsten Bezugspunkte. →Alleen führten auf sie zu. Vom Gutshaus aus blickte man hinaus in die Umgebung. Die Gartenseite des Hauses korrespondierte mit bunten Wiesenflächen, verwunschenen Teichanlagen und ehrerbietigen Gehölzgruppen. Wertvolle ausländische Gehölze fanden Platz – Gingkobaum, Tulpenbaum, Traueresche, Pyramideneiche, Weymoutskiefer, Riesenlebensbaum u.v.a. Stattliche, alte Einzelbäume wurden freigestellt und entsprechend präsentiert. Im Park gab es kleine Bauten wie Pavillons, Brücken, Bankgruppen. Viele ländliche Parks waren mit einer Mauer aus Feldsteinen oder einem gusseisernen Zaun eingefriedet.

Parks und Gärten verändern sich nicht nur durch das natürliche Wachstum der Bäume, Sträucher, des Rasens und der Blumen, sondern sind ebenso dem Zeitgeschmack und dem Zeitgeschehen ausgeliefert. Um 1900 beispielsweise wurden Gartenanlagen bereits nach Vorlagen in Musterbüchern und Gartenzeitschriften gestaltet. Die Staudengärtnerei trat ihren Siegeszug an.

Gutshäuser kamen in den Jahren um die Wende zum 20.Jahrhundert immer häufiger in finanzkräftige bürgerliche Hände und diese setzten auf den Landgütern Gestaltungsvorbilder aus den Städten um, etwa dem Beispiel der sogenannten Villengärten folgend.

Bereits nach Beginn des Zweiten Weltkrieges stand wieder der Nutzgarten im Vordergrund. Die ersten Jahre nach Kriegsende ließen fast nur noch für Obst, Gemüse- und Futteranbau Zeit und Raum. Die in den Guts- und Herrenhäusern einquartierten Flüchtlinge, Umsiedler, Vertriebene, legten in den Gutsparks Gemüsebeete an, gewannen auf den Wiesen Grünfutter und Heu für ihre Kleintiere und im Baumbestand Brennholz. „Hüttenwerke" aus Schuppen, Ställen, Garagen verunzierten die Parkanlagen. Auf geeigneten Flächen ließen die Gemeinden später den Dorfsportplatz, eine Freilichtbühne oder eine Tanzfreifläche schaffen. Die übrigen, ungenutzt gebliebenen Flächen verwilderten. Eine 1963 erlassene „Verfügung zum Schutz von Parkanlagen" weist allerdings auf einen Sinneswandel hin. Mitte der 1970er Jahre nahmen sich glücklicherweise enga-

Im Park Hohenzieritz

gierte Dendrologen über den Kulturbund der DDR dieses vernachlässigten Erbes an. Der wertvolle Baumbestand, in welchem trotz mancher Verluste einheimische und nicht selten ausländische Gehölze zu stattlicher Größe herangewachsen waren, wurde analysiert. Eine Reihe Parks kamen in regelmäßige Pflege. Die zweckfremde Nutzung von Flächen wurde schrittweise aufgegeben. Abgestorbene Gehölze wurden beseitigt und durch Neupflanzungen ersetzt. Erste Erfolge, wenn auch in bescheidenem Umfang, zeigten sich bald.

Eigentümerwechsel nach 1990 unterbrachen diesen Prozess. Dort, wo sich tatkräftige und sachkundige neue Besitzer einfanden, bieten inzwischen Gärten und Parks wieder ein erfreuliches Erscheinungsbild. Insgesamt liegt aber hier im Tollensegebiet wie anderswo dieses wertvolle Kultur- und Naturerbe noch brach. Es wird sicher noch Jahrzehnte benötigen, um sich zu erholen.

Hohenzieritz

Ob jemand vermutet, dass sich hier am südlichen Rand des Tollensebeckens der älteste Landschaftspark Norddeutschlands befindet? Gemeint ist der Park des →Schlosses Hohenzieritz. Noch heute gehört er zu den bedeutendsten Gartendenkmalen Mecklenburg-Vorpommerns. Von 1771 an wurde er planmäßig angelegt und ausgestaltet. Der englische „Gartenkünstler" Archibald Thompson gab ihm das Grundgerüst eines Landschaftsparks. Teiche wurden ausgehoben und durch Rohrleitungen verbunden. Das natürliche Gefälle des Geländes bot sich für die Gestaltung eines Wasserfalls an. Ein Borkenhäuschen und eine Moschee wurden gebaut (und sind längst wieder verschwunden), eine Stützmauer aus Feldsteinen umschloss das Areal.

Neben einer stattlichen Reihe von Gärtnern, haben die Zeitgeschichte und das persönliche Schicksal seines Eigentümers, Herzog Carl II. von Mecklenburg-Strelitz (1741–1816), am Park weiter geformt. Das →Denkmal für seine beiden verstorbenen Ehefrauen und seine fünf verstorbenen Kinder ließ der Herzog bereits 1798 errichten, zwischen 1812 und 1815 dann den Luisen-

tempel. Er ist dem Andenken seiner 1810 in Hohenzieritz verstorbenen Tochter, der preußischen Königin Louise (Luise) (1776–1810), (→Gedenkstätten) gewidmet. Besonders in der zweiten Hälfte des 20. Jahrhunderts wechselten Zeiten der Vernachlässigung mit Versuchen der Pflege und Umgestaltung. Heute ist dieser Park einen Besuch wert, weil an seinem Erscheinungsbild abzulesen ist, wie sehr Zeitgeschmack und Zeitgeschehen selbst in einer so friedliche Einrichtung wie einem Schlosspark ihre Spuren hinterlassen.
Die anderen ländlichen Parks im Umkreis befinden sich heute meist in einem ähnlichen Zustand wie das dazu gehörige Guts- und Herrenhaus. Das lässt sich beispielsweise in Broock, Alt Rehse, Hohenbüssow, Mallin, Prillwitz, Trollenhagen, Thalberg, überprüfen.
Ganz anders verlief die Geschichte des →Kulturparks in Neubrandenburg. Der sogenannte →Schneeglöckchenpark in Woggersin ist ebenfalls ein „Sonderfall".

Penzlin

„Ein artiges Städtchen.." – das meinte vor rund zweihundert Jahren der Dichter und Übersetzer Johann Heinrich Voß (1751–1826), der berühmteste Sohn der Stadt, der hier seine Jugendzeit verbrachte. Ein wenig artig und familiär wirkt Penzlin noch heute, was der aufmerksame Besucher aber eher wohlwollend vermerkt. Und Geschichte ist gegenwärtig, denn Penzlin gehört zu den ältesten Orten im Umkreis. Seine Anfangsgründe liegen im Dunkeln, aber schon zur Slawenzeit war hier ein Siedlungszentrum, wie mehrere →Burgwälle im Stadtgebiet bzw. in unmittelbarer Umgebung belegen. Die urkundlichen Überlieferungen und der ausgewogene Grundriss der Stadt verweisen auf eine Weiterentwicklung des Siedlungsplatzes durch die deutschen Einwanderer im 13. Jahrhundert. Hier kreuzten sich wichtige Handelswege. Erstmals genannt ist Penzlin in der zwar gefälschten, aber für die Ortsgeschichte trotzdem wichtigen Urkunde, die auf das Jahr 1170 Bezug nimmt, in welchem der pommersche Herzog Kasimir (gest. 1180) dem Bistum Havelberg Land schenkte mit der Absicht, ein Kloster, das spätere →Broda bei Neubrandenburg gründen zu lassen. Da Penzlin 1263 durch den Fürsten Nikolaus von Werle das Schwerinsche Stadtrecht bestätigt bekam, ist anzunehmen, dass der planmäßige Ausbau der Ansiedlung schon einige Jahrzehnte vorher begann. Dieser wichtige juristische Akt gilt heute als Gründungsdatum der Stadt.
Aus welcher Himmelsrichtung man sich dem Ort auch nähert, immer thront die imposante →Stadtkirche Sankt Marien mit den sie umgebenden stattlichen Bäumen über der Stadt. Diese dreischiffige Backsteinhalle stammt aus dem 14. Jahrhundert, die Südkapelle ist älter. Das derzeitige Aussehen des Gotteshauses geht im wesentlichen auf Umbauten und Modernisierungen vor rund 120 Jahren zurück.
Am nördlichen Stadtrand liegt die wichtigste touristische Attraktion, das →Museum „Alte Burg" mit dem Hexenkeller. In den düsteren, feuchten Verliesen wird vorstellbar, welche furchtbaren Torturen die als Hexen denunzierten Frauen erleiden mussten. Magie und Hexenverfolgung in Mecklenburg sind die Hauptthemen des Museums, aber auch dem Wirken des Dichters Johann Heinrich Voß ist ein Ausstellungsteil gewidmet.
Die Existenz der Alten Burg ist seit dem 13. Jahrhundert nachgewiesen. Sie war Teil der →Stadtbefestigung und im Mittelalter Sitz

Stadtansicht Penzlin

streit– und rauflustiger Herren. Die enge Verbindung zur Stadt bewirkte, dass die Burg stets bewohnt blieb; daraus resultierten diverse Umbauten, so dass heute von den ursprünglichen Gebäuden kaum noch etwas vorhanden ist. Die neuesten Sanierungsarbeiten zwischen 1992 und 1994 veränderten das Erscheinungsbild der Anlage wieder erheblich. Gleich nebenan befindet sich die sogenannte „Neue Burg" – das Herrenhaus derer von Maltzan, die seit 1414 beinahe ununterbrochen in Penzlin ansässig waren. In diesem herrschaftlichen Wohnhaus residierten die von Maltzans von 1816 bis 1929. Es steht auf dem Gelände eines durch seine Ausmaße imponierenden slawischen →Burgwalls. Am südwestlichen Stadtrand in einer Kleingartenanlage ist eines der wenigen Zeugnisse jüdischer Kultur und Lebensweise in unserer Region zu finden – ein jüdischer Friedhof. Seit 1749 lebten Bürger jüdischen Glaubens in Penzlin, zuerst als geduldete „Schutzjuden", die ihr Lebensrecht mit hohen Geldabgaben an die herzoglichen und städtischen Kassen erkaufen mussten, später als gleichberechtigte und geachtete Bürger. Aber die kleine jüdische Gemeinde war bereits vor 1933 auseinandergefallen. 1923 fand die letzte Bestattung auf dem Friedhof statt. Auch die 1791 eingeweihte Synagoge existierte 1933 schon nicht mehr. Auf dem stimmungsvollen, vorbildlich gepflegten Friedhof wachsen hohe Eschen und Robinien. Er trägt 56 sehr unterschiedlich gestaltete und geschmückte Grabsteine, manche mit hebräischen Inschriften. Die ältesten stammen aus der Gründungszeit des Friedhofs, sind also rund 250 Jahre alt!

Ein Spaziergang auf der Straße „Am Wall" macht mit den Resten der alten →Stadtbefestigung von Penzlin bekannt. Hier finden wir noch gut erhaltenen Teile der →Stadtmauer mit den zugehörigen →Wallanlagen. Von der alten Bebauung hinter der Mauer ist noch manch` Eindrucksvolles vorhanden, obwohl schon im Mai 1945 Lücken entstanden, denn durch Kriegseinwirkungen verlor die Stadt ihr Rathaus und etwa siebzig weitere Gebäude. Penzlin besitzt mehrere →Gedenksteine: ein trutziger Obelisk des früheren Kriegervereins war dem Landesherren gewidmet, ein schlichter →Findling wurde zu Ehren des 100. Jahrestages des Sieges im Befreiungskampf gegen Napoleon errichtet, ein anderer auf dem Friedhof erinnert an die Opfer des Kapp-Putsches 1920, der vierte steht in der östlichen Feldmark auf dem Mühlenberg und ehrt den Erblandmarschall Ferdinand von Maltzan (1778–1849). Dieser Gutsherr hob am 18. Oktober 1816 als erster in Mecklenburg in einer ganz persönlichen Entscheidung die Leibeigenschaft auf. Ein weiterer Gedenkstein mahnt an die Opfer des Ersten und Zweiten Weltkrieges und befindet sich in der Anlage des Damswerders am Westufer des Großen Stadtsees. Nebenan ehrt ein anderer Gedenkstein den verdienstvollen Bürgermeister Rudolf Beyer (1852–1926), der diesen Ort der Erholung anlegen ließ, zuerst sehr gegen den Willen der Bürger. Aber das Ergebnis überzeugte schließlich alle Skeptiker. Ganz in der Nähe dieser Gedenksteine, am nördlichen Seeufer, befindet sich der städtische Badestrand. Und wer an dieser Stelle die Stadt in Richtung Tollensebecken (über Werder – Lübkow) verlässt, findet auf der linken Straßenseite eine selten gewordene Anpflanzung – Maulbeerbäume. Vor Werder steht die älteste →Allee im Gebiet. Eine über 200jährige Lindenallee führt in das Terrain mit dem Flurnamen „Englischer Garten". Hier versteckt sich ein mächtiger slawischer →Burgwall.

Prillwitz, Prillwitzer Idole

In mehreren mittelalterlichen Urkunden ist der kleine Ort Prillwitz, am Westufer der →Lieps gelegen, als „civitas" (Burg, Stadt) geführt. Die bereits in anderem Zusammenhang genannte gefälschte Stiftungsurkunde des Klosters →Broda von 1170 erwähnt den Ort übrigens unter seiner Bezeichnung zum ersten Mal. Die Besiedlungsnachweise führen aber bis ins 9. Jahrhundert zurück. Im 13. Jahrhundert ließen die Herren von Peccatel hier eine Burg (→Burgen) errichten, die bis ins 16. oder 17. Jahrhundert bestand. 1795 erwarb der Landesherr, Herzog Carl II. (1741–1816), die Orte Prillwitz und Zippelow, um damit seinen Besitz in der Parklandschaft um Hohenzieritz zu komplettieren. Richtig bekannt geworden ist Prillwitz aber nicht wegen dieser geschichtlichen Tatsachen, sondern durch eine handfeste Kunst- und Geschichtsfälschung: Die Neubrandenburger Brüder und Goldschmiedesöhne Jacob Sponholz (1734–1809) und Gideon Sponholz (1745–1807) stellten in ihrer Werkstatt etwa 150 Amulette und kleine, skurrile Bronzefiguren her. Diese angeblich slawischen Götterstatuetten schoben sie damaligen Sammlern „wendischer Altertümer" unter mit der Behauptung, sie seien von Vorfahren auf dem Schlossberg in Prillwitz ausgegraben worden und deshalb alter Familienbesitz gewesen.

Die „Prillwitzer Idole" bewegten seit Ende des 18. Jahrhunderts die Gemüter der Gelehrten, entfachten einen langen Gelehrtenstreit und wurden schließlich doch als Fälschung entlarvt. Als Kuriosum aufbewahrt, verschwanden sie nach Ende des Zweiten Weltkrieges für Jahrzehnte von der Bildfläche. Vor einigen Jahren entdeckten sie findige Historiker in einem Schweriner Museumsdepot. Seit dieser Zeit werden sie hin und wieder der staunenden Öffentlichkeit in Mecklenburg-Vorpommern vorgeführt. Inzwischen wurden Nachbildungen sogar als „landestypische Reiseandenken" angeboten.

Mit dem alten und dem neuen Schloss (→Schloss, Guts- und Herrenhäuser) und der →Dorfkirche sind bemerkenswerte Bauwerke im Ort vorhanden.

Radwandern

Seit 1990 sind eine Reihe neue, gut ausgeschilderte Radwege und Radwanderstrecken entstanden. Radfernwege wie der Mecklenburger–Seen–Radweg (Feldberg – Neustrelitz – Waren; 145 km) und der Haff–Tollense–Radfernweg (über die Brohmer Berge – Ückermünde; 80 km) führen durch das Tollensegebiet. Als Radler ist man auf ausgebauten Radwanderwegen, Feld– oder Waldwegen oder wenig befahrenen Landstraßen gut aufgehoben. Für alle diese Angebote steht informatives Karten– und Prospektmaterial zur Verfügung, so dass wir uns hier auf ein Kurzporträt der schönsten Strecken beschränken können:

• *Tollensesee-Radrundweg*
Er führt rund um den Tollensesee und gilt als die beliebteste Radwanderstrecke der Neubrandenburger. Viele der in diesem Buch vorgestellten Ausflugsziele sind über diesen Weg anzusteuern: Augustabad, Aussichtsturm „Behms Höhe", Nemerower Holz, Naturlehrpfad Klein Nemerow, Aussichtsplattform Gnagelberg, Bornmühle, Nonnenhof, Usadel, Prillwitz, Zippelow, Wustrow, Alt Rehse, Brodaer Holz, Campingplatz Gatscheck, Strandbad Broda, dazu Gedenksteine, Hügelgräber, Naturschutzgebiete usw.;
ca. 36 km.

• *Um das →Brodaer Holz (a) und das →Nemerower Holz (b)*
Diese beiden „Kurzstrecken" führen
a) vom Kulturpark, Uferweg Brodaer Holz mit Belvedere, Jahnstein, FKK Badestrand Buchort, Campingplatz Gatscheck bis kurz vor Alt–Meiershof; hier über den Langen Bergweg bis Neu Rhäse, Neu Meiershof, am westlichen Rand des Brodaer Holzes über Neuendorf, Broda zurück in den Kulturpark; ca. 18 km lang;
b) Kulturpark, Augustabad, Uferweg Nemerower Holz mit Aussichtsturm „Behms Höhe", Arionstein, nach Klein Nemerow; von hier nach Groß Nemerow (Kreuzung der B 96), Rowa, durch die Rowaer Tannen zum Wohngebiet Tannenkrug, Kreuzung der B 96, Wohngebiet Lindenberg-Süd, zurück ins Nemerower Holz, Augustabad, Kulturpark; ca. 20 km.

• *Nach Burg Stargard*
Diese beliebte Radeltour durch das →Lindetal im Landschaftsschutzgebiet Mühlenholz ist ca. 12 km lang. Je nach Lust, Neigung und Kondition gibt es dann zwei Möglichkeiten der Weiter– bzw. Rückfahrt ab Burg Stargard:
a) über den Weinbergsweg nach Rowa, hier Anschluss an den Rundweg „Nemerower Holz" bzw. über den neuen Radweg nach Bargendsdorf; ab Burg Stargard ca. 10 bzw. 8 km lang
b) über den Weinbergsweg Richtung Holldorf, Abzweig nach Godenswege, von Godenswege nach Blankensee – Wanzka, von hier nach Rödlin, zurück über Blankensee–Bahnhof–Godenswege, Holldorf, Rowa, hier Anschluss an den Rundweg „Nemerower Holz" (s.o.).
Diese anspruchsvolle Tour ist von oder bis Burg Stargard ca. 27 km lang, bietet aber besonders schöne Landschaftsbilder am Wanzkaer und Rödliner See. Außerdem ist Blankensee Bahnstation. Mit einer Bahnfahrt kann die Strecke wesentlich verkürzt werden.

- *Auf den Hügeln des Tollenseflusstals nach →Altentreptow und zurück*

Diese sehr abwechslungsreiche Strecke kann halbiert werden, in dem man zwischen Neubrandenburg und Altentreptow jeweils einmal die Eisenbahnverbindung nutzt!

a) Wohngebiet Datzeberg, Trollenhagen, Neveriner Wald, Ganzkow, Brunn, Querung des Tals des Kleinen Landgrabens, Grischow, Landstraße nach →Altentreptow, hier zum Bahnhof; ca. 27 km

b) Bahnhof →Altentreptow, Thalberg, Groß Teetzleben, Lebbin, Woggersin, kurz hinter Woggersin ins Tollenseflusstal, Flussquerung (neue Brücke!), über den Klötterpottsweg nach Neubrandenburg; ca. 16 km

- *Nach Penzlin und auf dem alten Bahndamm der Südbahn (→Bahndammwanderung) und zurück*

Über den Uferweg des Rundkurses „Brodaer Holz" bis nach Alt Rehse, von hier über Siehdichum, Lübkow, Werder nach Penzlin; auf dem alten Bahndamm (Einfahrt im Nordosten der Stadt) zurück bis Wulkenzin; hier im Ort Querung der B 192 , Ausfahrt in Richtung Neu Rhäse, Abzweig nach Neu Meiershof zum „Brodaer Holz" mit Anschluss an den Rundweg „Brodaer Holz" (s.o.); ca. 28 km

- *Rund um das Mäandertal der Tollense von →Altentreptow nach Klempenow (→Burgen) und zurück*

Von Altentreptow über Grapzow in die „Kessiner Schweiz" (Waldgebiet); hier Abstecher zur „Burg Cunerow" (→Turmhügel) am Tollensefluss, wieder zurück auf den östlichen Talhang, dann über Bittersberg bis Klempenow, auf dem westlichen Flussufer über Burow, Weltzin bis zum →Naturerlebnispark Mühlenhagen; weiter in südlicher Richtung bis Altentreptow; ca. 30 km

- *Radwandertour „Eiszeitroute Mecklenburgische Seenplatte"*

9 Einzelrouten durch den →Geopark „Mecklenburgische Eiszeitlandschaft" ergeben einen 666 km langen Radwanderweg, der zu den geologischen und kulturhistorischen Sehenswürdigkeiten in der Seenplatte führt. Mehrere Teilabschnitte der Einzelrouten berühren auch die Gebiete an Tollensesee und -fluss. Das Prospektmaterial für diese Radtouren bieten die →Touristinformationen an.

Ravensburg

Am Burgholz, einem Bruchwald im Nordosten Neubrandenburgs, liegt das Wohngebiet Monkeshof. Von hier aus ist der etwas versteckt im Wald liegende slawische →Burgwall sehr schnell zu erreichen. Seine noch heute gut ausgeformten, respektablen Wälle, teilweise 2–3 m hoch, umschließen zwei Vorburgen und eine Hauptburg. Der Wall stammt aus dem 7. Jahrhundert und wurde im 9. Jahrhundert zerstört. Die Anlage bot den Einwohnern der umliegenden slawischen Siedlungen bei Gefahr Schutz und – auf einer trockenen Sandscholle in der sumpfigen Datzeniederung gelegen – einen geeigneten Unterschlupf. Seit Friedrich Lisch (1801–1883), der bedeutende mecklenburgische Archäologe und Historiker, 1839/40 die ersten Grabungen hier vornahm, sind Forscher dem Burgwall immer wieder einmal mit Spaten und Spachtel zu Leibe gerückt. Sie brachten reiches Fundmaterial zu Tage und konnten belegen, dass die Hauptburg über einen längeren Zeitraum von Slawen bewohnt war.

Der Name ist sehr alt. In einem Kirchenvisitationsprotokoll von 1558 ist er schon als „Rabensborch" erwähnt. Lange Zeit wurde diese Bezeichnung mit dem Neubrandenburger Stadtgründer Herbord von Raven (gest. vor 1287) in Verbindung gebracht. Neuere archäologische Untersuchungen im Stadtgebiet von Neubrandenburg belegen aber, dass dieser seinen Wohnsitz stets direkt in der Stadt hatte. Die Heimatforscherin Maria Koubenec (1899–1995) lieferte 1986 eine andere, durchaus plausible Erklärung für den Namen des Burgwalls. Sie leitete ihn von „Rave", der niederdeutschen Form des mittelhochdeutschen Wortes „Rabe" ab. In der Tat kann man sich gut vorstellen, wie hier die großen, schwarzen Vögel (Kolkraben) auf den hohen Bäumen ihre Lieder krächzten (sie gehören zu den Singvögeln!) und ihren Nachwuchs großzogen. Der Nieder– und Bruchwald der Umgebung ergänzt vorteilhaft den Lebensraum der Raben. Die dunklen Gesellen galten im Volksglauben als Unglücksvögel und Unheilverkünder. Vielleicht brachten die deutschen Siedler diesen für sie möglicherweise unheimlichen Platz mit den widerspenstigen slawischen Bewohnern aus dunkler Vergangenheit in Verbindung. So hatte der Name seine metaphorische Bedeutung und blieb erhalten.

Reiten

Nicht nur auf gut ausgebauten Wander– und Radwanderwegen kann die Region um Tollensesee und –fluss erkundet werden, sondern auch auf dem Rücken der Pferde. Für diesen Freizeitsport ist die Neubrandenburger Umgebung eine Modellregion und besitzt entsprechend gekennzeichnete Reitwege, beispielsweise im →Brodaer Holz, im Mühlenholz des →Lindetals, im Bachtal →Malliner Wasser. Es gibt Reiterhöfe und Reitsportvereine, Reitunterricht, Behindertenreitsport, Plätze für Pensionspferde, Kutsch– und Kremserfahrten, Wettkampfplätze usw.

Solche Angebote finden Pferdefreunde u.a. in:

Burg Stargard (Haflingerhof Wolter, Reiterhof Gohrs), Groß Nemerow (Pferd & Reiter Sport– und Freizeitzentrum), Hohenzieritz (Luisenhof), Klein Nemerow (Hotel Bornmühle), Mallin (Landhof Meierei), Mühlenhagen (Naturerlebnispark), Neubrandenburg (Reitsportverein Broda mit Reit– und Wettkampfplatz, Sozial– und Jugendzentrum „Hinterste Mühle" im Lindetal), Trollenhagen (Reiterhof Schmidt), Wulkenzin (Pferdezentrum), Zirzow (Familie Hoffschildt).

Rethra

Die urkundlich bestätigten Nachrichten über Feldzüge gegen die zwischen Elbe, Ostsee und Oder ansässigen slawischen Völker reichen bis in die Zeit Karls des Großen (742-814) zurück. Erfolge und Niederlagen wechselten sich ab. Erst die im so genannten Lutizenbund unter Führung des Stammes der Redarier vereinten Slawen vermochten, erfolgreichen Widerstand zu leisten und mit dem Lutizenaufstand im Jahr 983 das Kräfteverhältnis für einen längeren Zeitraum zu Gunsten der Slawen zu verändern. Die religiösen und weltlichen deutschen Vorposten im slawischen Gebiet, der Bischofssitz Havelberg und die Burg Brandenburg (historisch „Brennaburg"), wurden zerstört. Da sich die nordwestlichen Stämme, die Obotriten, dem Aufstand anschlossen, mussten auch andere deutsche Siedlungen - zu mindest zeitweise - aufgegeben werden, u.a. Hamburg. Die deutschen Fürsten konnten den Verlust

ihrer Eroberungen natürlich nicht hinnehmen. In unterschiedlichen Bündnissen vereint und unter den Fahnen der Christianisierung (→Klöster) bedrängten sie immer erfolgreicher die heidnischen slawischen Völker, bis im Ergebnis des so genannten Wendenkreuzzuges im Jahr 1147 der slawische Widerstand endgültig gebrochen war.
Mit dem Lutizenbund und seinem erfolgreichen Agieren auf der mittelalterlichen europäischen politischen Bühne trat besonders der slawische Stammesverband der Redarier ins Licht der Geschichte. Er siedelte südlich und östlich des Tollensesees und -flusses. In diesem Siedlungsgebiet soll das einflussreiche Heiligtum der Slawen, der Tempel Rethra, gelegen haben. Er war nicht nur ein Ort des religiösen Brauchtums der Slawen. Seine Priester entwickelten ihn zum geistigen und damit auch zum politischen Zentrum des Widerstandes gegen die Eroberungspläne deutscher, polnischer und dänischer Fürsten. Kein Wunder, dass die Tempelburg als Ziel von Eroberungs- und Beutezügen ganz oben stand. So unternahm der Bischof Burchhard von Halberstadt im Winter 1068/69 einen erfolgreichen Feldzug ins Land der Redarier und soll dabei das Orakel des Tempels, ein heiliges weißes Ross, entführt haben.
Erst als die lutizischen Stämme untereinander in Streitigkeiten gerieten, u.a. wegen des Führungsanspruchs der Redarier, zerbrach der slawische Widerstand auch von innen heraus. Überfälle in lutizische Gebiete häuften sich, beispielsweise 1125, als König Lothar bis zum Tempel Rethra vordrang und dabei „Stadt und Heiligtum der Lutizen" endgültig zerstört haben soll. Rethra verschwindet vom Erdboden, aus der Geschichte und wird zur Sage.
Seit dem 17. Jahrhundert bemühen sich nun Deuter, Forscher und Wissenschaftler, das alte slawische Heiligtum zu lokalisieren. Sie können sich auf zeitnahe Beschreibungen von Thietmar von Merseburg (1015), Adam von Bremen (1150) und Helmold von Bosau (1151) stützen. Obwohl bis heute an rund vierzig verschiedenen Orten und Örtlichkeiten nach Rethra gesucht und gegraben wurde, steht der entscheidende, alle Zweifler überzeugende Fund noch aus. Allerdings lieferten die intensiven archäologischen Grabungen der 1960er bis 1980er Jahre, welche unter der Regie des Neubrandenburger Regionalmuseums (→Museen) stattfanden, eine Vielzahl Anhaltspunkte dafür, dass Rethra sich am Südende des →Tollensesees oder in bzw. an der →Lieps befunden haben könnte. Auf der →Fischerinsel wurde ein einzigartiger Kultgegenstand, ein doppelköpfiges, fast lebensgroßes Idol aus Holz ausgegraben. Für das Liepsgebiet, einschließlich der in ihr gelegenen Inseln, ist eine große slawische Siedlungskammer nachgewiesen.
Der mecklenburgische Volkskundler und Autor Richard Wossidlo (1859-1939) stieß auf einen reichen Schatz an Volkssagen um das verschwundene „Schöne Reda", besonders in den Dörfern zwischen Tollensesee und Penzlin.
Dass solche Sagenstoffe auch gewitzten Geschäftemachern Ideen liefern, beweisen die „Prillwitzer Idole" (→Prillwitz, Prillwitzer Idole)

Heutigentags ist die „Suche nach Rethra" zu einem touristischen Markenzeichen der Region geworden. Vom Fahrgastschiff, über die Sektflasche bis zum Reisebüro - überall kann man „Rethra" begegnen. Doch für die Ausflügler und Wanderer bleibt Rethra ein „virtuelles" Ausflugsziel.

Ringstrassenspaziergang

Wer die mittelalterliche Wehranlage in Neubrandenburg besonders intensiv betrachten möchte, dem sei ein fast 5 km langer Rundgang um die Innenstadt herum empfohlen: Auf den→Wallanlagen an der Außenseite der Stadtmauer beginnend und dann zurück auf der Innenseite der →Stadtmauer über die 5 Ringstraßen. Unterwegs lernt der Spaziergänger alles kennen, was die so wunderbar erhaltene Anlage zu bieten hat – neben der Stadtmauer, die →Stadttore, den →Fangelturm, die →Wiekhäuser und in den Ringstraßen Plätzchen, die trotz Neubauten, Verkehrslärm und ähnlicher moderner „Sünden" die Gegenwart fast vergessen lassen.

Die 1. Ringstraße beginnt am Friedländer Tor und führt in nördlicher Richtung auf die Stargarder Straße zum großen Mauerdurchbruch aus den Jahren 1863/64, dem sogenannten Eisenbahntor. Dieser neue

Frühlingsspaziergang in der 2. Ringstraße

Zugang verband den neu entstandenen Bahnhof mit der Stadt. Er war ursprünglich durch zwei gemauerte und mit allerhand Zierrat gestaltete Säulen begrenzt, um das Bild eines Tores zu imitieren.

Auf diesem Ringstraßenabschnitt gibt es ein rekonstruiertes Wiekhaus (Nr. 5), die rekonstruierten Reste des Wiekhauses Nr. 6 und das Wiekhaus Nr. 8, welches im Jahr 1912 bereits als Mauerturm errichtet wurde. Es sollte ein Bild vom Aussehen der Wiekhäuser in ihrer ursprünglichen Funktion als Wehr– und Kampfhäuser vermitteln. Der Entwurf stammte vom Baurat Erich Brückner (1881–1972).

Die 2. Ringstraße begleitet die Stadtmauer zwischen Stargarder Straße und Treptower Tor. Sie beginnt am →Franziskanerkloster, führt am Fangelturm vorbei und ist mit den neun rekonstruierten Wiekhäusern sicher der attraktivste und deshalb oft fotografierte Abschnitt der Ringstraßen. Im Mittelalter gingen fromme, wohltätige Schwestern, die Beguinen (Beguinenstraße!), in diesem Teil der Stadt ihrem Tagewerk nach. Heute sind es kurioserweise ebenfalls Frauen, welche als Unternehmerinnen die Wiekhäuser hier als Verkaufs– und Produktionsstätten bzw. als Vereinsdomizile nutzen. Ob es da wohl einen Zusammenhang gibt?

Die 2. Ringstraße im Winter

Die 3. Ringstraße zwischen Treptower und Stargarder Tor führt in den Teil der Innenstadt, der unter dem großen Stadtbrand in den letzten Apriltagen 1945 weniger zu leiden hatte.
Bis 1990 war von der alten Bebauung besonders in den Höfen noch mancherlei an Schuppen, Scheunen und anderem Fachwerk vorhanden. Nun haben diese windschiefen Bauveteranen meist neuen Gebäuden Platz gemacht, die sich hier ganz passabel in das historische Umfeld einfügen. In diesem Mauerabschnitt gibt es nur zwei rekonstruierte Wiekhäuser, dafür aber mehrere gesicherte Gebäudemauerreste. Sie verdeutlichen, wieweit in der Regel originale Bausubstanz für die Rekonstruktion der Wiekhäuser zur Verfügung stand.
Der Abschnitt zwischen Stargarder Tor und Neuem Tor wird als 4. Ringstraße bezeichnet. Hier gab es ehemals zehn Wiekhäuser, vier davon wurden rekonstruiert. Bei zweien steht heute Frau Wirtin bzw. Herr Wirt vor der Tür und begrüßt die Gäste.
Die 5. Ringstraße zwischen Neuem und Friedländer Tor wird durch die Turmstraße, den Boulevard der Stadt, geteilt. Hier stand bis 1899 der zweite Fangelturm, der in den Morgenstunden des 5. April 1899 in sich zusammenbrach und die Anwohner damit in Angst und Schrecken versetzte. In diesem Abschnitt gibt es sechs rekonstruierte Wiekhäuser.

Hoffentlich ist den Spaziergängern nicht entgangen, dass die Stadtmauer nicht nur ein bemerkenswertes Baudenkmal ist, sondern auch ein interessantes „Biotop". Einige Abschnitte wurden sehr behutsam saniert, um der seltenen Mauerflora (u.a. Mauerraute, Mauer–Zymbelkraut, Savoyer Habichtskraut) einen Lebensraum zu belassen.

Rundkirchen

Diese architektonische Besonderheit, in unserem Beispiel in Hohenzieritz, trägt die Handschrift des Baumeisters Friedrich Wilhelm Dunkelberg (1773–1844). Nachdem dieser in preußischen Landen im Baufach und in der Landvermessung ausgebildet worden war, in Berlin Vorlesungen über Baukunst gehört und schließlich 1795 ein Zeugnis des Königlich–preußischen Oberbaudepartements erworben hatte, bewarb er sich 1801 in Neustrelitz. Er wurde angestellt und erhielt ein umfangreiches Aufgabenfeld überwiesen: Vermessungen, Baurevisionen, Kartierungen, Beaufsichtigung von Ziegeleien, Kalköfen usw. 1806 wurde Dunkelberg zum Landbaumeister befördert. In den letzten beiden Jahrzehnten seines Lebens stand er ganz im Schatten seines Freundes und Schwiegersohns Oberbaurat Friedrich Wilhelm Buttel (1796–1869). Während dieser klassizistische Bauformen mit anderen Stilelementen, hauptsächlich gotischen, zu kombinieren und auf diesem Weg weiterzuentwickeln versuchte, blieb Dunkelberg den klassizistischen Formvorstellungen zeitlebens treu. Im ersten Jahrzehnt des 19. Jahrhunderts schuf er so Bauten von schlichter und sachlicher Schönheit, wie man an seinen Rundkirchen (weitere stehen außerhalb des Tollensegebiets in Dolgen und Gramelow) noch heute feststellen kann.

Die Kirche in Hohenzieritz wurde 1806 geweiht. Der Landesherr, Herzog Carl (1741–1816), liebt diesen Ort besonders und hielt sich oft im dortigen repräsentativen Landschloss (→Schloss, Guts– und Herrenhaus) auf. Der Ort wurde wesentlich von seinen Wünschen und Vorstellungen geprägt. Die Rundkirche steht auf einem kleinen Hügel, beschattet von alten Bäumen. Ihr Umfang beträgt 13,5 m, die Höhe bis

Rundkirche Hohenzieritz mit Glockenstuhl

zum Hauptsims 7 m. Die Kuppel ist sichtbar und wurde wie das gesamte Innere in klassizistischer Manier ausgestaltet. Hier hatte Dunkelberg Gelegenheit zu zeigen, dass er anspruchsvolle architektonische Aufgaben lösen konnte, obwohl gerade in jenen Jahren besondere Sparsamkeit gefordert war, belastete doch die Napoleonische Besetzung das kleine Land Mecklenburg-Strelitz erheblich.
Die Glocke hängt in einem frei stehenden Glockenstuhl neben der Kirche.

Sankt Georgs-Kapelle

Mit dem Ausbau der Rostocker Straße in Neubrandenburg Anfang der 1990er Jahre ging leider viel vom Charme des alten dörflichen Wohnplatzes um die kleine Backsteinkirche Sankt Georg verloren.
Das Kirchlein geht wahrscheinlich auf eine Stiftung zu Beginn des 14. Jahrhunderts zurück. 1308 wird es in einer Urkunde zum ersten Mal erwähnt. Ein Spital mit Kirche lag zwischen dem Kloster →Broda und der Stadt Neubrandenburg und war dazu bestimmt, die an Lepra, Pest und ähnlichen Infektionen Erkrankten aufzunehmen, beispielsweise heimkehrende Kreuzfahrer oder Reisende auf den sich hier kreuzenden wichtigen Verkehrs- und Handelswegen. Im Dreißigjährigen Krieg wurde es in Mitleidenschaft gezogen, lag in „wüstem Zustand", war aber in der zweiten Hälfte des 17. Jahrhunderts wieder in Stand gesetzt. Sankt Georg diente nun als Hospital, in welches sich ältere „Beneficiaten" (Bedürftige) „einkaufen" konnten. Ihnen stand neben Unterkunft und Verpflegung auch ein kleiner Garten zur Nutzung zur Verfügung. 1868 übergab der Neustrelitzer Großherzog die Sankt Georgs-Anlage an den Bürger-Hospitalverein, dessen Mitglieder das Recht auf kostenfreies Wohnen erworben hatten.
Die Kapelle ist Sankt Georg (im niederdeutschen Sprachraum Sankt Jürgen genannt) gewidmet, einer Gestalt aus der christlichen Mythologie, die als Schutzpatron der Kreuzfahrer, Soldaten und Kranken verehrt wurde.
Eine Holzschnitzerei mit einem Motiv aus der Sage um den Drachentöter Sankt Georg gehörte früher zum Altarschmuck der Kapelle. Sie

befindet sich heute im Neubrandenburger Regionalmuseum (→ Museen). Die Kapelle ist ein frühgotischer, ungewölbter Backsteinbau, dessen schmückendes Maßwerk sich stilistisch auf die Kreuzfahrerzeit bezieht. Da um 1770 eine gründliche Erneuerung des Bauwerks erfolgte, ist anzunehmen, dass der Dachreiter auf diese Zeit zurückgeht. Eine andere Quelle nennt allerdings erst das Jahr 1827. Möglicherweise deutet dieser Hinweis auf eine Sanierung des bereits vorhanden Aufbaus hin. Wie dem auch sei – der heutige Dachreiter nimmt in seiner Gestalt die im Rokoko beliebten ostasiatisch–exotischen Stilelemente auf. Solche als „Chinoiserien" bezeichneten Bauwerke finden wir an mehreren Stellen in und um Neustrelitz. In ihrem leichten, lebendigen und formenreichen Schmuck brachten diese Bauwerke etwas vom sinnenfrohen und „lockeren" Rokokoleben des Adels zum Ausdruck. Im Dachreiter sind zwei Bronzeglocken untergebracht, 1881 gegossen. Bis 1945 bestand der Brauch, viermal im Jahr in Sankt Georg Gottesdienst zu halten

Momentan finden in der Sankt Georgs–Kapelle die standesamtlichen Trauungen statt.

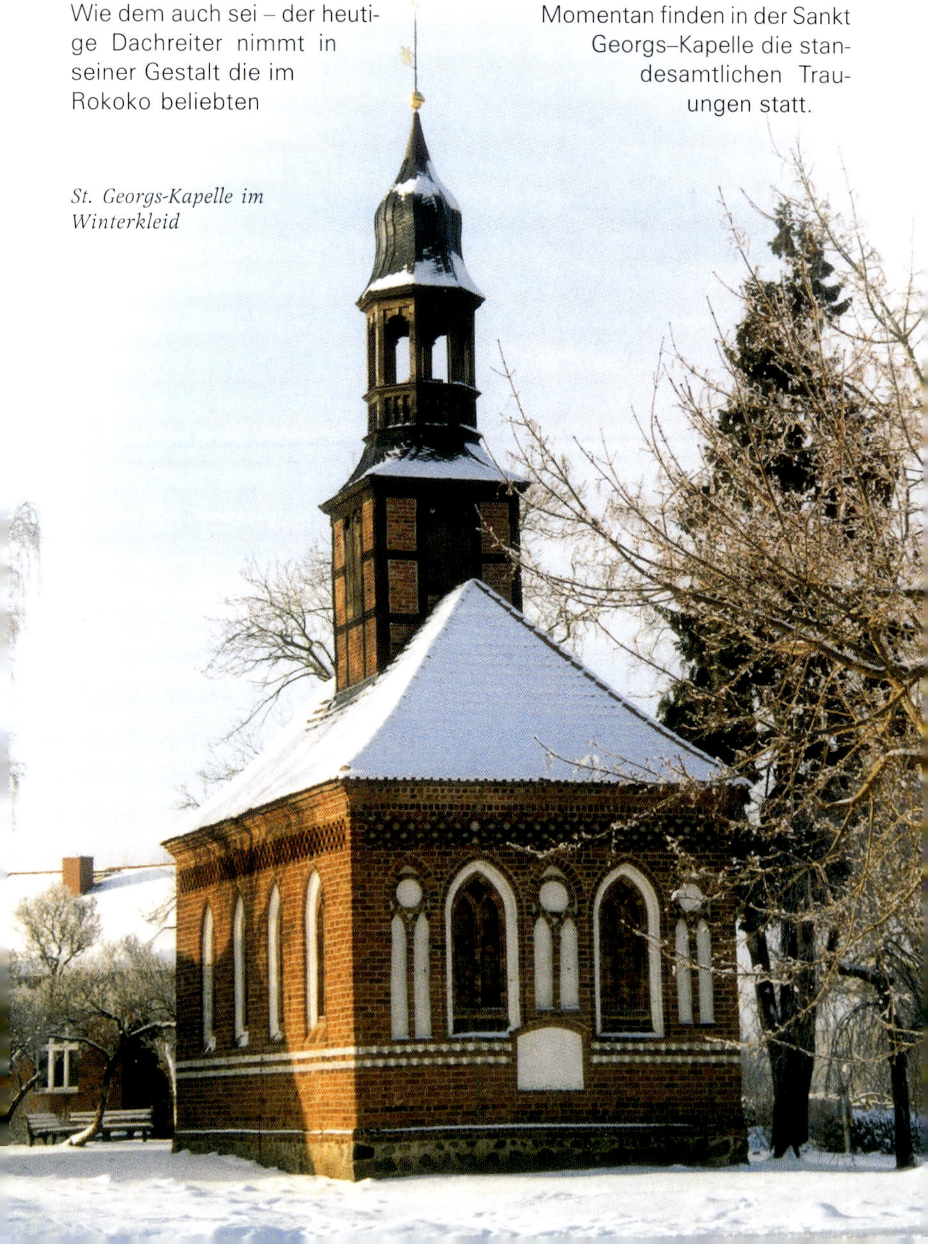

St. Georgs-Kapelle im Winterkleid

Bei Sanierungsarbeiten 1965 wurden zwei bis dahin zugemauerte Fenster der Kapelle wieder geöffnet und tauchen das noch heute harmonisch gestaltete Innere in freundliches Licht. Im gleichen Jahr entdeckte die Heimatforscherin Maria Koubenec (1899–1995) an der Westseite des Bauwerkes eine mittelalterliche Sonnenuhr. Dieser Zeitmesser ist nur 12 cm groß und in zwei übereinander gemauerten Backsteinen eingemeißelt. Seine Entdeckung gab einen wichtigen Impuls für die Sonnenuhrenforschung in der DDR.

Sankt Johanniskirche

Sie war früher die Kirche des →Franziskanerklosters Neubrandenburg und dient heute als evangelische Stadtkirche. An die erste Kirche aus der Entstehungszeit des Klosters erinnert jetzt nur noch das Feldsteinmauerwerk in der Nordseite der Kirche, sonst stammt der frühgotische Backsteinbau aus der ersten Hälfte des 14. Jahrhunderts. Brände und die dadurch notwendig gewordenen Ausbesserungsarbeiten hinterließen viele Spuren am Bauwerk. Mit der Säkularisation des Klosters kam die Kirche 1567 in die Hand der Stadt. Wesentliche Umbauten brachte das 19. Jahrhundert mit sich (1803, 1864, 1887).
Beispielsweise musste beim Ausbau der Eisenbahnstraße (1864), die von der Stadtmitte auf den entstehenden Bahnhof zuführte (heute Stargarder Straße), der Langchor an der Ostseite eingekürzt werden. Mit der Restaurierung zwischen 1891 und 1894 entstand im wesentlichen das heutige Bild. Der Ostgiebel und die westliche Giebelwand wurden neu gestaltet, die Zwerchhäuser auf dem nördlichen Seitenschiff und ein neuer Dachreiter aufgesetzt. Das stimmungsvolle Innere der Kirche wird vom schönen, mit schwarzen Rankenmustern geschmückten Kreuzrippengewölbe dominiert. Es ruht auf Achteckpfeilern. Die weiteren Elemente der Innenausstattung (Flügelaltar, Kanzel, Gestühl, Bildnisse, spätmittelalterliche Grabsteine, farbige Glasfenster) verkörpern die verschiedensten Stilrichtungen zwischen dem 16. und 20. Jahrhundert. Von 1976 bis 1980 wurden erneut Sanierungs- und Gestaltungsarbeiten durchgeführt. Die neue Schuke-Orgel füllt seit Anfang der 1990er Jahre mit ihrem vollen Klang nicht nur beim Gottesdienst die Halle, sondern ebenso bei Abendkonzerten und oft auch bei kürzeren mittäglichen Andachten.

Blick auf die Orgel in der Johanniskirche

Schälchensteine

Diese Steine haben kreisrunde Vertiefungen mit einem Durchmesser bis zu 10 cm. Solche bis 3 cm tiefen „Löcher" zieren größere →Findlinge oder Decksteine von Großsteingräbern. Es gibt diverse Deutungs-

versuche um den Sinn dieses Schmucks, aber keiner konnte bisher das Rätsel überzeugend lösen. Einig sind sich die Deuter nur in der Meinung, dass die „Schälchen" mit kultischen Handlungen unserer Vorfahren in Verbindung zu bringen sind.
Der größte Schälchenstein im Tollensegebiet liegt hinter der Gasabfüllstation an der Krappmühle (→Wassermühlen) unweit der Straße von Neubrandenburg nach Woggersin. Der respektable →Findling von 17,50 m Umfang und mit rund 54 m^3 Rauminhalt wäre das Wurfgeschoss eines verärgerten Riesen gewesen, der von Podewall aus einer Hochzeitsgesellschaft das Festmahl in der Krappmühle verderben wollte, sein Ziel aber verfehlte. Das jedenfalls erzählt eine Sage, welche dem Brocken zu seinem Namen verhalf – „Riesenstein". Ob die Geschichte, dass der Stein zu Kriegsende 1945 als Zielscheibe für Schießereien mit Panzerwaffen diente, auch in das Reich der Sage gehört, wissen wir nicht genau. Alte Bohrlöcher zeigen an, dass sogar versucht wurde, den Stein auf traditionelle Art zu spalten. So verunstalten heute tiefe und breite Risse den Findling aus Granit.

Schauspielhaus

Adolf Friedrich IV. von Mecklenburg-Strelitz („Dörchläuchting", 1738–1794) übernahm mit der erst von 1733 an planmäßig ausgebauten Stadt Neustrelitz eine bescheidene Residenz als er 1753 durch eine Volljährigkeitserklärung regierender Herzog wurde. So entschloss er sich, in der historisch gewachsenen Stadt Neubrandenburg mit ihrer schönen Umgebung von 1775 an seinen Sommersitz zu nehmen. Es begann eine rege Bautätigkeit. Beispielsweise entstanden das →Belvedere am westlichen Seeufer und zwischen 1775 und 1786 sein Palais am Marktplatz (1945 zerstört; →Modellpark).
Auch sein Neustrelitzer Hoftheater musste in den Sommermonaten mit umziehen. Einige Jahre über dienten verschiedene Gebäude als Spielorte bis zwischen 1786 und 1794 das „Comödienhaus" in der Pfaffenstraße als Schauspielhaus seine heutige Form erhielt. Es ist ein großer, stabiler Fachwerkbau ohne besonderen Zierrat.
Dieses schlichte Äußere seiner Anfangszeit erhielt der Bau durch die Sanierung zurück, die zwischen 1990 und 1994 stattfand.
„Dörchläuchting" hatte sich an seinem Theaterbau – er ist übrigens heute der älteste in Mecklenburg – nicht mehr lange erfreuen können. Er verstarb im Jahr 1794. Der Nachfolger, sein Bruder Herzog Carl II. (1741–1816), ließ wegen Geldmangels das Hoftheater schließen. Im Schauspielhaus gastierten nun über neunzig Jahre lang neben dem 1822 wiedererstandenen Strelitzer Hoftheater die verschiedensten Wandertheater, Bühnen und Solisten. Im Deutsch-Französischen Krieg 1870/71 wurde das Schauspielhaus zum Reservelazarett umfunktioniert. Im Jahr 1890 bot der Großherzog das Haus schließlich zum Verkauf an. Den Zuschlag erhielt ein Arzt, der in den Räumen eine „Anstalt für Bewegungskuren" einrichtete und nicht nur die Innenräume, sondern auch die Fassade verändern ließ, u.a. durch den Anbau eines Erkers im Zeitgeschmack um 1900. Nach 1945 dienten die Räume des langsam verfallenden Hauses als Wohnungen, Vulkanisier- und Motorradwerkstatt, als Versammlungssaal einer Kirchgemeinde und als Schneiderstube. Die Sanierung in den 1990er Jahren erschloss neben dem alten Theater-

gebäude noch zwei weitere Wohnhäuser in der Nachbarschaft für das heutige Bauensemble. So ist in dem vom Stadtbrand im April 1945 verschont gebliebenem historischen Straßenzug ein modernes Theater in historischem Gewande entstanden. Es wurde zur Wirkungsstätte des Neubrandenburger Kammertheaters, einer experimentierfreudigen Theatertruppe, welche sich aus einer Mitte der 1970er Jahre gegründeten Puppenbühne entwickelte. Jetzt ist das Schauspielhaus Spielstätte der Ensembles der Theater- und Orchester GmbH Neustrelitz/ Neubrandenburg. Dieser Betrieb stellt einen beachtenswerten Versuch dar, vielfältige Theater- und Musikangebote für die Region auch in Zeiten schwacher Kassen zu erhalten.

Schloss, Guts- und Herrenhaus

[Der Begriff „Schloss" wird auf die Gebäude bezogen, welche - selbst nur zeitweise - in landesherrschaftlichem Besitz waren].

Wenn heute die etwa 2000 Guts- bzw. Herrenhäuser und Schlösser als „Tafelsilber" des Landes Mecklenburg-Vorpommern bezeichnet werden, sollte man den Preis nicht vergessen, der dafür vor Jahrhunderten bezahlt wurde. Der Stand des freien Bauern verschwand hier fast vollständig und endete in Leibeigenschaft, vollzogen hauptsächlich durch das berüchtigte „Bauernlegen". Den Besitz an Grund und Boden teilte sich die Ritterschaft mit der Landesherrschaft, in kleineren Teilen noch mit der Kirche und den Städten. Die Gutswirtschaft prägte nach dem Dreißigjährigen Krieg in Mecklenburg und Vorpommern den wichtigsten Wirtschaftszweig, die Landwirtschaft, und in der Folge die sozialen Beziehungen und die Alltagskultur. Da die Ritterschaft die wirtschaftliche Macht besaß, dominierte sie ebenso die politische Kultur, nicht selten auch gegenüber dem Landesherrn. Diese Kräftekonstellation drückte sich in Mecklenburg beispielsweise 1755 im Landesgrundgesetzlichen Erbvergleich aus. Mit diesem Grundgesetz sicherte sich die mecklenburgische Ritterschaft ihre wirtschaftlichen und politischen Privilegien fast ohne Abstriche bis zum Jahr 1918.

Der Dreißigjährige Krieg hatte von 1627 an die norddeutschen Territorien erfasst und wütete hier in den folgenden Jahren in kaum vorstellbarem Maße. Er legte ganze Landstriche wüst. Nach einem zeitgenössischen Bericht sollen beispielsweise 1640 im alten Amt Stargard nur noch 30 „Manßpersonen" gelebt haben. Fast einhundert Jahre vergingen, bevor die Bevölkerungszahl aus der Vorkriegszeit wieder erreicht war. Unter diesen Verhältnissen hatte es für die Ritterschaft des Gebietes und die Landesherrschaft des 1701 entstandenen Herzogtums Mecklenburg-Strelitz günstige Gelegenheiten gegeben, herrenlose Ländereien in Besitz zu nehmen.

Im Laufe des 18. Jahrhunderts gelang es den meisten Rittergütern und auch den Pachtgütern des Domaniums, die Erträge kontinuierlich zu steigern. Zudem wirtschaftete die Ritterschaft überwiegend auf Böden mit guter Qualität. So waren beispielsweise die fruchtbaren Grundmoränenböden des sogenannten „Werder" zwischen Neubrandenburg und Friedland ganz und gar in ritterschaftlicher Hand. Zuwachs an Grundbesitz brachte nochmals die Einführung der Holsteinischen Koppelwirtschaft bzw. der Mecklenburgischen Schlagwirtschaft am Ende des 18. Jahrhunderts sowie im 19. Jahrhundert die Separa-

tion (Neuordnung) der Feldmark. Beides ging mit neuen Phasen des Bauernlegens einher. Bauernstellen wurden eingezogen, wenn die Bauern ihren Besitz nicht rechtsgültig nachweisen konnten oder sie wurden einfach aufgekauft.
Die Leibeigenschaft band die mecklenburgischen Untertanen im wesentlichen bis 1820 an ihre Gutsherrschaft. Ausnahmen gab es, wie den Baron Ferdinand von Maltzan (1778–1849), der schon 1816 die Aufhebung der Leibeigenschaft auf seinen Gütern verkünden ließ (→Gedenksteine).
Waren es zu Beginn des 19. Jahrhunderts die alteingesessenen und umfangreich begüterten Adelsfamilien (v. Dewitz, v. Schwerin, v. Oertzen, v. Rieben, v. Warburg, v. Bernstorff u.a.), die in Mecklenburg-Strelitz und Vorpommern wirtschafteten, kamen immer mehr Gutsbesitzer bürgerlicher Herkunft hinzu, wobei diese auf ihren Besitzungen oft nicht selbst tätig wurden, sondern sie verpachteten.
1907 wurden über 60 % der landwirtschaftlichen Nutzfläche in Mecklenburg-Strelitz von Gütern über 100 ha bewirtschaftet. Zum selben Zeitpunkt betrug der Anteil im Deutschen Reich nur 22,2 %.
Heute prägen historische Gutsanlagen nur noch das Bild der Dörfer, um welche der Bauboom nach 1990 und die „Flucht aus der Platte aufs Land" einen Bogen machten.
Zur „typischen" Gutsanlage gehörte das repräsentative Wohnhaus. Es wurde von den Stallgebäuden und Scheunen flankiert, einen großen rechteckigen Gutshof freilassend. Die sogenannte „Gartenseite" des Wohnhauses zeigte tatsächlich in einen Garten bzw. in eine aufwändiger gestaltete Parkanlage (→Park- und Gartenanlagen). Die Katen der Gutsarbeiter bildeten eine oder mehrere Häuserzeilen, das sogenannte Einliegerkatendorf.
Nach dem Zweiten Weltkrieg wurden die großen Güter im Zuge der Bodenreform enteignet. Der Grundbesitz wurde auf Gutsarbeiter, Flüchtlinge, Vertriebene und Kleinbauern aufgeteilt bzw. in „Volkseigene Güter" (VEG) umgewandelt und den eigentlichen Eigentümern das Wohnrecht verweigert. In den Guts- und Herrenhäusern wohnten nun heimatlos gewordene Menschen. Das, was diese besitzlosen Bürger an Einrichtungsgegenständen vorfanden, hatte für sie erst einmal reinen Nutzwert, keinen kulturhistorischen. Vieles wurde dabei ruiniert. Später zogen Arztpraxis oder Gemeindeschwester, Gaststätte, Dorfkonsum, Dorfbibliothek, Schule oder Kindergarten in die großen Gebäude ein. Die Landwirtschaftliche Produktionsgenossenschaft (LPG) nutzte die vorhandenen Ställe, Scheunen und anderen Wirtschaftsanlagen. Unter den Aspekten undifferenzierter politischer und ideologischer Vorurteile und vor allem durch die vielfältigen Mängel in der DDR-Wirtschaft erfuhren diese Bauensembles nicht die erforderliche Pflege. Trotz aller Zugeständnisse an das Zeitgeschehen, an die unabänderlichen Gegebenheiten der Nachkriegszeit, die einzuräumen sind, bleibt der eingetretene Verlust an kulturellen Werten schmerzlich und ist nicht wieder gut zu machen.
Gemessen an der großen Zahl der Guts- und Herrenhäuser sind nach 1990 bei weitem nicht genug Gebäude bzw. Gebäudeensembles saniert worden. Ungeklärte Eigentumsverhältnisse, fehlende Finanzkraft und der schon oft zu weit fortgeschrittene Verfall sorgen gegenwärtig dafür, dass weitere geschichtsträchtige Gutsanlagen über kurz oder lang nicht mehr auffindbar sein werden.
Für alle Gesichtspunkte und Phasen dieses sehr komplizierten und widerspruchsvollen Prozesses gibt es im Tollensegebiet Beispiele.

Alt Rehse
Das heute unattraktive Gutshaus mit seiner langweiligen Fassade wäre nicht erwähnenswert, hätte es nicht inmitten einer verhängnisvollen Geschichte gestanden, mit welcher das Dorf bis heute konfrontiert ist.
Viele Jahrhunderte, nachgewiesen seit 1182, teilte das Dorf das Schicksal der anderen Orte im Umkreis. 1934 wurde das Gut gegen Entschädigung enteignet und an den „Hartmannbund – Verband der Ärzte Deutschlands" übergeben. Die Nazis hatten es ausgewählt, um hier ein Musterdorf mit Mustergut anzulegen. Die am 1. Juni 1935 eingeweihte nationalsozialistische „Führerschule der deutschen Ärzteschaft" war zu versorgen. Die Gutsarbeiterhäuser im alten Dorfkern mussten bereits 1934 weichen. Sie wurden durch neue Wohnhäuser im Stil norddeutscher Bauernhäuser in Fachwerk und mit Schilfeindeckung ersetzt. Wenn heute an manchem Fachwerkbalken die Worte stehen „Errichtet im Jahr 3" (oder 4 usw.) drückt sich darin der Größenwahn der Nazis aus, die meinten, mit dem Jahr 1933 hätte eine neue Zeitrechung begonnen. Im ausgedehnten, herrlich am Hang zum →Tollensesee gelegenen Gutspark entstanden verschiedene Gebäude der Ärzteschule. Hier wurden Ärzte, Hebammen, Apotheker u.a. medizinisches Personal auf die ideologischen und rassischen Ziele der NS-Gesundheitspolitik eingeschworen. Im Gutshaus logierten Nazigrößen, unter ihnen häufig Martin Bormann (1900–1945), inspizierten die Ärzteschule und leiteten von hier aus die sogenannte „Güterverwaltung Nord". „Von diesem Gutshaus dirigierte Bormann über Vehrs [Landwirtschaftsinspektor] die „Zusatzversorgung" seines Führers und der Reichskanzlei und ließ auch den Obersalzberg wie das Führerhauptquartier mit versorgen" ermittelte Wolfgang Köpp neben vielen anderen aufschlussreichen Fakten in seinem Buch „Alt-Rehse – schau auf dieses Dorf".
Von 1941 an diente die Ärzteschule als Reservelazarett. Das Gutshaus erhielt einen Tarnanstrich.
Am 30. April 1945 besetzte die Rote Armee den ehemaligen Gutskomplex und das Dorf. Danach boten die Gebäude Kriegswaisen ein neues Obdach. Ins Gutshaus zogen Flüchtlinge ein.
Dann studierten hier angehende Neulehrer die Grundlagen der Pädagogik, aber bereits Mitte der 1950er Jahre nahm die Kasernierte Volkspolizei Quartier, um später der Nationalen Volksarmee Häuser und Park zu überlassen. Nachfolger nach der Wende war die Deutsche Bundeswehr.
Nach 1990 gab es einen über ein Jahrzehnt währenden Streit um die Eigentümerrechte am gesamten Areal. Schließlich wurde er zugunsten der Gemeinde entschieden. Diese sucht nun einen Investor, welcher die Vorgeschichte des Ortes respektiert und sich dem alten Bibelwort verpflichtet fühlt, an das der neue →Gedenkstein im Park gemahnt: „Das Geheimnis unserer Erlösung ist die Erinnerung".
Das Gutshaus ließ die Gemeinde in den 1970er Jahren sanieren. Dabei wurde alles schmückende Beiwerk des historisierenden Baustils entfernt, in welchem 1921 der Nachfolgebau eines abgebrannten Gutshauses ausgeführt worden war. Gegenwärtig wird das Gebäude für Ausstellungszwecke des Vereins „Erinnerungs-, Bildungs- und Begegnungsstätte Alt Rehse e.V." und als Wohnhaus genutzt.

Broock
Wer bei Alt Tellin eine der wenigen Brücken über den Tollensefluss überquert, wird erstaunt die Ruine

eines gewaltigen Gutshauses wahrnehmen.
Etwa seit 1980 steht das Haus leer und verfällt langsam aber sicher. Kaum vorstellbar, dass dieses große Haus erhalten werden kann. Dabei besitzt es eine bemerkenswerte Geschichte, besonders in architektonischer Hinsicht: Wie das flussaufwärts gelegene Klempenow und flussabwärts die Burg Osten (→Burgen) schützte und kontrollierte an dieser Stelle in grauer Vorzeit eine Burg den Flussübergang. Hier hatte das Dorf Brook seinen Ausgangspunkt, später dominiert von seiner ritterschaftlichen Gutsanlage. Ende des 18. Jahrhundert stand hier ein barockes Gutshaus, welches in der Mitte des 19. Jahrhunderts im neugotischen Stil umgebaut und sicher auf die noch heute beeindruckende Größe erweitert wurde. Es war zweigeschossig, nur der Mittelrisalit dreigeschossig, und besaß 17 Achsen. Auffällig waren der umlaufende Zinnenkranz und die fialeähnlichen Türmchen, die das Dach überragten. Auch an einem benachbarten Gebäude, dem ehemaligen Marstall, sind noch einige neugotische Baudetails erhalten geblieben.
Das Gutshaus wechselte oft seine Besitzer. Zeitweise gehörte es reichbegüterten vorpommerschen Adligen wie der Familie von Linden. Nach Kriegsende 1945 wurde der letzte Besitzer, die Familie von Seckendorf, enteignet. Das Gutshaus wurde mit Flüchtlingen und Vertriebenen belegt. Später war hier eine Schule untergebracht. Ende der 1990er Jahre fand sich ein neuer Besitzer, der bisher den Wirtschaftshof entrümpeln und die Reste des Parks freilegen ließ. Peter Joseph Lenné (1789–1866) hatte um 1840 den Plan für die Umwandlung des alten Barockgartens in einen Landschaftspark nach englischem Vorbild entworfen.

Hohenbüssow

Dieses 60-Seelen-Dorf besaß einmal eine respektable Gutsanlage. Vor wenigen Jahren haben Künstler den Ort als Lebens- und Arbeitsplatz entdeckt, bereits einige verfallende Gebäude gesichert und für sie eine neue Verwendung gefunden. In Stall und Scheunen sind Atelier- und Ausstellungsräume entstanden.
Das sogenannte neue oder weiße Gutshaus, ein ganz unauffälliger Bau, ist für Seminare, Vorträge, kleine Theateraufführungen und als Galerie hergerichtet worden. So lohnt sich durchaus ein Besuch in diesem abgelegenen Ort, besonders dann, wenn die Künstler über die Pfingstfeiertage innerhalb der Aktion „Kunst offen" ihre Ateliers öffnen. Die alte →Dorfkirche aus Feldsteinen sollte man nicht übersehen. Sie stammt aus dem 16. Jahrhundert. Ihre hübsche Innenausstattung, die unter Mitwirkung der Künstler des Ortes renoviert wurde, schufen Handwerker oder Künstler in der Mitte des 18. Jahrhunderts.

Hohenzieritz

Das Schloss mit seinem weiträumigen Park (→Park- und Gartenanlagen) gehört heute zu den am besten erhaltenen Anlagen in Tollensegebiet. Es ist als Sommerresidenz des Landesherren und als Sterbeort der preußischen Königin Louise (Luise) (1776–1810) (→Gedenkstätten) sehr direkt mit der Geschichte des Herzog- bzw. Großherzogtums Mecklenburg-Strelitz verbunden.
Bis zur Mitte des 18. Jahrhundert war das Gut Hohenzieritz Lehnbesitz, zuletzt der Familie von Fabian. Da der letzte Spross der Familie, Adam Friedrich von Fabian, 1768 kinderlos verstarb, ging der Besitz an den damaligen Landesherren, Adolf Friedrich IV. („Dörchläuchting";

1738–1794), zurück. Dieser vermachte das Areal 1770 seinem Bruder und Nachfolger, dem Prinzen Carl II., dem späteren Herzog von Mecklenburg-Strelitz (1741–1816). Zu jener Zeit bestand in Hohenzieritz eine kleinere barocke Gutsanlage mit einem erst wenige Jahrzehnte alten eingeschossigem Herrenhaus. Obwohl der beschenkte Prinz Carl noch in Hannover lebte, gab er erste Umgestaltungsarbeiten in Auftrag. So ließ er 1776 die beiden Seitenpavillons (Kavaliershäuser) nach Plänen des Leibmedicus Verpoorten (gest. 1794) errichten und ab 1790 die Aufstockung und den Umbau des Haupthauses in Angriff nehmen. 1794 verstarb „Dörchläuchting". Carl wurde neuer Landesherr. Damit begann eine weitere Ausbau- und Gestaltungsphase an Haus und Park. Die Innenräume erhielten aufwändigen Schmuck im damals üblichen Zopf- und Empirestil nach ausländischen Vorbildern. Hohenzieritz wurde berühmt durch die originelle Gestalt seiner Öfen, die bebilderten Stofftapeten und die Deckenbemalungen. Im Obergeschoss gab es beispielsweise den großen, repräsentativen „ägyptischen Saal". 1802 wurden die ins Hochparterre führenden Freitreppen sowohl an der Hof- als auch an der Gartenseite angebaut. Die Dreieckgiebel der beiden Mittelrisalite tragen die Initialen des Bauherrn Herzog Carl (eigentlich Carl Ludwig Friedrich, deshalb die Buchstaben CLF) und das herzogliche Wappen, auf der Gartenseite noch ergänzt durch gekreuzte Kanonenrohre und Stier und Greif als Schildhalter.

Mit der Novemberrevolution 1918 fiel das Schloss an den Freistaat Mecklenburg-Strelitz, um dann wenig später im Zuge der Fürstenentschädigung wieder in adligem Privatbesitz zu landen, diesmal bei Julius Ernst zu Lippe, dem Schwager des letzten Großherzogs. Nach Kriegsende 1945 ging die anspruchsvolle Innenausstattung des Schlosses bis auf klägliche Reste verloren. Flüchtlinge und Vertriebene fanden hier ein erstes Obdach. Einige Wohnungen blieben, Kulturhaus, Gaststätte und Dorfbibliothek fanden ebenfalls Platz. Anfang der 1960er Jahre wurden die Räume renoviert und von einem Institut, dem späteren „Wissenschaftlichen Zentrum für Land- und Nahrungsgüterwirtschaft des Bezirkes Neubrandenburg" bezogen. Es war ein Beratungsinstitut für landwirtschaftliche Betriebe, welches allerdings nach der Wende 1990 aufgelöst wurde. Nun in Landesbesitz, stand das geschichtsträchtige, schöne Haus leer, dann erfolgte eine erneute Sanierung. Neuer Hausherr ist nun das Nationalparkamt Müritz. Im Sterbezimmer der Königin Luise und in den beiden Vorzimmern ist inzwischen nach historischem Vorbild eine neue →Gedenkstätte geschaffen worden. Dabei tauchten wertvolle Originale „aus der Versenkung" auf, so die Porträtbüste von Luise, eine Arbeit von Christian Daniel Rauch (1777–1857) und die berühmte „Autogrammtür", eine alte Saaltür, auf welcher sich über hundert „hohe" Gäste des Hauses mit Namenszug und einem Strich für die Körpergröße verewigt hatten.

Im Dorf Hohenzieritz lassen sich weitere Sehenswürdigkeiten entdecken, die mit der regelmäßigen Anwesenheit des Landesherrn im Ort in Zusammenhang standen: die →Rundkirche und das Kruggehöft. Landbaumeister Friedrich Wilhelm Dunkelberg (1773–1844) entwarf beide Bauwerke. Die →Schmiede in klassizistischem Ambiente mit vier Säulen wurde 1825 gebaut. Sie beherbergt heute eine neu gestaltete Ausstellung zur Geschichte des Dorfes Hohenzieritz.

Gutshaus Mallin - kein Retter in Sicht?

Mallin

Dieses Gutshaus mit seinen Türmen und Erkern hätte durch sein Äußeres zu einem „Schloss Camelot" in Mecklenburg werden können. Zwar standen Gebäude aus der Gründerzeit mit ihrem reichen, verschiedenen Stilepochen abgegucktem Zierrat bei den Kunsthistorikern lange Zeit nicht allzu hoch im Kurs, aber manchem, weniger wissenschaftlich vorbelasteten Menschen berühren sie das Herz. Das Gutshaus Mallin gehörte zu diesen Bauwerken. Eine Wetterfahne zeigte das Jahr 1871. Ob zu diesem Zeitpunkt Haus und Park schon komplett waren, ist fraglich. Besitzer nach 1880 war Hans Baron von Hauff. Dessen Vater hatte 1869 das Gut Mallin für seine Familie erworben. Später geriet es nach Konkurs immer wieder in andere Hände.

Das Gutshaus steht am östlichen Rande des Dorfes auf einer Anhöhe. Über einem Sockelgeschoss erheben sich zwei Wohnetagen mit über vier Meter hohen Räumen. Auch das Dachgeschoss war teilweise ausgebaut. Das großzügig bemessene Treppenhaus ist von zwei achteckigen Türmen eingerahmt, die von geschwungenen Hauben gekrönt sind. Über dem Hauptportal befindet sich ein Altan. Eine Reihe andere Baudetails komplettierten den malerischen Bau.

Direkt vor dem Schloss gab es eine anspruchsvolle, terrassenartig angelegte Gartenanlage mit zwei stufenförmig angeordneten Wasserbecken. Auch den übrigen Teilen des Parks muss einmal ein kreatives Konzept zugrunde gelegen haben.

Nach dem Ende des Zweiten Weltkrieges zogen in das Haus Flüchtlinge und Vertriebene ein. Zu ihnen gesellten sich Dorfbibliothek, Kindergarten, Dorfgaststätte. In der 1980er Jahren wurde das Dachgeschoss als Depot für Bestände der →Kunstsammlung Neubrandenburg genutzt. Dann kam die Wende. Das Haus wurde leergezogen, denn ein Investor stand vor der Tür. Er wollte 3–5 Mill. DM verbauen, allerdings nicht von seinem eigenen Geld, denn er besaß keines. So fiel das

Haus nach Jahren des Leerstandes an die Gemeinde zurück und immer mehr den Vandalen in die Hände. Nun verlottert der wertvolle Bau, ebenso das Gutsverwalterhaus aus der Biedermeierzeit – umgeben von den konfektionierten neuen Einfamilienhäusern der Bewegung „aus der Platte aufs Land."

Peckatel

Der Name des Dorfes geht auf das uralte Geschlecht derer von Peccatel zurück, das bereits Anfang des 13. Jahrhunderts mit Ländereien in der Vogtei Penzlin belehnt war. Allerdings errichteten die Peccatels ihre →Burgen in Prillwitz und Weisdin. Die Besitzer der Grundherrschaft wechselten oft. 1795 kaufte Joseph von Maltzan (1735–1805), Freiherr zu Wartenberg und Penzlin (→Tempelberg) das Gut. Als er 1805 verstarb, erbte sein Sohn Friedrich (1783–1864) die Besitzungen. Zu diesem Zeitpunkt gab es in Peckatel nur ein bescheidenes Pächterhaus. Das heutige Bauensemble entstand ab Mitte des 19. Jahrhunderts, zuerst das westliche Haus mit neogotischen Stilelementen. Hier wohnte kurze Zeit Albrecht von Maltzahn (1813–1851), der wegen seiner naturkundlichen Forschungen und Sammeltätigkeit über die Landesgrenzen hinaus bekannt wurde. Sein jüngerer Bruder Friedrich (1822–1871) ließ den Park des Hauses anlegen. Dessen Sohn Ludolf von Maltzahn (1864–1942) wiederum erweiterte das Haus durch den östlichen Anbau. Hier finden wir Stilelemente der Jahrhundertwende (Historismus, Jugendstil) vor. Durch einen Großbrand 1929 auf einem seiner Nebengüter geriet der experimentierfreudige Landwirt in finanzielle Schwierigkeiten. 1934 musste er sein gesamtes Gut verkaufen, konnte das Gutshaus und den Park aber später zurück erwerben. 1942 verstarb Ludolf von Maltzan. Gutshaus und Park wurden abermals verkauft. Nach 1945 teilte das Gebäude das Schicksal der anderen Guts- und Herrenhäuser im Umkreis. Aber 1991 fand sich ein tatkräftiger Investor, der das interessante Haus schrittweise sanierte und modernisierte. Er bewohnt es mit seiner Familie und richtete außerdem unterschiedlich große Mietwohnungen ein. Der Park mit seinem attraktiven Baumbestand erfährt wieder die erforderliche Pflege. Auf diese Weise ist das Gutshaus Peckatel mit seinem Park zu einem wahren Schmuckstück des Ortes geworden.

Prillwitz

Der kleine Ort in seiner beneidenswerten Lage am Ufer der →Lieps besitzt gleich zwei Schlösser – das alte Herrenhaus in der Gutsanlage und das „Neue Schloss". Ersteres wurde zwischen 1680 und 1706 als Fachwerkhaus erbaut und erfuhr vielerlei Umbauten. Es ist ein elfachsiger schlichter Putzbau mit zwei Geschossen und heute am rundbogigen Fenster über der Tür zu erkennen. Nun steht es seit längerem leer, was dem alten Gebäude natürlich nicht bekommt. 1795 ging Prillwitz in herzoglichen Besitz über. Das alte Schloss wurde zeitweise Sommerresidenz und war ein attraktiver Platz für die Sommerfeste der Herzöge bzw. Großherzöge aus Neustrelitz. Einer historischen Karte aus dem Jahr 1759 ist zu entnehmen, dass zum Schloss ein größerer Barockgarten gehörte. Vor über einhundert Jahren, genauer von 1888 bis 1893, wurde auf diesem Gartengelände das Neue Schloss, ein Jagdschloss für die Familie des Erbgroßherzogs Adolf Friedrich V. (1848–1914) errichtet. Ihm gehörte das Gut seit 1882. Das neue Haus besaß an seinem Westgiebel einen Turm mit Spitzdach, von welchem aus man sicher einen weiten Blick über die

schöne Umgebung des Ortes genießen konnte. Dieser Turm fehlt heute dem roten Klinkerbau. Seine Innenausstattung aber bietet noch mancherlei Originalzierrat (Holztäfelungen, Schnitzwerk).
Nach Kriegsende 1945 wirtschaftete das Gut erst einmal für die Rote Armee, dann zogen Flüchtlinge und Vertriebene in Gut und Schlösser ein. Später diente das Jagdschloss als Ferienheim des Energiekombinates Neubrandenburg und wurde dadurch vor dem Verfall gerettet. Nach 1990 privatisiert, wird es heute als Hotel mit Gaststätte genutzt. Im kleinen Landschaftspark aus der Bauzeit des Jagdschlosses gedeihen noch einige stattliche ausländische Gehölze, vor allem aber einheimische Bäume und Blütensträucher.

Thalberg
Von Thalberg nach Altentreptow ist es tatsächlich nur ein Katzensprung. Diesen Weg wird Fritz Reuter (1810–1874) zwischen 1844 und 1850 und auch in späteren Jahren oft gegangen sein, denn das dortige Gutshaus bewohnte seit 1843 der Gutspächter und Gutsbesitzer Fritz Peters (1819–1897) mit seiner Familie, wirkliche Freunde und Helfer in der Not. Reuter hatte in jenen Jahren keinen festen Wohnsitz. Peters war ihm u.a. behilflich, 1850 die Stelle als Privatlehrer, hauptsächlich für die Fächer Zeichnen und Turnen, im benachbarten Treptow a. Toll. (→Altentreptow) antreten zu können (→Gedenksteine). Damit war für Fritz Reuter die Zeit des unsteten Landmannlebens zu Ende. Er heiratete, begann zu Schreiben und fand in den Jahren in Treptow endlich seinen „Lebensfaden".
Das Gutshaus wird heute als Wohnhaus genutzt. Es besitzt noch die alte neugotische Fassade mit bemerkenswerten Baudetails. Leider sind das Haus und der umgebende große Garten bzw. Park nicht öffentlich zugänglich. Eine Informationstafel erinnert aber an Reuters Aufenthalte in Thalberg.

Trollenhagen
Die Sanierung des zweigeschossigen Gutshauses aus Fachwerk geht nur langsam voran. Hinter seinen Mauern wird vor Jahrhunderten manch' bedeutungsvolles Gespräch geführt worden sein. Im großen, an beiden Seiten in einem Bogen geschlossenen Saal versammelte sich Ende des 18. Jahrhundert eine Freimaurerloge, denn der Gutsherr, Georg Christoph von Röpert, war wie sein Landesherr, der Herzog Carl II. von Mecklenburg-Strelitz (1741–1816), eifriger Freimaurer. Er nahm 1778 eine junge Frau, Christiane Louise von Rudolphi (1754–1811), als Erzieherin seiner Kinder in die Familie auf. Der späteren Schriftstellerin und Pädagogin ist im Gutspark ein →Gedenkstein gewidmet. Das Innere des Hauses und der Saal besaßen Ausschmückungen im Rokoko- bzw. Zopfstil, die aber in der Mitte des 19. Jahrhunderts schon verändert wurden. Reste eines noch älteren Herrenhauses aus der Zeit vor dem Dreißigjährigen Krieg sollen damals noch vorhanden gewesen sein, beispielsweise dessen gewölbte Kellerräume.
Immer wieder wechselten die Besitzer des Gutshauses. Die letzten Eigentümer, eine Familie Grisebach, flohen 1945 vor der anrückenden Roten Armee. Im Haus wurden Flüchtlinge und Vertriebene untergebracht, dann nutzten es die Gemeinde für Wohnungen und die LPG, u.a. für Feste und Feiern. Auch die Gemeindebibliothek hatte hier ihr Domizil. Nach 1990 erhielt ein Enkel des letzten Besitzers das Haus zurück und begann inzwischen mit der Sanierung. Zum Haus gehörte ein Park (→Park- und Gartenanlagen), von welchem heute nur

Gutshaus Weisdin

noch ein alter Eibenbestand und eine Hainbuchenallee erwähnenswert sind.

Weisdin

Anfang der 40er Jahre des 18. Jahrhunderts brannte fast das gesamte Dorf Weisdin (1387 erstmals urkundlich erwähnt) nieder. Das gab dem Gutsherren Gotthard Karl Friedrich von Peckatel (1715–1773) die Möglichkeit, eine neue Gutsanlage im Stil des Jahrhunderts als symmetrische Anlage errichten zu lassen. Peckatel hatte 5 Töchter, aber keinen männlichen Erben, deshalb verkaufte er 1763 alle seine Güter an den regierenden Herzog.
Den südlichen Abschluss der Hauptachse bildetet das Schloss, den gegenüberliegenden nördlichen die achteckige →Dorfkirche. Die Hof- und Wirtschaftsgebäude rahmten die östlichen und westlichen Seiten des Gutshofes ein. Dieses Bild finden wir noch heute vor. Allerdings wird der Verkehr auf der Bundesstraße 96, welche die Anlage zerschneidet, den Blick dafür oft verstellen. Das Schloss selbst wurde 1749 erbaut. Es ist ein barocker, zweigeschossiger Putzbau, der in seinen wesentlichen äußeren Formen bis heute erhalten blieb. Er war wegen seiner reichen Schnitz- und Stuckarbeiten in den Innenräumen bekannt, die heute noch – zumindest teilweise – zu bewundern sind. Neue Privateigentümer ließen von 1998 an umfangreiche Sanierungsarbeiten durchführen, so dass sich der Bau nun in sehr gutem Zustand zeigt. Inzwischen fand wieder ein Eigentümerwechsel statt. Das Gutshaus wird heute als Wohnhaus genutzt.
In DDR-Zeiten hatte die Nutzung als Schule, Wohnhaus, Gaststätte und Kulturhaus manchen Schandfleck hinterlassen.

Schmiede

Ein Dorf- oder Gutsschmied erledigte alle anfallenden Schmiedearbeiten, denn er war für das zuständig, was aus Eisen hergestellt war oder werden musste. Deshalb war

Dorfschmiede in Peckatel

er kein ausgesprochener Spezialist, dafür ein um so vielseitigerer Meister seines Fachs. Er schmiedete Beschläge und Reifen für Wagen und Kutschen, Ketten, Ofentüren, Werkzeuge und Arbeitsgeräte. Er beschlug die Pferde und kümmerte sich dabei um die Hufpflege. Sein Handwerk war ein angesehenes Dienstleistungsgewerk, bei welchem mehr repariert als neu produziert wurde. Feuer und Rauch waren seine Markenzeichen.

In den Dorfschmieden des Tollensegebietes brennen schon lange keine Schmiedefeuer mehr. Keine blieb als →Technisches Denkmal dieses wichtigen und anspruchsvollen Handwerks erhalten. Selbst die zwar baufällige, aber noch mit vielen Werkzeugen und Geräten ausgestattete Schmiede in Woggersin verschwand sozusagen über Nacht von der Bildfläche. (Die neue Gaststätte „Zur alten Dorfschmiede" dürfte wohl kein wirklicher Ersatz dafür sein).

In der klassizistischen Dorfschmiede in Hohenzieritz ist eine Ausstellung zur Ortsgeschichte untergebracht. Die sanierte alte Dorfschmiede in Peckatel – hier blieb die hübsche Vorlaube erhalten – dient ebenfalls Ausstellungzwecken. Der Kulturverein „Zinnober" in Zachow erinnerte sich seiner ehemaligen Dorfschmiede. Er errichtete das Gebäude neu und schuf so einen Ausstellungs- und Versammlungsraum für die Dorfgemeinschaft.

Schneeglöckchenpark

Gleich rechterhand am südlichen Ortseingang von Woggersin erstreckt sich ein kleines Parkgelände rund 450 m weit in die Tollensewiesen hinein. Hier wirkte aber kein „Gartenkünstler", sondern es war die Natur selbst, die ein Werk schuf, über welches sich nun Spaziergänger freuen. Nur mit einem Weg und kleinen Übergängen über das den Park teilende Rinnsal hat Menschenhand der Natur ein wenig nachgeholfen. Besonders im zeitigen Frühjahr erscheint der Park wie mit einem weißen Spitzentuch ausgelegt. Unzählige Schneeglöckchen laden die ersten Bienen zur Nektarsuche ein. Es handelt sich um eine verwilderte Form unseres kultivierten Schneeglöckchens, denn vor 1945 wurden die Frühlingsboten hier angebaut, um sie sträußchenweise nach Neubrandenburg zu verkaufen. Das kleine Areal gehörte zur ehemaligen Gutsanlage, die um 1860 entstand. Die letzten Reste vom Gutshaus, es war ein attraktiver neogotischer Bau, sind kurz vor der Wende 1990 beseitigt worden. An seinem Platz bietet jetzt eine neue Pension Quartiere an. Der Speicher der Gutsanlage dagegen ist saniert und originelles Domizil für Märkte und Dorffeste.

Spritzenhäuser

Als Adolf Friedrich IV. („Dörchläuchting"; geb. 1738) 1794 kinderlos verstarb, übernahm sein Bruder Carl II. (1741–1816) das bescheidene, verschuldete Herzogtum Mecklenburg-Strelitz. Anders als sein Vorgänger hatte Carl, in verschiedenen Diensten stehend, allerhand von Europa gesehen und als königlich-britischer Gouverneur von Hannover politische und wirtschaftliche Erfahrungen sammeln können. Beherzt nahm er sich der Reorganisation seines Herzogtums an, verkleinerte die Verwaltung und den Hofstaat, tilgte die Schulden und vergrößerte seinen fürstlichen Privatbesitz. Dass es ihm ernst war um den Schutz und die Vermehrung des Domanialbesitzes zeigte sich in seinem Engagement für den Brandschutz. Nicht nur die Städte hatten immer wieder unter Brandkatastrophen zu leiden, auch die Dörfer und Güter. Der Herzog sorgte dafür, dass in den ihm gehörenden Dörfern Feuerspritzen mit der erforderlichen Ausstattung angeschafft, die Bedienung der Geräte gelehrt und die Mitwirkung der Dorfbewohner beim Brandlöschen organisiert wurde. Für einen solchen Einsatz gab es sogar eine Entschädigung aus der herzoglichen Schatulle.

Spritze, Schläuche, Wasserschlitten, Feuereimer waren einsatzbereit zu halten. Dafür ließ der Herzog Spritzenhäuser bauen, für deren einheitliches Aussehen Baumeister Friedrich Wilhelm Dunkelberg (1773–1844) den Entwurf geliefert haben soll. Dunkelberg hat sich später mit seinen →Rundkirchen ein interessantes Architekturdenkmal gesetzt.

Das Wulkenziner Spritzenhaus ist nachweislich im Jahr 1800 gebaut, Dunkelberg aber erst im Dezember 1801 fest angestellt worden.

Möglicherweise war sein Entwurf eine Probearbeit.

Die gut erhaltenen und gepflegten kleinen Spritzenhäuser mit den markanten abgerundeten Dächern bereichern noch heute in Wulkenzin und Groß Nemerow das Dorfbild. In ersterem ist die Gemeindebibliothek untergebracht und in Groß Nemerow dient das Häuschen als Heimatstube.

Stadtbefestigungen

So weit noch vorhanden, sind die aus dem Mittelalter stammenden Befestigungsanlagen besondere Attraktionen der norddeutschen Städte. Ihre Atmosphäre inspiriert unsere Fantasie zu einer Zeitreise. In der Tat sind sie heute oft reale Kulisse für die jetzt so beliebten Ritterspiele oder Mittelalterspektakel – allerdings meist mit nicht ganz ernst zu nehmendem „historisierendem Klamauk". Vor rund 700 Jahren ging es den Erbauern dieser Anlagen dagegen wirklich um ernste Angelegenheiten.

Nach dem Höhepunkt der deutschen Ostsiedelungswelle zu Ende des 13. Jahrhunderts waren die Gebiete zwischen Elbe und Oder in den Besitz mecklenburgischer, pommerscher, dänischer und brandenburgischer Herrscherhäuser gelangt. Nun versuchten alle, die erlangte Macht zu festigen und auszubauen. In ihrer Strategie spielten die Städte eine besondere Rolle. Im 13. Jahrhundert finden wir im Herrschaftsbereich der brandenburgischen Fürsten viele Stadtgründungen, u.a. 1248 Neubrandenburg. Bestehende Siedlungen erhielten Stadtrecht wie 1259 [Burg] Stargard (→Bergwanderung). Die meisten neuen Städte entwickelten sich rasch zu einflussreichen Siedlungszentren, denn hier konzentrierten sich die Wirtschaft mit Handwerk, Handel und Gewerbe, das politische Leben und natürlich das Geld. Das wiederum weckte unlautere Begehrlichkeiten, vor denen sich die selbstbewussten Bürger zu schützen wussten. In der ersten Aufbauphase hatten Palisadenzäune, also hölzerne Schutzwerke, die Stadtgebiete umschlossen. Um 1300 herum beantragten die Bürgervertretungen den Bau von steinernen Umfassungsmauern, was ihnen gestattet wurde, denn sichere, reiche Städte zu besitzen lag ebenso im Interesse der Landesherren. Baumaterial war auf den Feldfluren reichlich vorhanden. Feldsteine, die kleineren unter den →Findlingen, hatte die →Eiszeit hier in unerschöpflicher Menge hinterlassen. Auch Backstein wurde verwendet, besonders in späteren Jahrzehnten bei der Ausschmückung der →Stadttore, der →Wiekhäuser, beim Bau von Rundtürmen (→Fangelturm) usw.

Zu den Befestigungs- bzw. Wehranlagen gehörten die →Stadtmauern, die Wall-Grabensysteme vor der Mauer (→Wallanlagen), die →Stadttore, die →Wiekhäuser und Türme. Diese Schutzanlagen allein hätten wenig genützt, wenn nicht ihre Verteidigung und das Leben hinter den Stadtmauern gut organisiert gewesen wären. Auch in dieser Hinsicht verfügten die damaligen „Neubürger" über Erfahrungen aus ihrer Heimat und anderen europäischen Räumen (beispielsweise aus Italien). Noch heute erkennt man die „Kolonisationsstädte" an ihren kreisrunden bis ovalen Stadtgrundrissen und den regelmäßigen Straßennetzen. Damit war ein besonders günstiges Verhältnis zwischen Stadtumfang (Mauerlänge) und Innenfläche geschaffen, in welcher man Übersicht bewahren und sich schnell bewegen konnte. In den Stadtkernen von Neubrandenburg, →Penzlin und →Altentreptow ist dieses architektonische Muster noch heute mehr oder weniger gut erhalten.

Rund 400 Jahre boten die städtischen Wehranlagen Schutz und Geborgenheit. Mit dem Siegeszug durchschlagkräftiger Feuerwaffen, den Kanonen, war es damit vorbei. Die Ereignisse des Dreißigjährigen Krieges legen in unserer Region davon ein beredtes Zeugnis ab. Die alten Wehranlagen hatten ihren Zweck erfüllt, standen in den folgenden Jahrhunderten, besonders im 19. Jahrhundert, der industriellen und wirtschaftlichen Entwicklung immer mehr im Wege. Sie verschwanden nach und nach. So kann man heute von Glück reden, dass die Befestigungs- und Wehranlage in Neubrandenburg – trotz eingetretener Verluste – am vollständigsten erhalten ist und zu den am besten gepflegten im nordostdeutschen Raum gehört.

Stadtkirchen

Alle hier kurz vorzustellenden Kirchen der Landstädte im Tollensegebiet sind bedeutende Bauwerke der Backsteingotik und prägende Elemente des Stadtbildes, allen voran die prächtige →Marienkirche in Neubrandenburg. Diese Bauten verkörpern noch heute christliches Glaubensbekenntnis, Kreativität, künstlerisches Empfinden und nicht zuletzt bautechnisches Leistungsvermögen. Vielleicht lassen diese Kirchenbauten – neben den trutzigen Feldsteinkirchen in den Dörfern – am ehesten etwas von der Leistungskraft der Gründergeneration des 12. und 13. Jahrhunderts erahnen. Aus Ton und Lehm Ziegelsteine brennen zu können, war eine Verfahrensweise, welche die eingewanderten geistlichen und weltlichen Baumeister und Handwerker aus ihren Herkunftsländern (u.a. Holstein, Ost– und Westfalen, Niedersachsen) mitbrachten. In Norddeutschland fanden sie die erforderlichen Rohstoffe in reichem Maße vor. Klöster und Städte besaßen eigene Ziegeleien, sogenannte Ziegelhöfe. Die „Ziegler" formten nicht nur die Steine im großen Klosterformat per Hand, sondern auch die Formsteine, mit welchen das für die Backsteingotik so typische fantasievolle Maßwerk gemauert wurde. (Es erinnert immer wieder an eine Filigranarbeit aus Großmutters Häkelkorb).

Kriege und Stadtbrände gingen an den Kirchen nicht spurlos vorüber. So veränderten die Zeiten das Äußere und vor allem die Innenausstattung. Manches wurde durch den verschiedenartigen künstlerischen Zeitgeschmack beeinflusst, etwa bei den umfangreichen Sanierungsarbeiten, die an den Stadtkirchen im 19. Jahrhundert vorgenommen wurden. Dabei hinterließen so bedeutende Baumeister wie Friedrich August Stüler (1800–1865) und Friedrich Wilhelm Buttel (1796–1869) ihre Handschriften.

Im folgenden nun die Kurzporträts der Stadtkirchen im Tollensegebiet:

Altentreptow

Die Sankt Petri–Kirche wurde von der ersten Hälfte des 13. Jahrhunderts an bis ins 14. Jahrhundert hinein erbaut. Im 15. Jahrhundert erfuhr sie Erweiterungen, u.a. durch drei zweigeschossige Kapellenanbauten an der Südseite. Sankt Petri ist eine stattliche Backsteinhallenkirche mit mächtigem quadratischem Westturm. Der Turm besitzt ein reich profiliertes Portal. Die Haube auf dem Turm stammt aus dem Jahr 1773 und wurde 1962 erneuert. Das vierjochige Hallenschiff ruht auf getreppten Strebepfeilern und wird durch schmale spitzbogige Fenster erhellt. Im Inneren tragen achtseitige Pfeiler ein Kreuzrippengewölbe, im Chor zu einem Sternrippengewölbe verfeinert. Die zwischen 1863 und 1865 stattgefundene Renovierung leitete der preußische Architekt und Baumeister Friedrich August Stüler.

Die älteste Kostbarkeit ist der Taufstein vom Anfang des 13. Jahrhunderts, die schönste ein prächtiger Schnitzaltar aus dem 15. Jahrhundert. Dieser Flügelaltar zeigt – geöffnet – im Schrein den auferstandenen Christus. An seiner Seite knien zwei Figuren. Es wird vermutet, dass es sich um die Stifter des Altars handelt. Auf dem größeren Relief darüber sind die fürbittende Maria und Christus als Herr der Welt dargestellt. 40 weitere geschnitzte Figuren stellen Apostel, Evangelisten, Kirchenväter und andere Männer und Frauen dar, die sich in den Dienst der katholischen Kirche stellten oder als Bekenner des christlichen Glaubens den Märtyrertod starben. Die Predella stellt Passionsszenen dar. Wertvolle Tafelbilder schmücken den Altar von außen. Das vierteilige Chorgestühl besitzt reiches geschnitztes Maßwerk mit Figuren und Weinranken. Es stammt aus dem 15. Jahrhundert. Die wunderbaren Glasfenster mit ihren farbenprächtigen Malereien gehen auf die Sanierung der Kirche von 1863–65 zurück. Die Grüneberg–Orgel wurde in den letzten Jahren saniert und erklingt jetzt wieder zum Gottesdienst, zu kirchlichen Feiern und zu Konzerten.

Burg Stargard

Die Baugeschichte der Stadtkirche Sankt Johannis in Burg Stargard verlief etwas anders als die in den anderen hier vorgestellten Städten. Sie begann mit einem kleineren Bau aus Feldsteinen, so wie es in einer dörflichen Siedlung in ersten Drittel des 13. Jahrhunderts üblich war. Als das Angerdorf unterhalb der Burg 1259 Stadtrecht erhielt, wird sich das sicher auf den Kirchenbau ausgewirkt haben. Der vorhandene Bau wurde zu einer flachgedeckten Pfeilerbasilika erweitert, deren Nordseite noch aus Feldsteinen gemauert war, aber deren Südseite schon Backsteinpfeiler hatte. Der wenige Jahre danach angebaute Rechteckchor bestand bereits ganz aus Backsteinen. Um diese Zeit soll die Kirche noch einen Turm aus Feldsteinen gehabt haben. Beim großen Stadtbrand 1758 ging das Bauwerk fast völlig zugrunde, wurde aber bis 1768 in barocker Manier wieder aufgebaut und am 24. Oktober 1770 in Gegenwart des regierenden Herzogs Adolf Friedrich IV. („Dörchläuchting"; 1738–1794)) vom Landessuperintendenten Andreas Gottlieb Masch (1724–1807) geweiht. Aus dieser Zeit stammen der wertvolle Kanzelaltar mit Schnitzfiguren, das Gestühl und die umlaufende Empore. Über einhundert Jahre lang hatte der Kirchenbau keinen Turm. Erst 1894 wurde der heutige neugotische quadratische Backsteinturm nach dem Entwurf von Baumeister Paul Köppel errichtet. Vor wenigen Jahren erfuhr der Bau wieder eine umfangreiche Sanierung und bietet sich jetzt in sehr gutem Zustand dar.

Neubrandenburg

→Marienkirche
→Sankt Johanniskirche

Penzlin

Die Pfarrkirche war ursprünglich Sankt Nikolaus, dem Schutzpatron der Kinder, Schiffer, Kaufleute und Bäcker gewidmet. Seit 1737 tragen Kirchgemeinde und Stadtkirche den Namen „Sankt Marien". Der stattliche Bau aus dem 14. Jahrhundert ist eine dreischiffige Backsteinhalle von vier Jochen mit einem quadratischen, von den Seitenhallen begleiteten Westturm. Der Turm wurde nach einem Brand 1725 so verkürzt, dass sein Dach jetzt unmittelbar über dem Dachfirst des Langhauses beginnt, was der Kirche ein etwas gedrungenes, dafür aber gemütliches Aussehen gibt. In den Jahren 1877/78 erfolgte eine umfassende Instandsetzung. Die Apsis wurde dabei dem Ostgiebel angesetzt. Sie schließt mit einer geraden Ostwand ab. Der älteste Teil des heutigen Baus ist die an der Südwestseite angebaute Kapelle. Sie diente der Familie von Maltzan als Grabkapelle und stammt noch aus dem 13. Jahrhundert. Das Innere der Kirche wird von einem schönen Kreuzrippengewölbe über Achteckpfeilern dominiert. Die gesamte Innenausstattung (Kanzel, Orgel, Empore, Gestühl) geht auf die genannte Sanierung zurück. Sie ist komplett erhalten und heute ein attraktives Anschauungsobjekt für die lange Zeit als verpönt geltende Neogotik des 19. Jahrhunderts.

Stadtmauern

Die Stadtmauern waren als Teil der mittelalterlichen →Befestigungsanlagen über Jahrhunderte die wich-

tigste Schutzeinrichtung für die städtische Gemeinschaft. Sie waren Bebauungs- und Kontrollgrenzen. Nur an den →Stadttoren gab es Ein- bzw. Ausgangmöglichkeiten. Für mitgeführte Güter oder Handelswaren musste an diesen Stellen der Zoll gezahlt werden.

Die Stadtmauer in Neubrandenburg ist ein fast vollständig erhaltenes historisches Baudenkmal und in den vergangenen Jahrzehnten durch ein umfangreiches Sanierungsprogramm in besten Zustand versetzt worden. Die Mauer ist fast kreisrund und 2300 m lang. Mit ihrem Bau ist um 1300 begonnen worden. Die unbehauenen Feldsteine (→Findlinge) wurden meisterhaft vermauert.

In horizontalen Abständen von 50 bis 60 cm sorgte eine Ausgleichsschicht für bessere Stabilität. Am Mauerfuß ist das Bauwerk zwischen 140 cm bis 170 cm stark. Es verjüngt sich nach oben auf 60 cm. Hier wur-

Detail der Stadtmauer Neubrandenburg

de es durch eine aus Backsteinen sorgfältig gemauerte Mauerkrone abgeschlossen und so vor Witterungseinflüssen geschützt.
Die Mauer war ca. 7 m hoch, eine Höhe, die sie noch heute an vielen Stellen erreicht. Anders als in ähnlichen Befestigungsanlagen gab es hier keinen Wehrgang, sondern 56 in die Mauer eingelassene →Wiekhäuser.
Die Stadtmauer ist heute ein historisches Bauwerk, ein geologisches Studienobjekt und – ein Biotop. Bequem in Augenhöhe lässt sich studieren, welche verschiedenartigen Gesteine uns in der →Eiszeit „vor die Tür" gerollt wurden. Und in Zeiten der Vernachlässigung, als hier und da die Steine aus der Mauer heraus fielen, Erde angeweht wurde, siedelte sich eine besondere Mauerflora an. Um sie zu erhalten, wurden Teile der Mauer nur behutsam gesichert und nicht durchgängig saniert. Diese Mauerflora ist jetzt als Naturdenkmal geschützt und kann besonders in der 3. und 4. →Ringstraße betrachtet werden. Hier wachsen als botanische Raritäten Mauerraute, Mauerzymbelkraut und Savoyer Habichtskraut.
Auch die Bürger in →Penzlin waren über lange Zeit hinter einer ca. 1300 m langen Stadtmauer geborgen und geschützt. Sie soll sogar 8 m hoch und am Mauerfuß 160 cm stark gewesen sein. Von dieser Mauer sind an der Südseite der Stadt noch rund 500 m vorhanden. Sie war am Grunde aus Feldsteinen errichtet, später aber mehrere Meter mit Backsteinen aufgemauert worden. Ähnlich sehen die Reste der Stadtmauer in →Altentreptow aus. Hier besteht nur das Mauerfundament aus Feldsteinen, die Mauer selbst ist ein Backsteinmauerwerk. Sie ist noch auf einer Länge von ca. 150 m vorhanden und schließt die Innenstadt an ihrer Südseite zum Tollensefluss hin ab.

Stadttore

Altentreptow
Die pommersche Landstadt besaß ursprünglich drei Stadttore. Zwei von ihnen sind noch heute, zumindest in Teilen, erlebbar. Das hoch aufragende [Neu] Brandenburger Tor an der Westseite der Stadt dominiert noch immer das Stadtbild und kündet wie die große →Stadtkirche Sankt Petri vom Repräsentationsbedürfnis des aufstrebenden städtischen Bürgertums im 14. und 15. Jahrhundert. Sie sind kostbare Bauwerke der gotischen Backsteinarchitektur. Das Stadttor wurde um 1450 erbaut und besitzt an allen vier Seiten einen reichen Blendenschmuck mit Pfeilern und Nischen. Auf der Feldseite ist noch ein Teil eines Fallgattervorbaus vorhanden. Das Tor besitzt fünf Geschosse, die aber nicht genutzt sind.
Vom Demminer Tor in der Demminer Straße steht nur noch das Untergeschoss. Sicher hatte es ursprünglich ein ähnliches Aussehen wie das [Neu]Brandenburger Tor. Es ist in der zweiten Hälfte des 19. Jahrhunderts saniert und in seinem Äußeren stark verändert worden, beispielsweise sind die beiden turmartigen Aufsätze an den Ecken eine Zutat aus dieser Zeit.

Neubrandenburg
Ricarda Huch schrieb 1927 „Die vier Tore sind wundervolle Proben der Backsteingotik, im Vergleich zu anderen elegant, als wären sie mehr zur Zier als zur Wehr da." In der Tat kann sich Neubrandenburg glücklich schätzen, diese herausragenden Bauwerke zu besitzen. Sich deshalb als „Stadt der vier Tore" zu präsentieren ist mehr als gerechtfertigt.
Nachdem die →Befestigungsanlage ihre eigentliche Funktion verloren hatte und 1701 das Herzogtum Mecklenburg-Strelitz entstanden

war, wurden in allen vier Toranlagen Torhäuschen aus Fachwerk eingebaut. Hier wurden die Zölle kassiert, hatten Torschreiber oder Torwächter ihre Behausung. Mit dem reichen Backsteinschmuck der Außentore dürfte sich die Stadt den ankommenden Reisenden als wohlhabend und kulturvoll empfohlen haben. 1863 wird die Tor- und Zollsperre in Neubrandenburg aufgehoben. Bis dahin waren die Tore im Sommer zwischen 22 und 5 Uhr und im Winter zwischen 20 und 8 Uhr geschlossen. Aber noch rund weitere einhundert Jahre lang führten die Hauptverkehrsadern der Innenstadt durch diese vier Stadttore:

Friedländer Tor

Es ist das älteste und zugleich besonders gut erhaltene der vier Tore. An ihm lassen sich die Funktionen dieser oft als „Torburgen" bezeichneten Teile der →Befestigungsanlage gut demonstrieren. Zuerst entstand um 1300 das über 20 m hohe Innen- oder Haupttor. Ursprünglich befand sich über der quadratischen Durchfahrt ein Kreuzgewölbe. Von ihm sind im ersten Obergeschoss nur noch die Gewölbeansätze erhalten. Immer wieder gab es an den Toren Ausbesserungs- und Erhaltungsarbeiten, die vieles veränderten. 48 m vom Haupttor entfernt wurde später das Vortor errichtet und beide Tore durch zwei Mauern verbunden, so dass der große Zwinger oder Fanghof entstand. Neben dem Fallgatter schlossen noch beidseitig zwei große Torflügel das Innentor ab. Anfang des 16. Jahrhunderts ist die Anlage noch durch einen dreigeschossigen Zingel ergänzt worden. Diese halbrunde Bastion mit 4 m dicken Mauern schützte den Eingang zur Stadt noch zusätzlich.

Er war durch 2 m hohe Mauern mit dem Vortor verbunden und hatte einen separaten Zugang. Der Ausbau war ein Zeichen dafür, dass dieser nordöstliche Abschnitt der Befestigungsanlage besonders gefährdet war. Das bestätigte sich beispielsweise am 19. Mai 1631 (am 9. Mai nach altem Kalender), als die kaiserlichen Truppen unter General Tilly (1559 –1632) Neubrandenburg eroberten und unter den Bürgern und der die Stadt verteidigenden schwedischen Truppe ein fürchterliches Blutbad anrichteten. Man habe „bey Begrabung der Erschlagenen, zwischen dem Friedlandischen Thore und Zingel Leiche bei Leiche, abgehauenen Fäuste, Finger, Füße, Arme ... gefunden.." heißt es in einem zeitgenössischen Bericht. Eine Gedenktafel für den Hauptmann Pflug (→Gedenksteine) im Zwinger des Tores erinnert an diese bösen Tage. Vor dem Zingel steht heute der Prillwisse-Stein (→Gedenksteine). Er ist einem ebenso tapferen Verteidiger der Stadt gewidmet, allerdings aus einer Auseinandersetzung zweihundert Jahre zuvor.

Im 18. Jahrhundert wurden hier für den Zöllner und den Torwächter kleine Fachwerkhäuser an den Außenmauern angebaut. Trotz ihrer unzureichenden Ausstattung wurden sie noch bis in die 1970er Jahre bewohnt, dann aber von Grund auf saniert und innen modernisiert. Heute laden ihre Räumlichkeiten mit einer Galerie zu Kunst- und im Café gegenüber – zum Kaffeegenuss ein.

Stargarder Tor

Während das dreifach gesicherte Friedländer Tor mit dem schlichten Backsteinschmuck und in seinem guten Erhaltungszustand noch viel von der ernsten mittelalterlichen Wehrhaftigkeit vermittelt, ist das Stargarder Tor von gewisser Eleganz. Das mag zum einen in den im Laufe der Jahrhunderte eingetretenen baulichen Veränderungen begründet sein, ist aber vor allem sei-

nem wunderbaren Backsteinschmuck am Außentor zuzuschreiben. Die Ziergiebelmotive dieses Tores weisen viel Ähnlichkeit mit denen am Ostgiebel der →Marienkirche auf.
Es schützte die Südseite der Stadt. Hier bildete ein umfangreiches Bruchgelände mit dem →Lindebach, der einen Mühlenteich speiste und an dieser Stelle in die Wallgräben mündete, eine natürliche Barriere. So konnte man sich mit einem Doppeltor und den beiden 40 m langen und 4 m hohen Zwingermauern begnügen. Vor dem Tor stand von alters her eine →Wassermühle. Sie war anfangs befestigt und mit der Toranlage verbunden.
Das 24 m hohe dreigeschossige Haupttor soll um 1350 entstanden sein, das Vortor in einem zweiten Bauabschnitt später. Das Haupttor ist in seiner Ausschmückung relativ schlicht gehalten, dafür gibt aber

Stargarder Tor

eine besondere Dekoration seit langem Rätsel auf. Am stadtseitigen Giebel des Haupttors sind 9 fast lebensgroße Figuren aus Terrakotta und Putz angebracht, welche schon ganze Heerscharen von Deutern auf den Plan riefen. Sind hier Nonnen des →Zisterzienser–Klosters Wanzka dargestellt – das Tor hieß in der Vergangenheit eine Zeit lang Wanzkaer Tor–, oder Adorantinnen (Anbetende), oder die Ehrenjungfrauen im Hochzeitszug der brandenburgischen Markgrafentochter Beatrix (gest. 1314), welche 1292 den mecklenburgischen Fürsten Heinrich II. den Löwen (gest. 1329), in Neubrandenburg ehelichte (in Folge dieser Ehe wurde das alte Land Stargard mecklenburgisch), oder sind es schlicht und einfach Engel, welche die Stadt segnen? Bis eine schlüssige wissenschaftliche Antwort vorliegt, halten wir uns an Fritz Reuters (1810–1874) zeitlose Version, der meinte, es seien die Neubrandenburger Ratsherren dargestellt, welche die Hände hebend ausrufen „Wi hemm ok keen Geld ..."
Von den zwei Zoll– bzw. Torwächterhäuschen ist heute nur noch eines erhalten. Es ist aber kein Original, sondern wurde 1981/82 von Grund auf neu in den alten Abmessungen aufgebaut. Es wird heute gewerblich genutzt. Im Vortor mit seinem prachtvollen Maßwerk ist eine Wohnung eingerichtet worden. Die Restauratoren des 19. Jahrhunderts brachten das Ziergitter an.

Treptower Tor
Das Haupttor dieser größten Toranlage ist fast 32 m hoch. Dass sich die Beschützer der Stadt für längere Zeit im Tor einrichten konnten, dafür sorgten ein Kamin und ein Außenabort.
Von seinem einstigen Wehrgang aus (jetzt das oberste Stockwerk) konnte die Besatzung über das Vortor hinweg weit ins Land schauen. Das war sicher oftmals erforderlich, denn durch dieses Tor verliefen die wichtigen Wegeverbindungen in Richtung →Penzlin, Rostock und →[Alten] Treptow. Direkt vor dem Tor lagen die leistungsfähige und versorgungswichtige Vierrademühle, die Hopfenplantagen der Stadt und weiter oben in den Hügeln das Kloster →Broda. Der Propst und seine Mönche hatten in städtischen Angelegenheiten oft ein Wörtchen mitzureden. Sie besaßen beispielsweise das Patronat über die →Marienkirche und diverse Privilegien, um welche sie immer mal wieder mit den Neubrandenburger Ratsherren stritten. Das Haupttor soll kurz nach 1400 errichtet worden sein, das Vortor wie bei den anderen Toranlagen einige Jahrzehnte später. Letzteres besitzt auf der Feldseite einen ganz ähnlichen prächtigen Maßwerkschmuck wie das Stargarder Tor. Haupttor und Vortor sind mit 4 m hohen und 34 m langen Zwingermauern verbunden. Vielgestaltige Blendnischen, Kreisblenden und Maßwerk schmücken das Haupttor auf der Stadt– wie auf der Feldseite. Ein Fallgatter und beidseitig Torflügel sicherten die Durchfahrt. Sie war ursprünglich mit einem Sterngewölbe nach oben abgeschlossen, von welchem nur noch die Zwickel vorhanden sind. Das Tor besitzt zwei Wendeltreppen, welche die einzelnen Geschosse des Tores miteinander verbinden. Eine ist öffentlich zugänglich. Über diesen schmalen, geheimnisumwitterten Aufstieg kann man noch heute über fünf Etagen, von Epoche zu Epoche, durch die Vergangenheit steigen. Im Treptower Tor ist seit 1873 das Neubrandenburger Museum (→Museen) beheimatet, heute die Ausstellungen zur Ur– und Frühgeschichte sowie zur Slawenforschung. Im Vortor und im Torwächterhäuschen befinden sich Arbeitsräume des Museums. Das

größere Fachwerkhaus mit neugotischem Zierrat nebenan entstand 1856 für das erste Telegrafenamt der Stadt. Erst vor wenigen Jahren erhielt das Vortor wieder zwei hölzerne Torflügel, die zu bestimmten Anlässen geschlossen oder geöffnet werden, beispielsweise als „Startsignal" bei Märkten oder Festen im Zwinger des Tores.

Neues Tor

Obwohl schon über ein halbes Jahrtausend alt, heißt das vierte Tor der Stadt immer noch „Neues Tor". Es wurde nach 1450 errichtet und soll-

Neues Tor

te ein Problem der Stadt lösen, welches uns gar nicht so unbekannt sein dürfte – den Stau. Wie bei der Beschreibung des Treptower Tores angedeutet, verliefen die Hauptverkehrsströme in Richtung Ost – West. Offensichtlich war es erforderlich, das Friedländer Tor zu entlasten, deshalb wurde die östliche Seite der Stadtmauer geöffnet, um dieses vierte Tor anzulegen. Wie bei den drei anderen, gab es Haupttor, Vortor und Zwinger. Selbst mit dem Bau eines Zingels war während des Dreißigjährigen Krieges begonnen worden. Ihn zerstörten Tillys Kanonen, denen es 1631 gelang, in unmittelbarer Nachbarschaft eine Bresche in die Stadtmauer zu schießen und von hier aus Neubrandenburg zu erobern. Bereits 1852 wurden die Ruinen von Vortor und Zwinger beräumt. So haben wir heute nur noch das Haupttor vor uns. Bei seinem Schmuck ließen sich die Bauleute vom Stargarder Tor inspirieren. Die Sanierung in der Mitte des 19. Jahrhundert, sie soll unter Oberbaurat Buttels (1796–1869) Leitung gestanden haben, fügte neugotische Backsteinelemente hinzu. Der Figurenschmuck ähnelt dem am Stargarder Tor. Es sind aber nur acht Gestalten aus Terrakotta, die ihre sechzehn Arme heben – segnend, bittend, drohend oder sich ergebend?
Das Neue Tor hat einen Grundriss von 7 x 10 m und ist 19 m hoch. Kurz vor der Wende wurde es nochmals umgebaut, allerdings mit Zutaten, die sich kaum als denkmalpflegerisch gelungen bezeichnen lassen. Das Tor sollte ein Gästehaus der SED–Bezirksleitung werden. Heute nutzt es die bundesweit tätige Fritz–Reuter–Gesellschaft als Vortrags– und Versammlungshaus.

Strandbäder

→Badestrände, Badestellen

Suhlquelle

Die Ränder der eiszeitlichen Rinne, in welcher der →Tollensesee liegt, sind aus wechselnden Schichten von Geschiebemergel und Sand gebildet. Die quer zum See verlaufenden Täler, durch welche heute die meisten Wanderwege im →Nemerower Holz führen, entstanden durch Erosionsprozesse. Auf den Hochflächen der Umgebung sammelten sich Wassermassen, die in Richtung Seerinne abflossen und dabei die Täler ausspülten (sogenannte Randzertalung). Die Sandschichten zwischen den für Wasser undurchlässigen Mergelschichten führen Grundwasser. Schneidet nun ein Hang eine solche wasserführende Schicht an, tritt das Wasser in einer „Schichtquelle" ans Tageslicht. Um eine solche Quelle handelt es sich bei der Suhlquelle im Nemerower Holz, nur wenige hundert Meter nördlich des →Augustabads in Neubrandenburg gelegen. Die Ummauerung soll auf eine Initiative des Neubrandenburger Verschönerungsvereins am Ende des 19. Jahrhunderts zurückgehen. Der Name hängt sicher mit der Tatsache zusammen, dass sich dort selbst noch heute die größeren Tiere des Waldes gern im Schlamm wälzen.
Weitere, noch deutlichere Wasseraustritte können in Klein Nemerow an den Hängen zum Tollensesee beobachtet werden. Der hohe Eisengehalt des Wassers führt zu den auffälligen rostfarbenen Ablagerungen in diesen Bereichen. Sie sind ein Ergebnis von Oxidationsprozessen des Eisens mit dem Sauerstoff der Luft. Diese Hangpartien sind in Klein Nemerow durch den →Naturlehrpfand besonders gut erschlossen und begehbar.

Tauchen

Seit über drei Jahrzehnten gibt es eine Sporttaucherausbildung in Neubrandenburg am →Tollensesee. Die-

Eine Begegnung der besonderen Art im Tollensesee

se „Perle der Viertore-Stadt" bietet fast alles, was zu einer optimalen Ausbildung in diesem anspruchsvollen Sport notwendig ist – klares Wasser mit guter Sicht, größere Tiefen – sie liegt beim Tollensesee bei maximal 33 m, die durchschnittliche Tiefe bei 17,30 m –, eine interessante Tier- und Pflanzenwelt unter Wasser. Heute gibt es in Neubrandenburg mehrere Tauchclubs. Der günstigste Anlaufpunkt für Interessierte ist das →Wassersportzentrum am Nordufer des Sees. Hier bieten Tauchbasis, Tauchschule und Tauchshop ihren Service an.

Tauchtouristen und Tauchschüler finden im See eine zusätzliche Attraktion. Auf seinem Grund liegt ein Stück deutscher Militärgeschichte begraben:

Im Herbst 1941, als der Zweite Weltkrieg schon in vollem Gange war, mussten Kriegsgefangene verschiedener Nationen auf einem Gelände von ca. 25 ha Werkhallen und andere Gebäude errichten und im nördlichen Teil des Tollensesees eine künstliche Insel aufschütten. Auf dieser entstand ein mehrstöckiges Gebäude als Schieß- und Kommandostand. Die Insel war durch eine Brücke mit den Industrieanlagen an Land verbunden. Alles gehörte zur neuen Außenstelle der Torpedoversuchsanstalt (TVA) Kiel-Eckernförde in Neubrandenburg. Hier wurde der lange Tollensesee als Schießbahn für neu entwickelte Torpedos genutzt, um Präzision und Reichweite zu testen. Mehrere, auf dem See verteilte Plattformen erfassten die ballistischen Parameter. Am 8. April brannte das Gebäude aus. Nach Kriegsende 1945 wurden alle Anlagen gesprengt. Die Trümmer bilden weiterhin eine künstliche Insel im Tollensesee, die inzwischen vom Wassergetier und von Wasserpflanzen (Muscheln, Schwämme, Algen) erobert ist. Über Wasser bewähren sich Betonklötze und Eisenträger als Rast- und Nistplätze für Wasservögel.

Die Trümmerinsel darf nicht betreten und ihr Umfeld nicht allein betaucht werden. Für Sporttaucher gibt es aber ein besonderes Angebot. In Begleitung eines Tauchers mit Sondergenehmigung, also in ge-

Der Räuber Esox

führten Tauchgängen, können die Beton- und Eisenreste mit ihrem ungewöhnlichen Bewuchs inspiziert werden. Ansprechpartner für diese Tauchgänge findet man im →Wassersportzentrum am Nordufer des Tollensesees.

Weil sich die Wasserqualität des Tollensesees von Jahr zu Jahr verbesserte, profitiert inzwischen der Tollensefluss davon. Seine Flora und Fauna kann man am besten in einer ABC–Ausrüstung (Tauchermaske, Schnorchel, Flossen) schnorchelnd erkunden. Günstige Einstiegsstellen bieten sich am Wasserwanderrastplatz Mittelste Straße in Neubrandenburg (→Bootsvermietung), unterhalb des Wehrs in →Altentreptow und an der Burg Klempenow (→Burgen) an.

Technische Denkmale

Als die Abrissbirne im März 1995 das alte Sudhaus der einhundertjährigen Brauerei „Nordbräu" in Neubrandenburg in einen Schutthaufen verwandelte, hatte sich ein Akt vollzogen, dem durchaus eine gewisse Symbolkraft zugesprochen werden kann. Gemeint ist die Ignoranz gegenüber den Hinterlassenschaften der vorangegangenen Generationen auf technischem Gebiet.

Selbstredend sind die durch unsere Vorfahren praktizierten Verfahren unmodern, weil zu rohstoff- und energieintensiv, gesundheits- und umweltgefährdend. Andererseits sind technische Prozesse, Anlagen und Gerätschaften ein Stück Kultur- und Alltagsgeschichte, welche oft lebendiger über die konkreten Lebensbedingungen berichten als manche wissenschaftliche Abhandlung. Darüber hinaus werden in den alten Anlagen naturwissenschaftliche Lehrsätze meist so anschaulich demonstriert, beispielsweise die der Kraftübertragung, dass selbst die beste Computeranimation nicht mithalten kann. Und sicher gibt es noch weitere Gründe, den Zeugnissen der Technikgeschichte mehr Aufmerksamkeit zu widmen, sie zu pflegen und somit der Nachwelt zu erhalten. Als Beispiele wollen wir hier nennen: Wassertürme, Eiskeller, Speicher, Brennereien, Molkereien, →Wassermühlen, Transformatorenhäuschen, Ziegeleien, Dorfschmieden, Zeugen des städtischen Handwerks wie Druckereien, Apotheken, Schuhmachereien, Tischlereien oder die Zeugen der Verkehrsgeschichte, beispielsweise Bahnanlagen, Bahnhöfe, Lokschuppen usw. Viele solcher Anlagen und Betriebe waren bis in die jüngste Vergangenheit in unserer Region zahlreich vorhanden und oftmals noch in Betrieb. Nur wenige davon sind heute als Beispiele der Erbepflege auf technischem Gebiet vorzuführen. Die verloren gegangenen fehlen natürlich als touristische Attraktionen. „Die Fülle der Denkmale in Mecklenburg–Vorpommern scheint für viele ein unbewältigtes Problem, doch

eigentlich ist sie eine Chance für die Zukunft dieses Landes, macht sie doch gemeinsam mit der Landschaft den unverwechselbaren Charme dieses Landes, dieser Kulturlandschaft aus. In Anbetracht der teilweise aussichtslosen Situation mancher Denkmale braucht es bestimmt oft besonderen Mut, sich mit ihnen einzulassen..." meinte Sabine Bock im Buch „Vergessene Mühlen in Mecklenburg-Vorpommern". Dieser Mut scheint leider viel zu selten aufgebracht worden zu sein.
Im Tollensegebiet sind hauptsächlich →Wassermühlen (auch →Energiewanderweg) als technische Denkmale ausgewiesen.

Tempelberg

Er trägt eine unweit der Straße auf einer Anhöhe zwischen Lübkow und Werder gelegene schlichte Gedächtnisstätte, die an Joseph von Maltzan (1735–1805) erinnert. Der Freiherr zu Wartenberg und Penzlin auf Werder ist zweifellos eine der bemerkenswerten Persönlichkeiten aus der weitverzweigten Familie von Maltzan (auch Moltzan, Moltzahn, Maltzahn geschrieben). Deren Stammbaum lässt sich bis ins Jahr 1194 zurückverfolgen. Joseph von Maltzan war vom Gedankengut der Aufklärung beeinflusst. Mit Herzog Carl II. von Mecklenburg-Strelitz (1741–1816) teilte er die Sympathien für die Freimaurerei. In seinem Haus wurde musiziert und botanisiert, neuen Entwicklungen stand er aufgeschlossen gegenüber.
In Wustrow beispielsweise ließ er eine „Wachslichterfabrik" einrichten. Seine Besitzungen um Werder wurden in eine Parklandschaft nach englischem Vorbild umgestaltet. Als er 1805 während eines Aufenthalts auf seinen polnischen Besitzungen verstarb, brachten seine Getreuen den Leichnam illegal über die Grenzen und in die Heimat, denn er wollte auf dem Tempelberg bei Werder begraben sein. Heute ehrt hier eine Pyramide aus Feldsteinen diesen originellen Menschen und Gutsherren.
Der Sohn Friedrich (1783–1864) beschrieb in einer lesenswerten Biographie die Neigungen und Ambitionen seiner Eltern. Er setzte sich außerdem für die Entwicklung moderner landwirtschaftlicher Produktionsverfahren ein. Dessen Sohn Albrecht (1813–1851) wiederum leistete für die Naturkunde und die historische Forschung in Mecklenburg Bedeutendes. Neben weiteren Familienmitgliedern sind die drei bemerkenswerten Männer aus dem Geschlecht derer von Maltzan auf dem Friedhof in Peckatel beigesetzt. Ihre Grabstätten können hier besichtigt werden.

Tessenowhaus

Im etwa 1710 errichteten Bürgerhaus in der Neubrandenburger Neutorstraße 22 lebte von 1919 bis 1943 Heinrich Tessenow (1876–1950). Jahrzehnte lang erinnerte hier nichts an den berühmten Architekten. Nun tragen eine kleine Tafel am Haus und eine Erinnerungstafel im Flur zumindest der Informationspflicht Rechnung.
Dabei bietet das erfüllte Leben und vielseitige Werk Tessenows viele Ansatzpunkte, über die schwierige Gratwanderung zwischen Distanz zur und Eingebundensein in die gesellschaftliche Umwelt, in welcher man lebt, nachzudenken. Er lieferte beispielsweise den Entwurf für die Umgestaltung des →Belvedere zum Ehrenmal für die Gefallenen des Ersten Weltkrieges des Stargarder Landes. Dabei griff er kaum in die vorgefundene bauliche Substanz ein, sondern gestaltete den Innenraum um, u.a. mit Fahne und Wappen von Mecklenburg-Strelitz. Leider wurde dieses Denkmal dann von den Nationalsozialis-

ten im Sinne ihrer Ideologie vereinnahmt.
Kaum bekannt ist, dass Tessenow 1946 Wiederaufbaupläne für Rostock, Neubrandenburg, Friedland, Pasewalk und Woldegk entwarf.

Tierpark

Trüge der Burg Stargarder Klüschenberg (→Bergwanderung ...) nicht den stattlichen Buchen- und Eichenwald, sähe er aus wie ein hohler Zahn. In seiner Mitte liegt ein hufeisenförmiges Tal, das von alters her als Platz für Feiern und Fröhlichsein beliebt war, beispielsweise beim Vogelschuss und ähnlichen Volksfesten. In den 1950er Jahren sollte der Klüschenberg in einen „Kulturpark" umgestaltet werden. Als erster Schritt dafür wurde am 7. Oktober 1958 die „Waldbühne", eine Freilichtbühne, eröffnet. Als nächstes

Tempelberg mit Grabstätte

entstand eine Gaststätte. Zehn Jahre später wurde die Freilichtbühne renoviert und umgebaut. Im selben Jahr (1968) begannen die ersten Arbeiten für den geplanten Heimattierpark. Das tierpflegerische Konzept entwarf der Zoologische Garten Rostock. Nun wurde über mehrere Jahre hin geschippt, gebaggert, genagelt und geschweißt – meist in freiwilliger, unbezahlter Arbeit des Nationalen Aufbauwerkes (NAW). Viele Bürger aus Burg Stargard und Neubrandenburg, ganze Mitarbeitergruppen aus Industriebetrieben, Verwaltungen, Handwerksgenossenschaften und Jugendliche beteiligten sich an den Erschließungsarbeiten, der Montage der Volieren, der Spielgeräte, dem Bau der Gehege und der Versorgungseinrichtungen. Koordiniert wurden alle Aktionen von einem „Freundeskreis Tierpark". Heute zeigt der einzige Tierpark im Tollensegebiet etwa 500 Tiere in rund 75 Arten. Besonders beliebt sind die großzügige Katzenanlage mit Puma, Luchs, Leopard u.a., die Affenanlage, das Streichelgehege, die Känguruanlage, die Volieren und die Terrarien. Die schlichte Gaststätte hat sich inzwischen zur empfehlenswerten „Speisegaststätte Klüschenberg" gemausert.

Töpfereien

Das Handwerk der „Pötter" besitzt in Norddeutschland eine jahrhundertealte Tradition, auch die Gepflogenheit, Tonwaren auf Märkten feilzubieten. Der erforderliche Rohstoff, der Ton, ist hier noch heute in ergiebigen Lagerstätten und in guter Qualität vorhanden.
Allerdings konnte sich früher das derbe mecklenburgische Gebrauchsgeschirr nicht immer gegenüber den feineren fremden Produkte aus Stettin, Bunzlau oder Strasbourg behaupten. Aber gerade an der mecklenburgischen Eigenart knüpfen heute eine Reihe Töpfereien an und fertigen volkstümliches, rustikales Steinzeug.
Mehrmals im Jahr bieten diese Familienbetriebe ihre „Schöttel un Pött", und natürlich noch andere schöne Produkte auf dem Neubrandenburger Kunstmarkt an. In den Fanghöfen der →Stadttore ver-

Töpferstand bei einem Museumsfest

anstaltet, bietet dieser Markt ein beinahe perfektes historisches Ambiente. Hier lässt man sich gern als Käufer „einfangen", aber natürlich ebenso in den Töpfereien selbst, wo man den Meisterinnen und Meistern einmal bei ihrem attraktiven Kunsthandwerk über die Schulter schauen kann. Das ist beispielsweise möglich in:
Altentreptow, Neubrandenburg, Woggersin, Neu-Tellin.

Tollensesee, Tollensebecken

Zwischen Blumenholz im Süden und der Stadt Neubrandenburg im Norden erstreckt sich auf einer Länge von rund 15 km das Tollensebecken. In ihm „lagert" lang hingestreckt in fast genauer Nord-Süd-Richtung der Tollensesee, mit seiner 17,35 km² großen Seefläche einer der größten Seen Mecklenburgs.
Er ist 10 km lang, bis zu 2,5 km breit und an einigen Stellen über 30 m tief. Seine durchschnittliche Wassertiefe beträgt 17,30 m.

Das Einzugsgebiet des Tollensesees ist 515 km² groß. Gemeint ist damit das Areal, aus welchem die Zuflüsse zum Tollensesee kommen. Das sind der Gaetenbach (im Stadtgebiet von Neubrandenburg), der →Lindebach, der →Nonnenbach, der Krickower Bach, der Ziemenbach (aus der Pommerschen Hauptendmoräne bei Weisdin – Hohenzieritz kommend, durch die Lieps und über den Lieps-Kanal zum See fließend) und der Wustrower Bach (in der Ortslage Wustrow). Der See entwässert über zwei Abflüsse – den Ölmühlenbach und den Oberbach. Von der Vierrademühle an heißt das Gewässer Unter- oder Niederbach und nachdem es sich mit dem Ölmühlenbach vereinigt hat – Tollense.
Den Wert dieses Geschenks der Natur erkannten bereits die hier siedelnden Slawen. Dafür sprechen die durch archäologische Forschungen nachgewiesene große slawische Siedlungskammer an der →Lieps und die Hinweise auf die – bis heute zwar umstrittene – Lage des bedeutenden Heiligtums der Slawen, →Rethra, in dieser Gegend. Den Fischreichtum des Sees schätzten sowohl die Sla-

Herbststimmung am Tollensesee

wen als auch die Mönche des seit Anfang des 13. Jahrhunderts in →Broda ansässigen Prämonstratenser-Ordens. Letztere stritten sich wiederholt mit den Ratsherren von Neubrandenburg um die Fischereirechte.

Ernst Boll (1817–1868) nannte in seiner 1853 erschienenen „Beschreibung der Tollense" 15 Fischarten: Aal, Aalquappe, Wels, Stint, Hecht, Karausche, Schlei, Blei, Güster, Witting, Rotauge, Plötze, Barsch, Kaulbarsch, Stichling und für die Lieps den Karpfen. Heute leben im See 22 Fischarten, wobei vor allem Nutzfische wie der Zander und die Kleine Maräne hinzugekommen sind.

Boll leitete im selben Text die Herkunft der Bezeichnung „Tollense" vom slawischen Wort „dolenzia" (Niederung) ab. Dieses Wort tauchte zuerst im Stiftungsbrief für das Bistum Havelberg aus dem Jahre 946 auf und bezeichnete dort einen Landstrich in hiesiger Gegend. Erst im Jahr 1271 hieß es in einer Urkunde direkt „stagnum Tolense".

Ergänzend zu seiner schon immer geschätzten wirtschaftlichen Bedeutung entdeckte das 19. Jahrhundert die Vorzüge des Sees für Freizeit und Erholung und nutzte diese immer ideenreicher. 1884 beispielsweise startete der erste Ausflugsdampfer „Fritz Reuter" zur Jungfernfahrt.

Wenige Jahre später entstand das →Augustabad mit der gleichnamigen Villenkolonie. Die verschiedensten Wasserfahrzeuge eroberten den See – Ruderboote, Segelboote, Motorboote usw. Bis heute bietet der See für alle Arten des →Wassersports beste Voraussetzungen.

Für die Geologen bietet sich das Tollensebecken seit rund 150 Jahren als lohnendes Studienobjekt dar. Verschiedene Theorien interpretieren den Mechanismus seiner Entstehung während der →Eiszeit. Die neueste geht davon aus, dass nicht – wie bisher angenommen – eine Gletscherzunge das Tollensebecken ausschürfte, sondern dass riesige Schmelzwassermassen die Seerinne als Tunneltal unter dem abtauenden Gletscher ausgespült haben. Die vielen, nicht selten richtig imposanten Täler in den steilen Seitenflanken des Beckens entstanden über einen längeren nacheiszeitlichen Zeitraum durch die von den umliegenden Hochflächen abfließenden Wassermassen, sogenannte Randzertalung. Diese Höhen und Tiefen gestalten die beiden Wälder an den Seeufern – das →Nemerower und das →Brodaer Holz – zu gelegentlich zwar schweißtreibenden, dafür aber erlebnisreichen und attraktiven Wander- und Ausflugsgebieten (→Nordic Walking).

Wer den Tollensesee mit den Augen des Künstlers betrachtet, wird sich zu allen Jahreszeiten vom Farbenspiel des Wassers und der Wälder an seinen Ufern herausgefordert fühlen.

Touristinformation

Altentreptow

Stadtverwaltung Altentreptow - Allgemeine Verwaltung
Rathausstr. 1
17087 Altentreptow
Tel.: 03961–25510
www.altentreptow.de

Burg Stargard

Tourist-Information
Am Markt 3
17094 Burg Stargard
Tel.: 039603–20895
www.burg-stargard.de

Neubrandenburg

Stadt INFO
Stargarder Str. 17
17033 Neubrandenburg
Tel.: 0395–19433
www.neubrandenburg.de

Wallanlage (Historische Postkarte)

Penzlin
Tourist-Information
Große Str. 4
17217 Penzlin
Tel.: 03962–25510
www.penzlin.de

Turmhügel

Die deutschen Feudalherren, die als Eroberer in die slawischen Länder eingedrungen waren, sahen sich und ihr Gefolge mancherlei Anfeindungen der ansässigen slawischen Bevölkerung ausgesetzt. Allerdings beeinträchtigten immer stärker die Rivalitäten untereinander ihren Alltag. Die aus der Schicht des niederen Adels stammenden Herren mit ihren Familien errichteten zu ihrem eigenen Schutz feste Türme, die auf einem Hügel standen und meist von einem Wassergraben, gelegentlich sogar von einem Außenwall, umgeben waren. Diese Turmhügel standen oft inmitten oder zumindest am Rande der dörflichen Siedlungen.

Einige Turmhügel waren landesherrliche Befestigungen. Diese lagen weiter ab im Land an Grenzübergängen, beispielsweise an einer Furt. Diese Konstellation ist für den Turmhügel mit dem Flurnamen →Mörderberg, an der Krappmühle (→Wassermühlen) gelegen, vorstellbar, da hier auf der alten Landstraße zwischen Neubrandenburg und Treptow (heute →Altentreptow) das →Malliner Wasser durchquert werden musste.
Turmhügel sind ganz unterschiedlich groß. Auf einigen sind sogar noch Gebäudereste vorhanden. Ein sehenswerter Turmhügel, die „Burg Cunerow", liegt ganz verwunschen am Tollensefluss nördlich der Gemeinde Kessin (→Radwandern).

Wallanlagen

Der „grüne Eichenkranz" der Stadt Neubrandenburg ließ nicht nur den Maler Caspar David Friedrich (1774–1840) zum Zeichenstift greifen. Von ihm schwärmten Fritz Reuter (1810–1874) und der umsichtige Bürger-

Neubrandenburg aus der Vogelperspektive

meister Wilhelm Ahlers (1810–1889). Und wenn dem Grün heute mit Motorsäge und Heckenschere zu Leibe gerückt wird, erregt das wiederum die Gemüter aufmerksamer Bürger. In der Tat sind die begrünten Wallanlagen der Stadt zusammen mit →Stadtmauer und →Stadttoren in so seltener Geschlossenheit erhalten, dass sie zu einem Wahrzeichen geworden sind. Wer aus der Vogelperspektive auf die Stadt blickt, kann den fast kreisrunden grünen Schmuck der Innenstadt am besten wahrnehmen. Allerdings wird er heute nicht mehr allein von den in der Vergangenheit so sehr bewunderten knorrigen, uralten Eichen gebildet. Sie sind längst dem Abgasnebel und vor allem der großflächigen Grundwasserabsenkung zum Opfer gefallen. Eichen jüngeren Datums, dazu Kastanien, Linden, Rotbuchen, Blutbuchen u.a. wachsen nun auf den Wällen.

Der Bewuchs mit Bäumen ist seit Ende des 16. Jahrhundert überliefert. In den vorangegangenen Jahrhunderten durften weder Bäume noch Sträucher das Schussfeld vor der Stadtmauer behindern, denn die Wälle besaßen eine wichtige Funktion im System der Wehranlagen. Gräben und Wälle verhinderten, dass in Kriegszeiten Belagerer mit ihrer Kriegsmaschinerie zu schnell an die Stadtmauer herankamen. Die Gräben waren mit Wasser gefüllt. In Neubrandenburg übernahm das der

→Lindebach, der durch geschickt angelegte Wasserbauten den Außengraben zuverlässig füllte. An der Nord- und Nordostseite der Stadt ist sogar eine Doppelwallanlage mit einem Drei-Graben-System vorhanden, denn die Topografie des Geländes begünstigte hier die Angreifer. Auf der Südseite schützten größere Bruchflächen die Stadt – heute noch als Werderbruch (→Kulturpark) und Stargarder Bruch vorhanden. Hier genügte ein einfacheres Wall-Grabensystem.

Die aufgeschütteten Wälle sind an manchen Stellen selbst jetzt noch bis zu vier Meter hoch und von der Stadtmauer zwischen 20 m und 30 m entfernt. Die Wallanlage insgesamt ist an manchen Stellen bis zu 100 m breit. Für die Bepflanzung der Wälle mit Eichen sollen im ausgehenden Mittelalter junge Ehepaare gesorgt haben. Sie mussten gleich nach der Hochzeit zwei Eichen setzen. Da zu Wilhelm Ahlers Lebzeiten noch mehrfach Eichen paarweise zusammen standen, besitzt diese hübsche Legende vielleicht einen realen Hintergrund. Sorgen mit den bewachsenen Wällen hatten die Ratsherren oft genug. Holzdiebstahl musste verhindert oder geahndet, die Reinigung der Gräben organisiert, die Herbstmast der Schweine unter den reiche Frucht abwerfenden Eichen geregelt und Streit zwischen Bürgern geschlichtet werden, weil einige Leute in den Gräben Fische züchteten.

Seit die Stadt einen vor der →Stadtmauer gelegenen Bahnhof besaß – 1863/64 erbaut – , umrahmten die Baumgruppen der Wälle ein großes „Loch" in der Stadtmauer als neues Eingangstor zur Stadt – das sogenannte „Eisenbahntor". Durch diesen Mauerdurchbruch führte eine neue Straße vom Bahnhof zur Innenstadt. Vorher war der gesamte Verkehr mit dem Umland allein durch die vier →Stadttore geführt worden. Die Wallanlagen gerieten nun als erstes in den Blick der Gäste, weshalb sie zu einer Art Visitenkarte der Stadt wurden und zusätzlich dem Vergnügen der Bürger dienen sollten. Der „Verschönerungsverein" nahm sich ihrer an. Spazierwege wurden angelegt, die →Denkmäler und →Gedenksteine besser präsentiert und durch neue ergänzt. Die Bewohner der →Wiekhäuser allerdings pflanzten weiterhin Gemüse und Blumen vor ihre Häuschen und zwischen „Berg und Tal", idyllische Plätzchen, von Fotografen zu Beginn des 20. Jahrhundert oftmals abgelichtet.

Nach einer über mehrere Jahre andauernde Sanierung und Rekonstruktion bieten sich heute die Wallanlagen um die Innenstadt mit Spazierwegen, Spiel– und Ruheplätzen und schönen Sichten auf die Stadtmauer in einem attraktiven Zustand dar. Zeitig im Frühjahr sprießt hier das erste Grün. Es ist der Seltsame Lauch (Allium paradoxum), ein Neubürger, der – entgegen häufig geäußerter Meinung – erst in den letzten Jahrzehnten hier eingeschleppt wurde und den Wall mit Vehemenz und ohne Gegenwehr erobert hat. Er ist übrigens eine schmackhafte und gesunde Gewürzpflanze.
In →Altentreptow und →Penzlin gibt es jeweils an der Südseite der beiden Städte noch Reste von →Stadtmauern und den ihnen vorgelagerten Wallanlagen. Hier lässt es sich unter grünem Blätterdach angenehm spazieren gehen – mit Sichten auf die älteren Stadtteile, botanischen Überraschungen in den Wallgräben und in Altentreptow dem Duft des frischen Wassers vom nahen Tollensefluss in der Nase.

Wassermühlen

Die Geschichte der wasserradgetriebenen Mühlen geht bis in antike Zeiten zurück. In unserer Gegend gehörten Wasser– und Windmühlen seit knapp eintausend Jahren zum Landschaftsbild, wovon ungezählte Gemälde, Zeichnungen und Stiche zeugen. Sogar Lieder, Gedichte und Geschichten ranken sich um das oft abseits gelegene, manchmal sogar geheimnisumwitterte Mühlendasein. Allerdings hatte auch jedes Kloster und jede Stadt mindestens eine Mühle, in der Regel sogar mehrere (Mühlenstraßen!). Im wasserreichen norddeutschen Binnenland waren Wassermühlen besonders häufig. Übrigens soll die erste urkundlich erwähnte Wassermühle in Mecklenburg–Vorpommern am Tollensesee gelegen haben und vom Kloster →Broda genutzt worden sein.
Die Mühlenbaukunst war den slawischen Einwohnern unbekannt gewesen. Erst die deutschen Siedler des 11.–13. Jahrhunderts brachten die Kenntnisse aus ihrer alten Heimat mit. Im Manufakturzeitalter war das Wasserrad die Hauptantriebsmaschine und bewegte Getreide–, Säge–, Öl–, Pulver–, Kupfer–, Loh– oder Papiermühlen. Selbst, als mit der Erfindung der Dampfmaschine (1769 in England, 1785 erste deutsche Dampfmaschine) das Zeitalter der industriellen Revolution „eingeläutet" wurde, konnte sich das Wasserrad noch erstaunlich lange halten und Modernisierungen erfahren. Eiserne Wasserräder wurden gebaut. Wasserturbinen erzeugten den

Strom, der für den Mühlenbetrieb gebraucht wurde.
Die Wassermühle nutzt die Energie des strömenden Wassers und ist damit eine äußerst ökonomisch arbeitende Antriebsmaschine, vorausgesetzt, es ist stets genug Wasser da. Das wurde, selbst im wasserreichen Norddeutschland, im Sommer gelegentlich zum Problem, denn die strömungsreichsten Wasserläufe sind hier die kleineren Flüsse und Bäche, die nicht zu jeder Jahreszeit genügend Wasser führten. Es mussten die topographischen Gegebenheiten des Landes klug genutzt werden, um den Wasserzufluss zuverlässig zu gestalten. So fungierten beispielsweise der Wanzkaer See für die vier Mühlen am →Nonnenbach oder der →Tollensesee für die leistungsfähige Vierrademühle in Neubrandenburg als „Mühlenteich". Erst nach 1900 begann die Zeit des „Mühlensterbens", in den einzelnen deutschen Regionen allerdings mit unterschiedlichem Tempo. Es erreichte nach dem Zweiten Weltkrieg einen neuen Höhepunkt, wofür es in der Mühlengeschichte unserer Umgebung leider viele Beispiele gibt.
Heute sind die Mühlenstandorte bestenfalls gern besuchte →Technische Denkmale, in den meisten Fällen ruinöse Orte oder – schlimmstenfalls – nur noch ein Hinweis auf einer Wanderkarte.

Besuchenswerte Mühlenstandorte im Wandergebiet sind:

Bornmühle
Heute ist der Mühlenstandort durch das gleichnamige neue Hotel bekannt, von der namengebenden Mühle aber ist kaum noch etwas zu sehen. Sie wurde seit 1817 als Öl– und Graupenmühle verzeichnet, von 1887 an nur noch als Ölmühle. Der Mühlenplatz liegt am Tollense–Radrundweg (→Radwandern) und am →Naturlehrpfand Klein Nemerow – Nonnenhof. Die Mühle nutzte das Wasser eines Quellbaches (Born), der aber nicht immer genügend Wasser führte.

Brandmühle
Nur rund einen Kilometer nördlich von Wulkenzin stand im Tal des →Malliner Wassers die frühere Brandmühle, eine stattliche Getreidemühle. Sie soll wie die Krappmühle eine Gründung des Klosters →Broda gewesen sein. 1309 ist sie zum ersten Mal schriftlich genannt. Sie existierte bis in die 50er Jahre des 20. Jahrhunderts. Dann stellte sie wie viele andere ihresgleichen den Betrieb ein und verfiel zusehends. Heute gibt es hier nur noch wenige Fundamentreste, das Wehr, den verlandeten Mühlenteich – und den Hinweis am Wanderweg rund um Wulkenzin.

Hinterste Mühle
Von den vielen Wassermühlen, die der Lindebach antrieb, gehört diese zu den bedeutendsten. Im Neubrandenburger →Lindetal gelegen, besaß sie mehrere „Schwestern" – die Heidmühle, die Vorderste Mühle, die Mittelste Mühle und die Papiermühle.
Ihre Entstehung lag in der Zeit vor dem Dreißigjährigen Krieg, denn dieser hatte sie zerstört. Sie blieb in städtischem Besitz, wurde wieder aufgebaut, brannte aber noch mehrmals ab, zuletzt im Jahr 1978. Da wurde sie allerdings schon nicht mehr als Mühle betrieben, sondern beherbergte die 1953/54 gebildete „Station Junger Naturforscher und Techniker". Hier gab es naturkundliche und technische Arbeitsgemeinschaften der unterschiedlichsten Art für Schülerinnen und Schüler – von der Ornithologie über Pflanzenzucht, Modellbau bis zu Handarbeiten.

Gemäuerreste der Krappmühle

Als Mühle war sie eine leistungsfähige Anlage gewesen und hatte als Schneid–, Walk–, Lohstampf–, Öl– und Getreidemühle gedient. Nach Eröffnung der Nordbahn 1877/78 erhielt sie sogar eine eigene Haltestelle, und seit 1904 bot eine Gaststätte auf ihrem Terrain Speisen und Getränke an. Aus diesem Grund wurde die Hinterste Mühle zu einem beliebten Ausflugsziel im Lindetal. Sie stellte erst im April 1953 den Mühlenbetrieb ein. Von den alten Mühlengebäuden ist nichts mehr vorhanden, dafür laden Mühlenteich, Wehr, der schöne Wanderweg durch das Lindetal, Gastronomie und ein ideenreiches Freizeitangebot nach wie vor zu einem Besuch ein. Auf dem Gelände der ehemaligen Hintersten Mühle hat das Sozial– und Jugendzentrum sein Domizil mit Kleintierzoo, Botanischem Garten, Gastronomie und Übernachtungsmöglichkeiten. Es bietet das ganze Jahr über vielseitigen Freizeitspaß, Ferienkurse und naturkundliche Bildung an, besonders für Kinder und Jugendliche, aber auch für die ganze Familie.

Krappmühle

Gegenüber dem →Mörderberg, an der alten Treptower Landstraße kurz vor Woggersin gelegen, befindet sich ein weiterer Mühlenplatz am →Malliner Wasser. Man muss schon etwas genauer hinschauen, um hier noch Fundamentreste, den ehemaligen Mühlenteich und weitere mühlentechnische Anlagen zu entdecken, obwohl das Gelände inzwischen freigeräumt und mit einer Informationstafel versehen ist.
Auch diese Mühle gehörte dem Kloster →Broda, ja sie scheint eine besonders wichtige gewesen zu sein, denn sie trug über Jahrhunderte den Namen des Brodaer Propstes Walwanus. Um das Jahr 1300 ist sie entstanden. Später ging der Name Walwanus–Mühle verloren, denn ihre Besitzer bzw. Pächter wechselten oft und damit ihre Bezeichnung. Krappmühle wird sie erst seit dem Ende des 18. Jahrhunderts genannt, sicher ein Hinweis darauf, dass hier „Krapp" vermahlen wurde. Die Wurzeln einer Färberpflanze, der Färberröte (Rubia tinkturia), lieferte einen roten Farbstoff, aus welchem der begehrte

„Krapplack" hergestellt wurde. Die Mühle verarbeitete auch Getreide, und im 19. Jahrhundert wurde hier sogar Papier produziert.
Die Mühlengebäude sollen erst nach dem Zweiten Weltkrieg verfallen sein.

Lohmühle

In einem hübschen Fachwerkbau vor dem Stargarder Tor (→Stadttore) in Neubrandenburg kann der Gast heute seinen Hunger stillen. Hier hat die rustikale Gaststätte „Zur Lohmühle" ihr Domizil. Der Name also macht uns schon darauf aufmerksam, dass wir uns hier an einem alten Mühlenstandort befinden. Seit dem Jahr 1354 sind Mühlen an diesem Platz bekannt. Sie arbeiteten u.a. als Walk-, Öl-, Loh- und zuletzt als Getreidemühlen. Das große Mühlrad an der Giebelseite des früheren Mühlengebäudes – das heutige Fachwerkhaus ist ein Neubau – wurde vom Lindebach bewegt, der hier direkt am Stargarder Tor vorbei floss und auch die Gräben der Stadtbefestigung mit Wasser füllte. Der kleine Park um den „Schwanenteich" liegt auf dem Gelände des früheren Mühlenteichs. Gerade an diesem Platz lässt sich gut nachvollziehen, wie sehr seit den 1960er Jahren vor allem durch den Straßenausbau die gesamte Topographie des Geländes vor dem Stargarder Tor (→Stadttore) verändert wurde.

Nonnenmühle

Diese Mühle liegt bei Usadel am →Nonnenbach, und ihre heutigen Gebäude sind von der B 96 aus gut zu erreichen. Nachrichten über diese Mühle gibt es seit 1636, trotzdem sind diese sehr spärlich. Seit 1817 wurde sie als Ölmühle betrieben. In den letzten Jahren war sie ein reiner Wohnplatz. Im Jahr 2003 standen die Gebäude zum Verkauf und fanden inzwischen neue Eigentümer.

Neubrandenburger Papiermühle

Nur eine halbe Wanderstunde vom Sozial- und Jugendzentrum Hinterste Mühle entfernt liegt in Richtung Burg Stargard am idyllischen Wanderweg durch das →Lindetal der Platz der ehemaligen Papiermühle. Wir haben es mit einem sehr interessanten historischen Industriestandort zu tun, dessen verfallende technische Anlagen leider viel zu spät gesichert wurden. So sind hier nur noch Reste der Papiermühle zu sehen. Inzwischen ist das Wenige zur Besichtigung hergerichtet und mit Informationstafeln ausgestattet. Die Mühle wurde 1760 erbaut. Der Erbauer stammte aus einer Schweizer Papiermacherfamilie und konnte auf reiche Berufserfahrungen verweisen, als er sich im Herzogtum Mecklenburg-Strelitz niederließ.
Hier war der Bedarf an Papier wie überall im 18. Jahrhundert rasant gestiegen. Fast einhundert Jahre wurde hier handgeschöpftes Papier mit Wasserzeichen hergestellt.
1778 wurde die Papiermühle von Johann Friedrich Wilhelm Krüger gepachtet und war dann seit 1781 direkt in Besitz der Familie Krüger, in deren Händen sie rund 170 Jahre verblieb. In der Mitte des 19. Jahrhunderts wurde der gesamte Betrieb modernisiert, Papiermaschine und Dampfmaschine eingesetzt. Die Familie Krüger führte den Betrieb bis 1940, dann war er für 3 Jahre verpachtet, bevor er stillgelegt wurde. Zwischen 1945 und 1951 wurde die Dampfmaschine nochmals in Gang gebracht, um Dach- und Isolierpappe zu produzieren. Danach kam die endgültige Stilllegung. Die Gebäude wurden zu Wohnzwecken hergerichtet, aber Mitte der 1960er Jahre zogen die letzten Bewohner aus.
Nun begann der Verfall.

Sandmühle

Obwohl der Mühlenstandort bei Hohenzieritz seit 1637 belegt ist und die Mühle bis 1961 betrieben wurde, ist über sie sehr wenig bekannt. Sie liegt an einem sehr hübschen Ort im Heidenholz und nutzte das Wasser des Ziemenbachs. Der neue Königin-Louise-Gedächtnisweg führt hier vorüber. Eine stattliche Eiche am Weg trägt ebenfalls den Namen der preußischen Königin Louise (→Gedenkstätten). Mühlenteich, Wehr, Wohnhaus und Wirtschaftsgebäude sind noch vorhanden und genutzt, natürlich nicht mehr im Mühlenbetrieb. Der Weg zum Mühlenplatz ist von der Landstraße Blumenholz – Hohenzieritz aus gut zu erreichen und entsprechend ausgeschildert. Nicht weit entfernt ist ein anderer alter Mühlenstandort. Dort arbeitete einmal die Hohenzieritzer Wassermühle.

Vierrademühle in Neubrandenburg

Früher vor den Toren der Stadt, heute im Stadtzentrum gelegen, begleitete die Mühle die über 750jährige Geschichte der Stadt Neubrandenburg in alle Höhen und Tiefen und mit allen technischen Veränderungen, welche die Zeitläufte mit sich brachten.

Die erste Nachricht von ihr entstammt einem Grundbesitzstreit aus dem Jahr 1271 zwischen der 1248 gegründeten Stadt Neubrandenburg und dem benachbarten Kloster →Broda. Wie an einem Balken des heutigen Mühlengebäudes zu lesen ist, (die Jahreszahl ist allerdings nicht korrekt angegeben), gehörte die Mühle zuerst der Familie des Stadtgründers Herbord von Raven (gest. vor 1287). Die Wasserverhältnisse wurden geschickt genutzt. Der →Tollensesee diente als Mühlenteich. Seine nie versiegenden Wassermassen wurden über einen künstlichen Kanal, heute der Oberbach, der Mühle zugeführt. Zusätzlich wurde der Lindebach so um die Stadt herum geleitet, dass er die Wallgräben füllte und außerdem die vier unterschlächtig betriebenen Wasserräder dieser Mühle (und die weiterer Mühlen vor der Stadt) mit in Gang setzte. Im Jahr 1705 kam die Mühle in den Besitz der Familie Moncke, welche die Mühle rund 250 Jahre lang bewirtschaftete und zur leistungsfähigsten Getreidemühle in Mecklenburg-Strelitz ausbaute.

In DDR-Zeiten wurde die Mühle verstaatlicht und zu einem Volkseigenen Betrieb (VEB) umgewandelt. Um Repressalien zu entgehen, flüchtete die Familie Moncke vorher nach Westdeutschland.

Verglichen mit anderen Mühlen war die Vierrademühle vergleichsweise spät auf elektrischen Strom umgerüstet worden (1958/1959 und 1965–1968). Sie erfuhr dabei eine technische Grundüberholung und wurde damit auf den neuesten Stand gebracht, so dass sie als Leitbetrieb der Getreidemühle im Bezirk Neubrandenburg vor allem Roggen- und Weizenmehl für die großen Back- und Teigwarenwerke im Umkreis produzierte. 1993 ging sie auf Grund vom Rückübertragungsansprüchen erneut in den Besitz der Familie Moncke über. Im Jahr 2001 musste die Mühle leider aus wirtschaftlichen Gründen stillgelegt werden und kam zum Verkauf. Der neue Besitzer entwickelte mutig ein völlig neues Konzept für das gesamte Terrain und ließ die respektablen Gebäude dieser geschichtsträchtigen Industriestätte sanieren. Sie dienen nun den unterschiedlichsten kommerziellen Zwecken [Bildungsstätte, Gaststätten, Dienstleistungen (Anwaltsbüro, Ingenieurbüro, Hoffriseur), Ausweichquartier der stadtgeschichtlichen Ausstellung des Regionalmuseums (→Museen), Museumsladen]. Auf diesem Weg blieb das Mühlenareal glücklicherweise dem Stadtbild erhalten, ja ist sogar zu einem besonderen Schmuckstück geworden.

Vierrademühle in neuem Gewand

Beachtenswert ist ein Naturdenkmal am Hauptgebäude der Mühle – eine riesige Efeu–Wand.

Wanzkaer Mühle

Dort, wo der Nonnenbach den Wanzkaer See verlässt, entstand schon im 16. Jahrhundert eine Getreidemühle. Sie lag geradezu idyllisch zwischen den Hügeln des →Zechow, dem Wanzkaer See und dem wild-romantischen →Nonnenbachtal. So war sie vor dem Zweiten Weltkrieg ein beliebtes Ausflugsziel. Von dieser Romantik ist wenig geblieben. Am Ende jenes Krieges teilweise zerstört, blieb die Mühle aber als Stromlieferant bis in die 1950er Jahre noch in Betrieb. Von den umfangreichen Stauanlagen, den Wehren und den Mühlengebäuden ist nichts mehr erhalten. Nur einige Fundamentreste und einige Kulturpflanzen als Siedlungsanzeiger bezeugen ihre frühere Existenz. Der ehemalige Mühlenplatz liegt an der Landstraße Blumenhagen – Neuhof – Wanzka und ist leicht zu erreichen.

Wanzkaer Papiermühle

Der heutige Wohnplatz „Forsthof Zachow" nahe Usadel geht auf einen Mühlenstandort zurück. Hier war in der Mitte des 18. Jahrhunderts eine Papiermühle entstanden, die aber erst richtig in Schwung kam als Carl Moses Lemelson (1747–1829), ein herzoglicher Schutzjude, 1802 die Konzession erhielt. Er ließ eine Reihe Gebäude errichten und beschäftigte zeitweise bis zu 50 Arbeiter, so dass die Wanzkaer Papiermühle zu einer der leistungsfähigsten historischen Industriestätten in Mecklenburg–Strelitz gezählt werden kann. Es wurde so viel handgeschöpftes Papier produziert, dass sogar in die Nachbarländer (Preußen, Mecklenburg–Schwerin u.a.) verkauft werden konnte. Bis 1861 blieb die Papiermühle im Besitz der Familie Lemelson. Das alte Handwerk des Papierschöpfens konnte mit der modernen maschinengestützten Papierherstellung nicht mehr konkurrieren. 1906 kaufte die großherzogliche Kammer die Mühle auf, ließ die alten Gebäude abreißen und auf dem Gelände eine Försterei errichten. Heute ist von den Mühlenanlagen kaum noch etwas zu erahnen, aber die kleine Denkmalsanlage (→Denkmale), welche die drei Kinder der Lemelsons „Den lieben Eltern" widmeten, ist durch Bürger der Gemeinde Zachow wieder hergerichtet worden. Auf dem Stein sind die Lebensdaten des erfolgreichen „Erbherrn aus der Papierfabrik Wantzka" und die seiner Ehefrau verzeichnet. Wer auf dem Wanderweg Usadel – Zachow unterwegs ist, kann sich hier an der Brücke über den →Nonnenbach des Schicksals der alten Wassermühle erinnern und die kleine Andachtsstätte besuchen. Gleich gegenüber dem Ortseingangsschild führt ein unauffälliger Fußweg Richtung Nonnenbach. Nach wenigen Metern ist das mit Feldsteinen umrahmte und mit sechs Linden und dem Gedenkstein bestandene Rondell zu finden.

Zippelower Mühle

Unweit →Prillwitz überquert der Tollense–Radrundweg in Zippelow den gleichnamigen Bach. An ihm lag eine Wassermühle, deren Wasserrad oberschlächtig betrieben wurde und noch bis in die 1970er Jahren vorhanden war. Besitzer der Mühle sind seit 1836 nachgewiesen. Obwohl es eine Erbpachtmühle war, wechselten die Besitzer sehr oft. Bis 1920 wurde hier Getreide zu Mehl vermahlen, bis etwa 1960 arbeitet die Mühle als Schrotmühle.

Zirzower Mühle

Sie gehört zu der Gruppe von Mühlen am →Malliner Wasser, deren interessante Geschichte bis in die Blütezeit des Klosters →Broda zurück reicht. Und sie ist noch heute, wenn auch in eingeschränktem Umfang, in Betrieb! Dafür sorgte vor allem die Müllerfamilie Hoffschildt, welche die Wassermühle seit über zweihundert Jahren bewirtschaftet. Die Mühle arbeitete als Getreidemühle, als Schneid– und Ölmühle. Von 1904 an wurde elektrischer Strom erzeugt. Eine alte, schwer lädierte Francis–Schachtturbine wurde 1997/98 saniert, betriebsfähig gemacht und liefert jetzt wieder Strom. Mit dieser Demonstration historischer Technik zur Stromerzeugung aus Wasserkraft ist die Mühle zu einem bemerkenswerten Besichtigungsplatz auf dem →Energiewanderweg geworden. Bis 1953 wurde in der Mühle Getreide gemahlen, danach nur noch geschrotet. Dann erfolgt um 1960 der Umbau zu einem Mischfutterwerk. Noch heute beliefert Müller Hoffschild Kleinerzeuger mit Getreideschrot und Mischfutter. Auf dem Areal seiner Mühle ist außerdem historische Agrartechnik zu besichtigen.

Wassersportzentrum

Das gesamte Tollensegebiet ist ein Wassersportparadies. Kein Wunder, dass sich hier die verschiedensten Wassersportvereine etabliert haben. Vom →Angeln und Baden (→Badestrände, Badestellen) bis Segeln, Surfen und →Tauchen kann sich jeder an seinen speziellen Vorlieben am, im oder mit dem Wasser erfreuen. Das Herz der Erholungslandschaft ist natürlich der →Tollensesee, aber auch der Tollensefluss ist inzwischen als reizvolle →Wasserwanderstrecke entdeckt.
Auf dem Gelände eines ehemaligen Reparaturwerkes für Militärfahrzeuge (RWN) in Neubrandenburg am Nordostufer des Sees in der Nähe des →Augustabades entstand nach der Wende das Wassersportzentrum mit einem umfangreichen Angebot. Es wurde 1999 eröffnet. Sein Yachthafen verfügt über rund 130 Liegeplätze (mit Trinkwasser– und Stromanschluss), dazu in der Halle ein Winterlager für Boote mit Bootswerft. Es gibt hier außerdem

Treue Begleiter am oder im Wasser

Bootsvermietung, Caravan-Stellplätze mit gehobenem Service, gastronomische Betreuung, Anglershop, Yachtausstatter, Tauch- und Seglerschule. Als besonderer Service werden in der Saison ein Kanubringdienst, Rundfahrten mit einer Motoryacht, das Wassertaxi und geführte Tauchgänge zur TVA (→Tauchen) angeboten.

Wasserwanderungen

Tollensesee

Der →Tollensesee ist nicht nur eine anspruchsvolle Trainingsstrecke für die erfolgreichen Kanuten des Sportclubs Neubrandenburg (SCN), sondern ebenso bei den Freizeitkapitänen sehr beliebt, ob sie nun im Faltboot, Kajak, Segel- oder Motorboot sitzen. Wenn man per Muskelkraft den gesamten See umrunden möchte, sind die rund 25 km als Tagestour zu planen. Besonders bei dem häufig recht temperamentvoll blasenden Westwind ist die „Hintour" eine anspruchsvolle und kräftezehrende Angelegenheit.

Nicht nur aus Sicherheitsgründen sollte man sich in den kleineren Booten stets in Ufernähe bewegen. Von hier aus gibt es lohnende Einblicke in das reiche Vogelleben des Schilfgürtels, der den See nun wieder fast geschlossen umzieht. Haubentaucher, verschiedene Entenarten, Blessrallen, Schwäne, Graugänse, Kormorane sind mit Sicherheit anzutreffen. Die kleineren Vögel machen sich mit ihrem lauten Gesang bemerkbar (Rohrsänger, Schwirl, Rohrammer). Und wenn man Glück hat, schießt ein blauer Blitz übers Wasser. Das ist der Eisvogel. Aber bitte beachten: Schilfröhrichte sind geschützte Biotope. Sie dürfen deshalb weder befahren noch betreten werden! Die geheimnisvolle Welt der Wasserpflanzen bietet Beachtenswertes. Besonders an der Abbruchkante des Sees schlängeln sich das Spiegelnde und das Durchwachsenblättrige Laichkraut zum Licht empor. Andere Laichkräuter, Hornkraut, Tausendblatt bilden ganze „Landschaften" unter Wasser. Diese Pflanzengemeinschaft lässt sich besonders bei ruhigerem Wetter auch vom Boot aus betrachten. Übrigens muss man nicht den gesamten Rundkurs über im Boot ausharren. Anlegemöglichkeiten gibt es beispielsweise in Klein Nemerow (Badestelle, Gastronomie), Nonnenhof (Gastronomie geplant), in Wustrow (Badestelle) oder am →Campingplatz Gatsch–Eck.

Tollensefluss

In den letzten Jahren investierten Kommunen und Privatleute allerhand Ideen und Geld, um den Tollensefluss zwischen Neubrandenburg und Demmin zu einer attraktiven Wasserwanderstrecke auszubauen. Zwar sind momentan noch einige Wünsche offen, aber die rund 60 km lange Strecke durch ein urtümliches Flusstal mit Muskelkraft zu befahren, ist ein lohnendes Abenteuer. Schließlich verbindet der Flusslauf die Neubrandenburger Region mit der großen, weiten Welt: Mit entsprechender Kondition gelangt man ab Demmin die Peene abwärts bis nach Anklam, von dort ins Haff oder auf den Peenestrom und – schon hört man die Ostseewellen rauschen. Bis zu den Malediven ist es dann gar nicht mehr so weit ...

Streckenverlauf:

km	Örtlichkeit	Bemerkungen
0	Wassersportzentrum	Marina; gehobener Service
2	Wehr Broda	Umtragen
3	Hopfenburg	Umtragen
3,5	Rastplatz Mittelste Straße	Günstiger Startplatz; Bootsvermietung
7	Woggersin	Anlegestelle
15	Wehr Neddemin; Beginn Randkanal	Anlegestelle
20	Wehr Altentreptow	Umtragen, Anlegestelle
21	Gaststätte „Wiesenquelle"	Anlegestelle
22	Klatzow	Anlegestelle
25	Mühlenhagen	Anlegestelle; .
34	Klempenow	Umtragen, Anlegestelle; Kanuausleihstation
38	Tückhude	Anlegestelle
45	Wehr Osten bei Roidin	Anlegestelle; in der Nähe Burg Osten
49	Vanselow	Anlegestelle; Gutshaus (Hotel)
54	Sanzkow	Anlegestelle
60	Demmin Stadthafen	Marina; gehobener Service

Rast am Tollensefluß

Wie beim Streckenverlauf zu sehen, versperren einige Wehre den Flusslauf. Das wird wohl so bleiben. Möglicherweise entstehen in den nächsten Jahren technische Hilfsmittel, um den Bootstransport über Land zu erleichtern. Ausgebaute Einsatzstellen, Rast- und Biwakplätze u.a. Erleichterungen gibt es bereits. Der „gehobene Service" in Neubrandenburg und Demmin bietet Strom- und Trinkwasserversorgung, Entsorgung, Werkstatt, Einkaufsmöglichkeiten, Gastronomie, Übernachtung.

Wiekhäuser

Unter den Semantikern ist die Bedeutung des Wortes „Wiek" umstritten. Einleuchtend erscheint der Bezug auf das Wort „wichus" im mittelalterlichen Deutsch, welches ein Haus an der Stadtgrenze (Stadtmauer) meinte, das für die Verteidigung der Stadt wichtig war. Es ist also ein Kriegs- oder Kampfhaus. In der Tat haben die Wiekhäuser in der Neubrandenburger Stadtmauer eine solche Vergangenheit hinter sich. Ursprünglich waren es stadtseitig offene Mauertürme, die 3 bis 4 m nach außen vorsprangen. Schießscharten ermöglichte es, die Außenmauer zu beobachten, Angreifer zu attackieren und zum Gegenschlag auszuholen. Diese Mauertürme sollen an besonders gefährdeten Stellen die →Stadtmauer um das doppelte überragt haben, waren also ca. 14 m hoch. Ein 1912 nach älteren Zeichnungen rekonstruiertes Wiekhaus (es trägt die Nr. 8) am nördlichen Ende der Stargarder Straße (Nähe Bahnhof) in Neubrandenburg vermittelt uns noch heute eine gewisse Vorstellung von der Wehrhaftigkeit dieser Mauertürme. Immerhin war die Stadtmauer mit 56 solcher

Das 1912 rekonstruierte Wiekhaus

Wiekhäuser gespickt. Zwei davon wurden später zu →Fangeltürmen umgebaut. Die Wiekhäuser waren zwischen 30 bis 70 m voneinander entfernt.

Mit dem Siegeszug der Feuerwaffen verloren die mittelalterlichen Wehranlagen an Bedeutung. Die Erstürmung der Stadt Neubrandenburg durch kaiserliche Truppen unter General Tilly (1559–1632) im März 1631 hatte das deutlich gezeigt. Der Rat ließ in späteren Jahrzehnten, als nach verheerenden Stadtbränden Wohnraum besonders knapp war, auf den Grundmauern der Wiekhäuser Fachwerkbauten errichten, die an arme und bedürftige Familien vergeben wurden. Diese nach oben auskragenden Häuschen hingen nun wie Schwalbennester an der Mauer. Zu Ende des Zweiten Weltkrieges waren noch 27 solcher Häuser bewohnt. Anfang der 1970er Jahre begann ein umfangreiches Sanierungs- und Rekonstruktionsprogramm für die gesamte Wehranlage. Es bezog die Wiekhäuser mit

ein. Zwar sind nicht alle wieder aufgebaut worden, aber die jetzt vorhandenen zieren heute die Stadt und animieren durch ihre verschiedenartigen öffentlichen Angebote (Gaststätten, Vereinshäuser, Werkstätten und Verkaufsstellen kunstgewerblicher Produkte, Fachbuchhandel, Reisebüro, Begegnungsstätten) zu einem Rundgang auf der Innenseite der Stadtmauer (→Ringstraßenspaziergang).

Sanierte Wiekhäuser

Zechow

Von Usadel bis an den Stadtrand von Neustrelitz erstreckt sich ein großes Waldgebiet, welches in seinem nördlichen Teil den Namen „Zechow" trägt. Es gehört in die formenreiche Eiszeitlandschaft südlich des →Tollensesees, denn es reicht bis in das Zentrum der Hauptendmoräne des Pommerschen Stadiums (→Eiszeit). Kräftige Hügelrücken und tiefe Täler wechseln in rascher Folge. Leicht vorstellbar, dass sich das Gelände zur landwirtschaftlichen Nutzung kaum eignete. Noch heute hat der Forstbetrieb bei der Waldbewirtschaftung trotz moderner Maschinen damit seine liebe Not.

Der Zechow ist ein sehr alter und geheimnisumwitterter Wald. Vor dem Bau der Chaussee Neubrandenburg – Neustrelitz (ab 1839) führte hier die alte Landstraße zwischen den beiden Städten entlang. Tannenkrug, Rodenkrug und der Knakenkrug empfingen und beherbergten die Reisenden. Wie es dabei zuging, erzählte Fritz Reuter (1810–1874) in seinem Buch „Dörchläuchting" auf höchst anschauliche Weise. Frachtfuhren, Postwagen oder die herzogliche Kalesche rumpelten über die steinige Piste. Kein Wunder, dass sich der Räuber Baresel hier im Zechow auf die Lauer legte. Und noch andere Sagen und Geschichten berichten von Zauberwesen, Ungeheuern und Kultstätten in des Waldes dunklen Gründen. Das alles lässt den Waldwanderer wohlig gruseln. Doch der Wald war Zeuge wirklich tragischer Ereignisse, wovon die sieben Soldatengräber aus den letzten Tagen des Zweiten Weltkrieges am idyllisch gelegenem Wohnplatz Rodenkrug sprechen.

Die höchste Erhebung im Zechow ist der 138 m über NN gelegene Keulenberg. Weithin sichtbar thront auf ihm der Funkturm mit Antenne. Im Wald wurden viele schöne Wanderwege ausgeschildert. Ein besonders empfehlenswerter führt auf den Resten eben dieser alten Landstraße von Usadel über Rodenkrug durch den abwechslungsreichen Wald. Auch von der Landstraße Blumenhagen – Neuhof – Wanzka zweigen lohnende Waldwege ab und laden zum Spazierengehen unter hohen Buchen, durch dunkle Nadelforste oder zur Pilzpirsch ein. Es ist erfreulich, dass inzwischen Parkmöglichkeiten für PKW eingerichtet wurden, denn der Zechow liegt außerhalb der Reichweite öffentlicher Verkehrsmittel, zumindest am Wochenende.

Zisterzienser Nonnenkloster Wanzka

Nur noch einige Gebäudereste und eine Reihe Flurnamen – →Nonnenhof, →Nonnenbach, Nonnenmühle (→Wassermühlen) – bezeugen heute die Existenz eines der erfolgreichsten →Klöster unserer Region. 1290 weihte der Bischof von Havelberg das Kloster ein, für welches bereits Kirche und Klausurgebäude errichtet worden waren, denn die Gründung des Klosters lag schon sieben Jahre zurück. 1283 hatten die Initiatoren des Klosters Wanzka den benachbarten und befreundeten Prämonstratensern des Klosters →Broda Besitzungen abgekauft. Im Jahr der Einweihung stellte der Landesherr, Markgraf Albrecht von Brandenburg (gest. 1300), die offizielle Stiftungsurkunde aus, datiert mit dem 25. Januar 1290.

In Wanzka errichtete der Zisterzienser-Orden ein Kloster, das für die wirtschaftliche Erschließung und Entwicklung des umliegenden Landes Wesentliches leistete. Die couragierten Schwestern arbeiteten

„effizient", wie wir heute sagen würden. Nicht zufällig entstammten sie oft den alteingesessenen Adelsfamilien des Stargarder Landes. Der Zulauf war offensichtlich so groß, dass die Zahl der Ordensschwestern 1341 durch Dekret auf fünfzig Damen beschränkt werden musste. War das Kloster durch den Stiftungsbrief mit Einkünften aus 25 Dörfern bewidmet worden, bezog es in seiner Blütezeit solche aus Besitzungen in über 60 Orten.

Die Reformation brachte in Wanzka das Ende des Klosterlebens. Zusammen mit anderen Nonnenklöstern im mecklenburgischen Raum wurde das Kloster 1555 aufgehoben und in ein herzogliches Amt umgewandelt. Als solches bestand es bis 1794.

Vielleicht ist man enttäuscht, wenn man heute den Resten dieser einst bedeutungsvollen mittelalterlichen Klosteranlage gegenübersteht. Neben der Klosterkirche sind nur noch das vordere Tor (stark saniert und damit kaum noch mit originaler Bausubstanz) und die Ruine eines Turms vorhanden. Die Überbleibsel der riesigen Klosterscheune dienen heute als Unterbau für einen Parkplatz. Die Kirche, genauer gesagt, das erhalten gebliebene Kirchenschiff, lässt dagegen noch etwas von der einstigen Größe und dem Einfluss ahnen. Der frühgotische, einschiffige Backsteinbau besaß, wie bei Kirchen des Ordens üblich, keinen Turm. Im Inneren gab es ein dreischiffiges Untergeschoss für die Gemeinde und ein Obergeschoss für die Nonnen. Von den drei Portalen war das im Westgiebel am schönsten. An der Südseite schlossen sich einstmals die Klostergebäude mit dem Kreuzgang an. Die Kirche befand sich im 19. Jahrhundert in schlechtem Bauzustand.

Zwischen 1840 und 1843 wurde sie unter fachmännischer Leitung des Oberbaurates Buttel (1796–1869) gründlich restauriert und damit der Nachwelt erhalten. Und diese kann sich heute am Gottesdienst und an niveauvollen Konzerten erfreuen, zu welchen gelegentlich in diese ländliche Klosterkirche eingeladen wird.

„Wo alles zu viel fährt, geht alles sehr schlecht, man sehe sich nur um! Sowie man im Wagen sitzt, hat man sich sogleich einige Grade von der ursprünglichen Humanität entfernt. Man kann niemand mehr fest und rein ins Angesicht sehen, wie man soll; man tut notwendig zu viel oder zu wenig. Fahren zeigt Ohnmacht, Gehen Kraft."

Johann Gottfried Seume

WALTER KARBE

RUND UM DIE TOLLENSE – PFINGSTEN 1949[1]

Mehrfach ist in Reuters „Dörchläuchting" von der alten Landstraße die Rede, welche einst den gesamten Verkehr Neubrandenburgs mit dem südlichen Teil des Landes Stargard und weiterhin mit der Mark vermittelte. Der Verkehr auf einem großen Teil dieser „Hochstraße" nahm ein fast völliges Ende, als in den 1840er Jahren die Chaussee Neustrelitz – Neubrandenburg fertig gestellt wurde. Die an ersterer gelegenen Gaststätten Knakenkrug und Rodenkrug gingen als solche ein. Diesen alten Weg zu verfolgen, ist nicht ohne Reiz, namentlich was die Strecke zwischen dem sogenannten „Hundepass" und dem letztgenannten Krug betrifft. Deshalb befand ich mich am Pfingstsonnabend morgens um 4 bereits auf der Landstraße, allerdings nicht auf der eigentlichen Neubrandenburger, sondern auf der Wilhelminenhöfer, die erst mit Entstehung der Stadt Neustrelitz aufkam und den Umweg über Strelitz ersparte. Damit verzichtete ich für diesmal auf den Strelitzer Galgenberg, die Knakenkrugstelle mit ihrer Erinnerung an das letzte Lynchgericht in unserer Gegend, was alles an der Landstraße südlich von Wilhelminenhof gelegen ist.

Dieser Ort wurde vom letzten Peccatel aus dem Geschlecht derer von Peccatel auf Weisdin (→Burgen) angelegt und zwar, wie es scheint, als Glashütte, denn ein kleiner, mit Gebüsch bestandener Hügel in der Koppel ist durchsetzt mit Mauersteinen und Glasschlacke. Doch kann diese Anlage nur sehr unbedeutend gewesen sein; später hat das Gehöft wohl immer als Försterei gedient.

Hier also stoßen die beiden Landstraßen zusammen, und ich befand mich nun auf der eigentlichen Neubrandenburger, muss aber noch erwähnen, dass sich vorher schon das anfangs heitere Wetter zum Schlechteren gewendet hatte, denn es zog ein Gewitter herauf, welches an sich unbedeutend, doch von einem Regenguss begleitet war, vor dem mich jedoch ein mit Buchen durchsetzter Kiefernbestand hinreichend schützte. Denn hier befindet man sich auf der Endmoräne, welche zugleich die Wasserscheide zwischen Nord- und Ostsee bildet; der Sand geht in Lehm über, der Mischwald hat angefangen, bald ist die Buche alleinherrschend.

Sofort hinter Wilhelminenhof befindet sich rechts der gleich dem Thüringer Rennsteig stets auf der Höhe sich haltenden Landstraße eins der hier so häufigen Waldbrücher, das den eigenartigen Namen „Baresel" führt. Es soll nach einem Räuber benannt sein, dessen Höhle, eine mit Steinen angefüllte Vertiefung, noch vorhanden ist, und der von hier aus einst Wegelagerei betrieben haben soll.

1 Die handschriftliche Fassung des Aufsatzes verwahrt das Karbe-Wagner-Archiv Neustrelitz (Sig.:Hdschr. AWE II / 20). Der Erstdruck erfolgte in der Zeitschrift „Carolinum" Göttingen 39(1972) Nr. 63/64. – S.81ff

Aber wann dies gewesen ist, lässt sich nicht mehr feststellen, denn irgendwelche Akten darüber sind nicht vorhanden. Doch kam der Name vor etwa 70 Jahren in Neustrelitz noch vor. Da war Baresel Großherzoglicher Sattelmeister und einer seiner Söhne mein Mitschüler. Leider habe ich ihn nach einem etwaigen Räubervorfahren damals nicht gefragt.

Bald wird nun der durch den →Zechow führende Steindamm überschritten an einer Stelle, welche früher „Hundepass" hieß. Hier scheint der Weg noch mehr überwachsen als bisher und der Buchenwald, wohl hundert Jahre alt und von der Axt bisher noch unberührt, zeigt sich in seiner vollen Pracht, die man lange Zeit genießen kann, denn der erste Kahlschlag zeigt sich erst kurz vor dem Rodenkrug. Dieser, von Reuter in seinem „Dörchläuchting" und auch sonst in älteren Berichten erwähnt, muss einst als Gaststätte einen gewissen Ruf gehabt haben, trotzdem die Wasserbeschaffung hier ihre Schwierigkeiten hatte, denn die vor etwa 40 Jahren vorgenommene Brunnenbohrung wurde eine der kostspieligsten des Landes. Ferner wurde der Rodenkrug auch von Professor Wossidlo in den Komplex der Rethra-Sagen mit hineinbezogen, indem er meinte, dass der Name nichts mit einem Besitzer namens Rode zu tun, sondern mythologische Bedeutung habe. Auch ließ er sich erzählen, dass die Bewohner zuweilen durch die Erscheinung eines „goldenen Hahnes" erschreckt würden und dass auf einer hier befindlichen ebenen Fläche ein Schloss gestanden habe.

Mit dem Rodenkrug hat die Waldwanderung bald ihr Ende erreicht, denn Usadel kommt in Sicht, und damit ist auch das Ende der alten Landstraße erreicht, welche nunmehr in die Chaussee übergeht. Das Wahrzeichen derselben sind hier die italienischen Pyramidenpappeln.

Es wäre noch zu bemerken, dass Usadel früher ein Kirchdorf gewesen ist. 1661 ist von einer Kirchenruine die Rede, die anscheinend im Lauf des 18. Jahrhunderts verschwand. Die Kirche nebst Friedhof scheint auf dem jetzigen Schmiedegrundstück ihren Platz gehabt zu haben, hier wurden wenigstens vor 20 Jahren Skelette zu Tage gefördert.

Gleich hinter Usadel überschreitet die Chaussee den →Nonnenbach. Von der Brücke hat man einen Blick in das mit Buchen bestandene Tal, welches dieser Wasserlauf bildet, und das sich mit einer Unterbrechung bis zum Wanzkaer See fortsetzt. Von solchen Bachtälern haben wir nicht viele im Lande und wenn die romantischen →Wassermühlen auch verschwunden sind, so verdienten die Täler doch in ihrer Eigenart erhalten zu werden, wer sie durchwandert, kann sich eine Reise nach Thüringen oder sonst wohin sparen. Aber gerade diesem Tal drohte schon vor langer Zeit Verderben und zwar durch ein Projekt des Ingenieurs und Rethraforschers Oesten, der von hier aus vermittels Wasserkraft das ganze Land Stargard mit Elektrizität versorgen wollte. Der von ihm ausgearbeitete Plan zu einem Staubecken nebst allem Zubehör wurde von der Regierung einstweilen ad acta gelegt. Die Wanderung wurde nun bei Regen fortgesetzt, jedoch auf dem Asphalt ging es sich gut und die Chausseebäume gewährten Schutz. Indessen beim Nemerower Galgenberg musste auf diese Vorteile verzichtet werden, denn nun ging es links ab auf das Tollenseheim zu, welches von diesseits gar nicht, wohl aber vom jenseitigen Ufer zu sehen ist. Hier hauste seit vorigem Herbst der berühmte Keilschriftprofessor und Babylonforscher Eckard Unger mit

Eine Koppel mit uralten Kopfweiden

seiner Frau Irmgard, welche der für Neubrandenburg seit 200 Jahren so bedeutsamen Brücknersippe angehört. Das Ehepaar hatte sich um die Neuordnung des Museums im Treptower Torturm verdient gemacht und die Stadt ihm dafür Freiquartier im Tollenseheim gewährt. Dahin strebte ich nun auf durchweichtem Lehmweg, um mich bei Ungers wegen einer etwaigen Besichtigung des Museums und einigem anderem zu erkundigen. Indessen das Ehepaar war auf Reisen gegangen. Im übrigen schien das Tollenseheim stark belegt zu sein, aber auf der großen Glasveranda mit der schönen Aussicht herrschte Ordnung, und ich hätte da wohl Kaffee trinken können, zog es aber doch vor, nach Nonnenhof hinunterzugehen, um Frau Siebold zu begrüßen. Da nimmt man der Kürze halber den schmalen Uferweg, der aber jetzt bei der Nässe wegen Abrutschgefahr schwierig genug zu passieren war, indessen gegen 10 Uhr erreichte ich doch die Gaststätte, den Ausgangspunkt für so manche Bacherswall-Expedition (→Nonnenhof). Von einer solchen konnte aber heute nicht die Rede sein. Vielmehr labte ich mich hier an einem von Frau Siebold gespendeten Teller Milchsuppe, worauf ein unterwegs gefundener schöner Champignon mit Salz und Brot folgte. Nach Beendigung dieses Frühstücks hatte auch der Regen aufgehört, und ich strebte nun wieder zur Chaussee hinauf, blieb aber fast in einem aufgeweichten Hohlweg stecken.

Indessen — sieht man ein Ziel vor sich, so erreicht man es auch. Endlich hatte ich wieder festen Grund unter den Füßen und strebte auf Neubrandenburg zu; denn auf den eventuell vorgesehenen Umweg über Klein Nemerow und dann am Ostufer der Tollense (→Tollensesee) entlang, musste wegen Nässe und vorgeschrittener Zeit verzichtet werden.

Ich blieb also auf der Chaussee und hatte rechts lange das Kirchturmdreieck Zachow, Nemerow, Ballwitz in Sicht, bis ich wieder den Wald erreichte, der auch hier sich sehen lassen kann, denn wie grüne Wände fasste das Unterholz rechts und links die Chaussee ein (→Nemerower Holz). Am Ende des Waldes liegt der Tannenkrug, einst ein beliebter Ausflugsort für die Neubrandenburger und auf der Schmettauschen Karte von 1780 bereits vermerkt, jetzt aber als Lungenheilstätte dienend. Dann kommt das stattliche einstige Rettungshaus Bethanien, und kurz zuvor ist in der Ferne die Ruine der Marienkirche in Sicht gekommen. Aber auch nahebei machen sich Spuren der Verwüstung bemerkbar, sobald die Chaussee das Weichbild der Stadt erreicht. Denn auf dem Gelände der ehemaligen Marinestation, links nach dem Augustabad hin, finden sich nur noch Schutt und Trümmer. Den dann folgenden Häusern der Vorstadt ist allerdings nichts anzumerken, hat man aber das Stargarder Tor (→Stadttore) passiert, so sieht man den Gräuel der Verwüstung vor sich, denn innerhalb des Mauerringes ist die ganze Altstadt dahin. Es ist nicht das erste Mal, dass es hier so aussieht, zuletzt hatte im Jahr 1737 der große Stadtbrand eine ähnliche Wirkung gehabt, vorher ein solcher von 1676, und wie es bei einer Eroberung zugeht, hatte die Stadt im Jahr 1631 erfahren.

Die beiden kriegerischen Ereignisse haben eine gewisse Ähnlichkeit miteinander aufzuweisen, wenigstens war der Entschluss der Verteidigung beide Male gleich unsinnig. Das erste Mal trieb der Ehrgeiz den Freiherrn Dodo von In- und Knyphausen (→Gedenksteine; Gedenktafeln), Tilly's Aufforderung zur Übergabe abzulehnen, der mit 18 000 Mann und schwerem Geschütz vor der Stadt erschienen war, und 1945 soll es der Kommandant von Kolberg gewesen sein, der nach Räumung dieser Stadt nun versuchte, die „Festung" Neubrandenburg den Russen streitig zu machen; andere behaupten auch, ein Feldwebel habe sich die Befehlsgewalt angemaßt und es zum Kampf kommen lassen mit dem Erfolg, dass die Stadt in Brand aufging.

Ich aber wanderte quer durch das schon stark „enttrümmerte" Gelände, sah auf dem Markt das Karikaturdenkmal von Dörchläuchting und Bäckerin Schulzen (→Denkmale) unversehrt stehen, kam durch das Friedländer Tor wieder heraus und fand gleich dahinter am Pferdemarkt ein sehr angenehmes Quartier und höchst zusagende Verpflegung. Dadurch wurde ich trotz der bereits zurückgelegten 35 km zu weiteren Unternehmungen ermutigt, zumal da sich das Wetter am Nachmittag sehr angenehm gestaltet hatte. Ich schritt also zu demjenigen Tor hinaus, welches das Treptower Tor (→Stadttore) heißt, weil es dort nach Stavenhagen geht, wie Onkel Bräsig sagen würde. Rechts im Torbogen ist eine Tür, darüber steht: „Antiqua tueri", das ist also der Eingang zum Museum (→Museen), aber jetzt über Pfingsten bestand keine Möglichkeit, da hineinzukommen. Ich ging also weiter durch die ebenfalls erhalten gebliebene St.-Georgen-Vorstadt (→Sankt Georg) an der Hopfenburg vorbei. Dies ist ein kleines Gehöft, jetzt Gaststätte, einst Wohnung des Aufsehers über die früher für Neubrandenburg so wichtigen Hopfengärten. Daher der Name. Eine Burg ist hier nie gewesen, wenn auch die bekannte Schriftstellerin Minna Rüdiger in ihrem Roman: „Die Ritter von der Hopfenburg" eine solche hierher phantasiert. Die Chaussee steigt nun stark an und man hat einen schönen Blick nordwärts weit in das Tollensetal hinein mit dem Kirchturm von Trollenhagen im Hintergrund. Mein Ziel, eine Sandgrube links am Wege, war aber bald erreicht, und ich ging zurück, um beim Neukrug rechts nach →Broda abzubiegen. Von der Landseite aus stieg ich nach →Belvedere hinauf, das als Ehrenmal für die Ge-

Neubrandenburger Innenstadt - ein Trümmerfeld

fallenen des Ersten Weltkrieges so ziemlich erhalten geblieben ist, während von der benachbarten Försterei wenig übrig zu sein scheint.
Das auf der Stelle des ehemaligen Klosters stehende Gutshaus reicht zwar nicht bis in die Zeit des 30jährigen Krieges zurück, aber es erinnert doch an die Vorgänge, welche sich im März 1631 hier abspielten. Tilly hatte eine Abteilung Kroaten auf dem Umweg über Prillwitz nach hier geschickt, diese besetzte das Gutshaus und machte, wie es im gleichzeitigen Bericht des Pontanus heißt, durch ihr Feuer aus den Fenstern des oberen Stockwerks die sogenannte Aalhäuschenschanze unhaltbar. Es ist nun nicht recht wahrscheinlich, dass die Kroaten mit ihren „Karabinern" auf etwa 400 m Entfernung die Schweden aus der Schanze vertrieben haben sollen. Sie hatten es in der Hauptsache wohl auf die Vierrademühle abgesehen, und dass um diese gekämpft wurde, ist wohl sicher. Wenn aber der Knyphausen gerade hier die Verteidigung der Stadt betrieben haben soll, wie eine Tafel an Büngers Garten verkündet, so dürfte das den Tatsachen nicht entsprechen. Der Hauptangriff geschah jedenfalls von der entgegengesetzten Seite, wo Tilly mit seinen halben Kartaunen (24 Pfündern) Bresche geschossen hatte, und dort musste naturgemäß der Kommandant sich aufhalten.
Von der Aalhäuschenschanze waren vor etwa 10 Jahren noch Überreste zu sehen. Jetzt scheinen diese verschwunden zu sein. Die Schanze lag nicht am Oberbach, sondern weiter nach Broda zu an dem alten Tollenseabfluß. Ich aber ging nun an ersterem entlang zur Stadt zurück. Für heute war es genug.
An den beiden Pfingsttagen ging es nicht so anstrengend zu, und es erübrigt sich, das Geschehene der Reihenfolge nach aufzuzählen. Es erfolgte eine Besichtigung der Friedhöfe. Auf dem alten finden keine Beisetzungen mehr statt, manche Grabdenkmäler gehen fast bis 1800 zurück. Von Verwüstungen, wie sie der Alte Friedhof in Neustrelitz erfahren hat, ist aber hier keine Rede, alles ist erhalten und macht einen stimmungsvollen Eindruck. Vergebens suchte ich auch

jetzt wieder die Grabstätten der Gebrüder Boll, von denen der ältere, der Pastor und Historiker, als erster die Urkunden des Landes Stargard für eine lesbare Geschichte dieses Gebietes auswertete, während sein Bruder auf dem Felde der heimatlichen Natur- und Kulturgeschichte den Zeitgenossen weit voraus war. In Anerkennung dieser Verdienste hatte der Magistrat nach Aussterben der Sippe die Pflege der Gräber übernommen, also vorhanden müssen sie noch sein, aber eine üppige Vegetation erschwert die Übersicht des weitläufigen Geländes und macht das Auffinden bestimmter Gräber vom Zufall abhängig.
Der neue Friedhof ist in Terrassenform auf dem Galgenberg angelegt und zwar mit großem Geschick, so dass der von der Natur nicht begünstigte Neustrelitzer Friedhof sich in keiner Weise mit ihm messen kann. Die Neubrandenburger haben es in der Tat verstanden, aus dem Galgenberg, auf welchem einst die furchtbare Hinrichtung der Raubmörderin Göttrich stattfand, das Möglichste zu machen.
Geht man von hier das weite Bachtal (→Lindetal) aufwärts, so erreicht man die Hinterste Mühle und von hier links ab einen Schienenstrang entlang, den Großen Kiesberg. Dieser ist wohl schon beim Bau der Nordbahn, jedenfalls seit 1880, ausgebeutet worden, und so ist eine gewaltige Ausschachtung entstanden, so dass man schon schwindelfrei sein muss, wenn man vom hohen Ostrand herab in die Tiefe blickt. Ich glaube nicht, dass Lilienthal von hier aus seine Schwebeflüge riskiert hätte.
Jetzt hat die Kiesentnahme fast aufgehört. Damit sind auch die Baracken, Waggons etc. verschwunden, welche sonst die Sohle dieses durch menschliche Einwirkung entstandenen Seitentales verunzierten, das an feuchten Stellen mit Weidengebüsch und Rohr bestanden ist.
Natürlich sind bei den gewaltigen Erdbewegungen auch mancherlei Funde gemacht worden, nämlich von Mammutresten und Versteinerungen; aber im Verhältnis zur ganzen Masse ist die Ausbeute immer nur sehr gering gewesen, wie ich aus jahrzehntelanger Erfahrung weiß. Der größte Teil der hier vorkommenden Geschiebe besteht aus Urgestein, nur Kreidekalk und Feuerstein sind außerdem noch einigermaßen reichlich vertreten. Die herumliegenden Knollen des letzteren hatten es dem bekannten Afrikaforscher Professor Schweinfurth besonders angetan, der den Kiesberg einst besuchte. Er meinte, das wären gerade solche Edithen, wie er sie im Sande Oberägyptens gefunden hätte. Er klopfte dann mit solchem Eifer daran herum, dass es unserem mit anwesenden Archivar Gustav von Buchwald auf die Nerven ging und er damit aufzuhören bat.
Des weiteren wurde auch der sogenannten →Ravensburg ein Besuch abgestattet, der Weg dahin führt durch die Ihlenfelder Vorstadt, auf welche sich nach der Zerstörung von 1945 das Hauptgewicht Neubrandenburgs augenscheinlich verlagert hat. Die Gärten haben das Burgholz schon fast erreicht, und dieses selbst hat in der Hitlerzeit etwas abbekommen, indem ein mächtiger Schießstand mit Erdwall und Betonmauer hier angelegt wurde. Letztere ist gesprengt. Sieht man den Wall durch die Bäume vor sich, so glaubt man schon das Ziel erreicht zu haben, was aber nicht der Fall ist, denn der eigentliche „Borgwall", wie die Ravensburg im Volksmunde heißt, war nie leicht zu finden, woher auch wohl die alberne Sage entstanden sein mag, dass der Waldgeist die Burg zuweilen in eine Eichel einschließe, um sie den Bli-

cken der Suchenden zu entziehen. Ich fand sie aber schließlich doch und ging die mit Fichten bestandenen Wälle entlang, was jetzt, wo die Bäume ziemlich groß sind, keine Schwierigkeiten macht. Vor 20 Jahren war es kaum möglich. Eine Übersicht des Ganzen gewinnt man aber doch nicht, da das Innere mit dichtem Laubholz bestanden ist. Auf den Wällen kann man jedoch immerfort rund und rund gehen, man findet kein Ende, so künstlich sind sie ineinander verschlungen. Ist ein Durchstich erreicht, so hat man gleich wieder einen Abschnitt vor sich, auf welchem man noch nicht gewesen zu sein meint und man sich entschließt, endlich quer durchzugehen, um nur von diesem Labyrinth loszukommen. Es ist die reine Trojaburg und vermutlich auch als solche angelegt, denn zu verteidigen war dieses Gebilde gar nicht, die Wälle sind viel zu niedrig und konnten im Augenblick überrannt werden, namentlich wenn der Sumpf gefroren war, der noch den besten Schutz der Anlage bildete. Diese fällt aus dem Rahmen der sonst bekannten Burgwälle gänzlich heraus, und es muss schon eine besondere Bewandtnis mit ihr gehabt haben, aber welche? Das mögen die Götter wissen, die vielleicht hier einst verehrt wurden.

Während meiner Anwesenheit in Neubrandenburg fiel das in umstehender Zeitungsnotiz geschilderte Ereignis vor:
„In der Trümmerruine der Marienkirche ereignete sich ein furchtbares Unglück. Der 14jährige Schüler Werner Mann aus der Jahnstraße war in den Turm der Kirche geklettert und stürzte aus einer Höhe von fast 30 Metern ab. Er war sofort tot." (Der Demokrat vom 10. Juni 1949)
Erzählt wird hierzu noch, dass der Verunglückte einen Apparat bei sich hatte, welchen wir früher „Schneller" nannten, der aber jetzt in klassischem Stil meist wohl „Katapult" heißt. Mit diesem beschoss er Vorübergehende, bis er schließlich das Gleichgewicht verlor und herabfiel.
Am Dienstag wurde nun der Rückweg angetreten und zwar um 8 Uhr bei sehr schönem Wetter. Er führte am Westufer der Tollense entlang zunächst durch das →Brodaer Holz. Auch dies ist nicht so mitgenommen, wie ich befürchtet hatte, die Buchen stehen meistens noch, nur das Nadelholz hat man dazwischen herausgeschlagen, was nicht so schlimm ist. Halbwegs nach Meiershof kommt man an einen Einschnitt, durch welchen ein Weg von der Hochfläche zum Ufer herunterführt. Hier tritt in der Lichtung deutlich ein kegelförmiger Hügel hervor, welcher den Eindruck eines Grabes der mittleren Bronzezeit macht.
Gegenwärtig wird dieses noch besonders kenntlich gemacht durch eine darauf errichtete neue Holzkonstruktion in Gestalt eines Hüttchens oder was es nun sein soll.

Professor Wossidlo hat sich erzählen lassen, dass im Meiershöfer Revier eine uralte Eiche von den Alten „Swenn'eek" genannt worden sei. Hier darf man nun nicht an „Schwein–Eiche" denken, indem dass diese Tiere darunter ihre Mast gesucht hätten, sondern man muss auf das slawische „swienty = heilig" zurückgehen, wie denn auch in einem Brodaer Amtsbuch von 1574 ein Ackerstück dieser Gegend als „bei der heiligen Eiche" gelegen, verzeichnet wird. Dies wäre ein weiterer Beweis dafür, dass die Wenden gleich den Germanen einen Baumkultus getrieben haben. Die letzten Reste der Eiche, welcher solche Verehrung vielleicht noch zuteil geworden ist, sind vor etwa 30 Jahren beseitigt worden, eine junge wurde nachgepflanzt und mit einer Tafel versehen, auf welcher ein vom damaligen Förster selbst verfasster Vers zu lesen war. Er lautet:

„Die heilige Eiche hat hier gestanden
Auch heilige Eichen vergehen!
Dafür ist eine andere erstanden,
Nicht heilig, doch lieblich und schön!“

Dagegen ist ja nichts zu sagen, dass aber statt einer deutschen Eiche eine amerikanische mit den spitzzackigen Blättern gewählt wurde, ist entschieden als ein Missgriff zu bezeichnen.

In Meiershof gibt es keine Einkehr mehr wie früher. Ich stieg also nach Alt-Rehse hinauf, wo vor 10 Jahren das Gutshaus nebst großem Park zu einem nationalsozialistischen Schulungsheim für Ärzte umgestaltet war. Das ist nun das erste Kinderdorf der Volkssolidarität geworden, wie eine Inschrift über dem Parktor besagt, und der Zutritt ist streng verboten. Auch eine altdeutsche Schenke war damals hier eingerichtet worden, in welcher ich einmal gefrühstückt habe, jedoch auch diese schien mir verschwunden zu sein.

Die Kirche stand aber jedenfalls noch. An der Friedhofsmauer wurde vor 20 Jahren beim Ausheben eines Selbstmördergrabes ein Topf mit vielen Silbermünzen entdeckt, welche die Finder unter sich teilten und einen schwungvollen Handel damit trieben. Ein Teil davon gelangte schließlich in das Schweriner Münzkabinett; einige Stücke konnte ich erwerben. Es waren meist Doppelschillinge aus der Zeit um 1500 von Mecklenburg und den angrenzenden Ländern.

Ich ging nun weiter auf Wustrow zu. Am Wege wurde früher eine Stelle als Totschlag (→Alleen) bezeichnet, aber nun kennt sie niemand mehr und auch die dazugehörige Geschichte wäre nicht zu erfahren, hätte sie nicht jemand vor etwa 100 Jahren aufgezeichnet: In der Franzosenzeit, vermutlich 1806, kam eines Abends ein älterer Mann nebst einem etwa 12jährigen Knaben auf einem Fuhrwerk nach Alt Rehse und bat um Nachtquartier, welches ihm auch gewährt wurde. Im Dorf aber entstand das Gerede, es sei ein verkleideter Offizier von der fliehenden preußischen Armee, der eine Kriegskasse in Sicherheit bringen wollte. In den Schweriner Dörfern war, im Gegensatz zu Strelitz, der Preußenhass vom siebenjährigen Krieg her noch groß; dem und der Habgier konnten einige der Dorfleute nicht widerstehen, sie überfielen die Reisenden frühmorgens auf dem Wege nach Wustrow, schlugen sie unbarmherzig tot und raubten, was sie bei sich gehabt hatten. Gerichtlich verfolgt wurde die Sache nicht, aber durch Angst vor Entdeckung wurden die Täter doch veranlasst, nach Amerika auszuwandern, und so blieb der Doppelmord ungesühnt.

Nun hat man auch schon die →Fischerinsel, bekannt durch die Rethraforschung, dicht vor sich. Durch einen Rohrstreifen ist sie mit dem Ufer verbunden. Zur Wendenzeit wird es ungefähr ebenso ausgesehen haben. Der Wasserstand war niedriger, dafür aber die Verlandung nicht so weit vorgeschritten. Eine Brücke zur Insel hinüber gab es nicht. Was dafür angesehen wurde, war ein Bohlweg durch das Sumpfland, auf welchem die Wustrower ihr Getreide an das offene Wasser zur Verschiffung nach Neubrandenburg fuhren. Das hat schon der Dr. von Buchwald ganz richtig erkannt.

Was nun Wustrow selbst betrifft, so ist auch von einem „castrum“ dieses Namens die Rede. Es kann solches aber nicht mit den Höhenburgen von Prillwitz oder Blumenhagen/Weisdin (→Burgen) verglichen werden, sondern es war vielmehr ein im Bachgrund gelegener einfacher Wehrturm aus der ersten Kolonialzeit, der mit Entstehen des Gutshofes restlos verschwunden ist. Wenn

hier früher Schatzgräberei betrieben wurde, so ist das an solchen Stellen nichts Ungewöhnliches, hat aber mit →Rethra gar nichts zu tun.
Nun gilt es Zippelow zu erreichen. Ein Fahrweg führt südwärts an dem schönen, so weithin sichtbaren Kegelgrab (→Hügelgräber) vorbei, am Waldrand entlang zu der ehemaligen Ziegelei, von der aber jede Spur verschwunden ist. Nun wird die Sache kritisch! Ein Weg ist kaum noch zu erkennen! Über Koppelzäune, Gräben und Sumpfstellen hinweg muss man Zippelow zu erreichen suchen, was bei so schönem trockenem Wetter wie es heute vorherrscht, auch ohne allzu große Schwierigkeit durchführ-

Frühsommerfarben am Feldrain

bar ist; wie man das aber unter anderen Verhältnissen fertig bringen soll, weiß ich nicht, und doch ist man zur Vermeidung eines großen Umweges auf diese Strecke angewiesen. Von Zippelow war nur zu sagen, dass ein vom Rosenholz kommendes Bächlein früher zum Betrieb einer Mühle (→Wassermühlen) benutzt wurde. Das Mühlenrad ist auch noch vorhanden. Es sieht aber nicht so altertümlich–romantisch aus wie das ganz aus Holz bestehende von der Sandmühle (→Wassermühlen), das nun leider auch verschwunden ist, sondern es macht einen mehr modernen, turbinenähnlichen Eindruck.

Der Weg von Zippelow nach →Prillwitz ist zum größten Teil ein Damm, der das sumpfige Tal zwischen beiden Orten passierbar macht. Eine Brücke führt über den ganz ansehnlichen von der Sandmühle kommenden Bach. Zu Mittag war ich im Prillwitzer Pfarrhaus, das ich zuerst, d. h. vor bald 60 Jahren kennen lernte, als ich einen Schulkameraden, der sich später unter der Bezeichnung „Spreejacoby" in der Reichshauptstadt einen gewissen Ruf erwarb, besuchte. Später kehrte ich bei dem mir ebenfalls von der Schule her befreundeten Pastor Buchin oft genug ein, bis dieser nach Neubrandenburg versetzt wurde. Aber auch die gegenwärtigen Pastorsleute waren mir schon bekannt, und ich wurde freundlich aufgenommen. Der Pastor, mit hohen Gummistiefeln, worin die Hosen steckten und Sporthemd, sah mehr nach Wild–West aus als nach einem Geistlichen, und ein im Flur liegender mächtiger Büffelschädel nebst einem solchen vom Pferd verstärkten noch den Eindruck. Diese Häupter hatte der Pastor vom Grunde der Lieps heraufgeholt und über der Flurtür befestigt, aber die Kirchenbehörde wollte das als etwas Heidnisches nicht dulden und verfügte die Beseitigung dieser Zierden. Ob sie der Urzeit angehören und einem Spezialisten vorgeführt werden müssten, kann ich nicht beurteilen; mir scheinen sie neueren Ursprungs zu sein und einem Prillwitzer Ochsen– bzw. Pferdegespann angehört zu haben, obschon es dann auch wieder unklar ist, wie sie auf den Seegrund geraten sind.

Ferner herrscht Unklarheit über eine Holzfigur, die eine verzweifelte Ähnlichkeit mit dem angeblichen wendischen Götzenbild, das im Moor bei Alten–Friesack gefunden wurde, hat, und das in dem Werk von Wienecke über die Religion der Westslaven abgebildet ist. Diese Figur ist unter dem Giebel eines ziemlich niedrigen langgestreckten Gebäudes eingemauert, das neben dem „Schloss" steht. Dies letztere wurde um das Jahr 1890, als die Kunst der Architektur einen Tiefstand erreicht hatte, von Herrn Oberbaurat Müschen in denkbarst geschmackloser Weise errichtet (→Schloss, Guts– und Herrenhäuser). Das Nebengebäude muss aber neueren Datums sein. Wozu es eigentlich gedient hat, war bis jetzt nicht zu ermitteln. Der große Raum im Innern ist mit rechteckig in die Wände eingelassenen Austernschalen und Gehäusen von Weinbergschnecken gar nicht übel verziert. Ich zeigte dem Pastor die ihm noch unbekannte Figur. Er wollte ihre Herabnahme von dem jetzt als Stall dienenden Gebäude veranlassen und sie sicherstellen, wenngleich es sich um den Radegast wohl nicht handeln wird, sondern um eine übel mitgenommene Heiligenfigur vom Kirchenaltar noch aus der katholischen Zeit.

Gleichfalls aus dieser stammen die Glocken, an welche sich eine der bekannten Wandersagen knüpft, wie sie mehrfach in Mecklenburg vorkommen, sonst aber auch über ganz Deutschland verbreitet sind. Hier wiederholt sich der übliche Verlauf: An–Land–kommen der versunkenen Glocken am Johannistage, Lösung des Bannes durch spielende Kinder, vergebliches Bemühen, die Glocken in die nächste Stadt – hier Neubrandenburg – zu überführen und Verbleib derselben am Ort, dem sie zugedacht waren – also Prillwitz.

Die niederdeutschen Glockeninschriften deuten nichts übernatürliches an, sie nennen die Jahreszahlen 1521, –23, –24 und geben bekannt, dass sie aus der Werkstatt eines und desselben Gießers stammen. Trotzdem werden sie mit der im See (→Lieps) versunkenen herrlichen Stadt Rethra in Verbindung gebracht, die einen Vergleich mit

Vineta nicht zu scheuen brauchte. Diesem ganzen Sagenkomplex liegt nur der versunkenen Stadt eine gewisse Tatsächlichkeit zugrunde, denn am Bacherswall ist wirklich eine wendische Siedlung oder doch die Reste einer solchen, unter Wasser geraten. Alles übrige ist aber erst in der Romantikerzeit entstanden und zu einem Phantasiebild verarbeitet worden, das wohl zuerst in der um 1860 erschienenen Sagensammlung von Niederhöffer nachzulesen ist, während schon 1831 im „Freimüthigen Abendblatt" der Versuch unternommen wurde, den missglückten Transport nach Neubrandenburg so zu erklären, dass der durch den 30jährigen Krieg in Not geratene Prillwitzer Junker von Blankenburg die Glocken nach Neubrandenburg verkauft hatte, deren Abführung aber durch eine List seiner Bauern verhindert wurde. Doch dem sei nun wie ihm wolle, für die Rethraforschung haben diese angeblich uralten Überlieferungen durchaus keine Bedeutung.

Diese Sagensammlung muss wohl irgendwie in die Hände der 1881 zu Göttingen geborenen Dichterin Ilse Franke in die Hände gefallen sein, was insofern gut möglich ist, als ihr Vater Direktor der Universitätsbibliothek in Berlin war. Da hat es ihr denn die Prillwitzer Glockensage angetan, und sie hat unter dem Titel „Rethra" eine Ballade daraus gemacht, die in manchen unserer Anthologien Aufnahme gefunden und so das Dorf Prillwitz in weiteren Kreisen bekannt gemacht hat.

Noch wegen einer anderen Sache wurde mit dem Pastor Verabredung getroffen. Nämlich im Park bemerkte ich verschiedene Feuersteinknollen in ringförmiger Gestalt, zwei davon wohl von ½ Zentner Gewicht und eine dritte kleinere. Diese Gebilde kommen in der anstehenden Kreide der Inseln Rügen und Möen vor. In der Geologie der letzteren von Puggaard wird ein solches als Spongia annulus beschrieben und abgebildet. Jedenfalls sind diese „Ringschwämme" seit undenklichen Zeiten von den Einwohnern als Bootsanker benutzt worden, in den zu Badeorten umgewandelten Stranddörfern sieht man sie auch als originelle Blumentöpfe in den Vorgärten. So häufig nun auch der Feuerstein als Eiszeitgeschiebe bei uns vorkommt, so habe ich doch die großen Ringschwämme hier niemals gefunden, und auch die Prillwitzer sind nicht durch Gletscherbewegung ins Land gekommen, sondern vielmehr auf fürstliche Veranlassung gelegentlich eines Rügenbesuches. Da fielen diese Blumentopf–Ringschwämme auf; einige von ihnen wurden für den Prillwitzer Park erworben und abgeschickt. Jetzt liegen sie zwecklos herum. Damit sie nicht etwa geologische Verwirrung anrichten, habe ich den Pastor ersucht, sie in den Pfarrgarten zu versetzen und unter Aufsicht zu behalten.

Der Park (→Garten– und Parkanlagen) selbst ist gewissermaßen zu einem „Stein des Anstoßes" geworden. Es wurde beantragt, ihn als Natur– und Geschichtsdenkmal unter Schutz zu stellen und einen Volksgarten aus ihm zu machen, was auch genehmigt wurde.

An dem alten Gemäuer auf dem Schlossberg (→Burgen) hat sich die Spitzhacke auch versucht, aber viel Schaden wurde nicht angerichtet, es ist nicht recht heranzukommen und der Mörtel ist steinhart. Das ist der beste Schutz auch für den Weisdiner Schlossberg (→Burgen), an welchem man sich gleichfalls vergriffen hat. Beide Burgen haben in der Anlage viel Ähnlichkeit miteinander; sie sind ja auch etwa gleichzeitig (um 1270) von den Rittern Peccatel errichtet worden. Von der Weisdiner ist wohl etwas mehr erhalten, aber an den Abhängen des

Abendstimmung am Tollensesee

Prillwitzer Burghügels findet man bedeutend mehr schwarzgraue unglasierte Scherben, Kalk– und Ziegelgrus als dort. Dass der etwas über 100 Jahre alte Aussichtspavillon, über den die Bäume längst hinausgewachsen sind, abgetragen und das Material für Siedlungszwecke verwendet werden soll, ist kein Unglück. Es muss nur dafür gesorgt werden, dass die dadurch freigewordene Fläche irgendwie in Ordnung gehalten wird. Im Burggraben gab es früher einen Friedhof für die fürstlichen Luxushunde. Eine ganze Anzahl mit Namen versehener Steine waren da zu sehen. Jetzt konnte ich keinen mehr entdecken, doch verhinderte eine starke Krautvegetation die Übersicht.

Nach einem angenehmen Mittagessen rückte ich von Prillwitz ab und zwar über Wendfeld an die Hohenzieritzer Chaussee. Hier liegt ein kleiner See, welcher auf dem Messtischblatt als Wötiel bezeichnet, auf der Schmettau'schen Karte jedoch unbenannt ist und jetzt meist Kalksee heißt. Der Name Wötiel müsste wohl richtiger Wotil geschrieben werden und ist zweifellos wendisch. Leider hat der Sprachforscher Kühnel aus Schlesien, der jahrelang Gymnasiallehrer in Neubrandenburg war und der die slawischen Orts– und Flurnamen Mecklenburgs so eifrig sammelte und erklärte, sich dieses Wort entgehen lassen, so dass wir über seine Bedeutung nichts wissen.

Da es seit den Ostertagen eigentlich zum erstenmal schön warm war, so konnte ich hier ein Bad nehmen. Das Wasser des Sees ist klar, mit Sandgrund, der aber wegen des dichten Rohrgürtels nur an wenigen Stellen zu erreichen ist. In diesem See lebt eine Abart der gewöhnlichen Malermuschel, die zu Ehren der Gebrüder Maltzan (→Tempelberg) Unio Maltzani benannt wurde und die auch, wie ich früher feststellen konnte, zu Perlbildung neigt. Von den Maltzanen war der ältere der Gründer des Vereins der Freunde der Naturgeschichte in Mecklenburg, und er hatte auch eine bedeutende Conchylien–Sammlung, die aber bei weitem von derjenigen seines Bruders übertroffen wurde. Diese befand sich auf dem Gute Federow und war überhaupt die größte des Kontinents. Außerdem gründete der jüngere Maltzan das Naturkunde–Museum in Waren und die Naturalienhandlung Linnea in Berlin. Dabei schrieb er viele wissenschaftliche Artikel, Reiseschilderungen, Lustspiele und komponierte Operetten, ließ also an Vielseitigkeit nichts zu wünschen übrig. Seine Gemahlin, geborene Vidal, die ihn tapfer auf seinen schwierigen Forschungsreisen begleitete, war Malerin. Ihr Bild des schwarzen Präsidenten der Negerrepublik Haiti in exotischem Milieu, das um das Jahr 1880 in Berlin ausgestellt wurde, erregte nicht geringes Aufsehen.

Ich aber strebte nunmehr vom Wotil über Blumenholz und Weisdin direkt nach Neustrelitz, wo ich ankam, nachdem ich an diesem Tage 11 Stunden unterwegs gewesen war. Mir sind die Strapazen dieser 4 Tage gut genug bekommen, weniger meinen Stiefeln, und da die Neubeschaffung von solchen anscheinend zu den Unmöglichkeiten gehört, so wird diese Exkursion wohl die letzte größere Unternehmung meines Lebens gewesen sein.

(Neustrelitz, zur Sommersonnenwende 1949)

ANHANG

6.–10. Jh.	Slawische Landnahme. Im westlichen Teil Mecklenburgs siedeln die Obotriten, im östlichen die Wilizen, auch Lutizen genannt. Die Hauptburg der Obotriten bei Wismar, mittelniederdeutsch „Mikilinborg" genannt, gibt dem Land seinen Namen. Das Siedlungsgebiet des Stammes der Pomoranen erstreckte sich entlang der Küste zwischen Odermündung und dem Fluss Stolpe. An der Tollense - See und Fluss - siedeln die slawischen Teilstämme der Tollenser und Redarier.
928/29	Heinrich I., deutscher König, unternimmt die ersten erfolgreichen Vorstöße in die slawischen Siedlungsgebiete.
946	Gründung der Bistümer Havelberg und Brandenburg, von denen wesentliche Impulse der Christianisierung der slawischen Länder ausgehen. In dieser ersten Etappe der deutschen Ostsiedlung leisten im 10. Jahrhundert besonders die lutizischen Stämme erbitterten Widerstand (983 erfolgreicher Lutizenaufstand).
995	Urkundliche Ersterwähnung der Burg Mecklenburg.
1005	Thietmar, Bischof von Merseburg, begleitet Heinrich II. ins Land der Lutizen und liefert den ersten Bericht, u.a. über Rethra, das Heiligtum der Redarier.
1066	Erfolgreicher Aufstand der obotritischen und lutizischen Stämme zur Sicherung der Unabhängigkeit der Slawen.
1093–1128	Obotritenfürst Heinrich errichtet ein slawisches Reich von Ostholstein bis zur Oder, südlich bis Brandenburg und Havelberg. Das Reich zerfällt nach dem Tode Heinrichs (1128).
1124 und 1128	Erste bzw. zweite Missionsreise Otto von Bambergs in pommersche Gebiete, die vom Pommernfürsten Wartislaw I. unterstützt werden. Enge Verquickung von Eroberung, Siedlung und Christianisierung.
1143–1164	Eroberung der slawischen Länder vom Westen her durch Sachsenherzog Heinrich, genannt der Löwe, vom Süden durch den brandenburgischen Markgrafen Albrecht, genannt der Bär, (Wendenkreuzzug).
1153	Erste Klostergründung im heutigen Vorpommern - das Benediktinerkloster in Stolpe an der Peene.
1160	Obotritenfürst Niklot fällt, seine Söhne Pribislaw und Wertislaw setzen den Widerstand fort.
1164/67	Angesichts der Bedrohung seiner eigenen Machtstellung gibt Heinrich der Löwe große Teile der eroberten slawischen Länder an slawische Fürsten als Lehn zurück: 1164 an die pommerschen Herzöge Kasimir I. und Bogislaw I., 1167 an Pribislaw, den Sohn Niklots. Damit wird die an Niklot geknüpfte, bis zur Novemberrevolution 1918 dauernde Kontinuität der mecklenburgischen Dynastie slawischen Ursprungs begründet.

bis ca. 1300	Neue, zweite Etappe der deutschen Ostsiedlung, die immer wieder mit kriegerischen Auseinandersetzungen verbunden ist. Es vollzieht sich die Assimilation der deutschen und slawischen Bevölkerungsteile. Kolonisten kommen aus Niedersachsen, Dänemark und vom Süden her aus der Prignitz, dem Havellande und der Altmark. In das pommersche Teilherzogtum Demmin ziehen vor allem Siedler aus Holstein, Ost- und Westfalen und auch Niedersachsen.
1170	Pommernherzog Kasimir von Demmin schenkt dem Domstift Havelberg anlässlich der Einweihung des Doms Land mit einer Anzahl Dörfer am und um den Tollensesee mit dem Auftrag, hier ein Kloster zu errichten.
1173	Gründung eines Benediktinerinnenklosters auf dem Klosterberg in Altentreptow. 1191/94 Bestätigung der Klostergründung durch Bischof Sigvin von Kammin.
1227	Schlacht bei Bornhöved. Niederlange Dänemarks und damit Ende des Versuchs, Oberherrschaft über die pommerschen Gebiete zu gewinnen. Die Selbständigkeit Pommerns wird nun von Brandenburg angefochten.
1231–36	Vertrag zu Kremmen (1236). Die brandenburgischen Markgrafen Johann I. und Otto III. gelangen in den Besitz der alten slawischen Länder Zirzipanien (um Dargun), Stargard, Beseritz und Wustrow (Penzlin). Auch die südliche Uckermark geht an Brandenburg.
ca. 1239/40	Der Prämonstratenserorden nimmt das erhaltene Land am Tollensesee in Besitz und gründet das Kloster Broda. Die Schenkungsurkunde wurde nachweislich weit nach dem Schenkungsakt ausgefertigt, so dass sie als gefälscht gilt. Für die Ortsgeschichte besitzt sie aber große Bedeutung. Die Burg Stargard wird Mittelpunkt der Verwaltung und der Verteidigung des Landes. Die slawische Siedlung am Fuße der Burg entwickelt sich zu einer städtischen Ansiedlung.
ab 1244	Mehrere Stadtgründungen durch die brandenburgischen Markgrafen: Friedland 1244, Neubrandenburg 1248 und wahrscheinlich etwas später Woldegk.
1245	Die alte slawische Siedlung [Alten]Treptow tritt als Stadt (civitas) ins Licht der Geschichte. Sie ist bereits mit lübischem Recht bewidmet.
1259	Stargard erhält das Stadtrecht bestätigt und erweitert.
1282	Landesteilung durch die Söhne des brandenburgischen Markgrafen Otto. Markgraf Albrecht erhält das Land Stargard und lässt 1290 die Stiftungsurkunde für das Kloster Wanzka ausfertigen.
1292	Hochzeit in Neubrandenburg. Die Tochter des Markgrafen Albrecht, Beatrix, wird mit dem mecklenburgischen Fürsten Heinrich II. von Mecklenburg (genannt der Löwe) vermählt.

1298/99	Da die Söhne des Markgrafen Albrecht nicht mehr am Leben sind, gibt dieser das Land Stargard seinem mecklenburgischen Schwiegersohn zu Lehn, wodurch es in mecklenburgischen Besitz kommt.
um 1298	Der Johanniter-Ritterorden erwirbt Wendisch und Groß Nemerow, errichtet eine Komturei und baut seinen Einfluss systematisch aus.
1300–1470	Die gesamte Zeit ist gekennzeichnet von Fehden der feudalen Landesherren, der pommerschen, brandenburgischen und mecklenburgischen Fürsten um Ausdehnung ihrer Besitzungen. In die Auseinandersetzungen werden mehr und mehr die Städte hineingezogen. Das Land leidet unter diesen rechtlosen Zuständen und wird wirtschaftlich zerrüttet.
1348	Heinrichs Söhne, Albert und Johann, erhalten das Land Stargard als Reichslehen und werden zu rechtmäßigen Fürsten und Herzögen zu Mecklenburg erklärt. Mehrmalige Landesteilungen folgen. Ähnliches vollzog sich auch in den pommerschen Gebieten. Erst Pommernherzog Bogislaw X. gelingt es, alle Teilherzogtümer in seine Hände zu bringen (1478) und die politisch-rechtliche Stellung Pommerns zu verbessern.
1471–1701	Herzog Ulrich II. von Mecklenburg-Stargard stirbt 1471 kinderlos. Die Stargardschen Lande fallen an Schwerin und sind fortan direkt mit dessen Geschichte verbunden.
1520/25	Erste Boten der Reformation. Der pommersche Schulrektor Johannes Bugenhagen stößt zu den Anhängern Luthers, die Augustinermönche J. Beckmann und H. Krukow treten in Neubrandenburg und Friedland auf. Der Einfluss der katholischen Kirche schwindet schrittweise.
1534/35	Verkündung der Reformation in Pommern. Die pommersche Kirchenordnung, verfasst von Johannes Bugenhagen setzt die mit der ersten Visitation des Klostergutes und von Teilen des Kirchenbesitzes eingeleitete Entwicklung des evangelischen Kirchenwesens fort. Wirtschaftliche Nutznießer der Säkularisierung des Klosterbesitzes sind in erster Linie die Herzöge, denn die meisten Klöster werden in herzogliche Ämter umgewandelt.
1549	Der Landtag in Sternberg besiegelt die Einführung der lutherischen Lehre in Mecklenburg. Die Klöster werden auch hier säkularisiert und gehen in den Besitz der Landesherrschaft über.
1618–48	Dreißigjähriger Krieg
1631	Eroberung Neubrandenburgs durch den kaiserlichen General Tilly.

1637/38	Zeit des größten Elends durch Kriegseinwirkungen, Plünderung, Pest und Hungersnöte. „Der Krieg hatte das ganze Land fast bis auf die Erdoberfläche verzehrt."
1648/49	Ende des Dreißigjährigen Krieges durch den Westfälischen Frieden. Das vorpommersche Gebiet von der Tollense bis zur rechten Seite der Odermündung geht an Schweden.
1647 bzw. 1654	Gesetzliche Verankerung der Leibeigenschaft durch entsprechende Verordnungen in Pommern und Mecklenburg.
Ende d. 17. Jh.	Länger anhaltender Streit um die Erbfolge im Herzogtum Mecklenburg-Güstrow.
1701	Im Ergebnis dieser Erbauseinandersetzung gewinnt Herzog Adolf Friedrich II. die Herrschaft Stargard mit Mirow sowie das Fürstentum Ratzeburg. Sie bilden zusammen das Herzogtum Mecklenburg-Strelitz, das durch die ständische Verfassung, die für beide mecklenburgische Herzogtümer gültig ist, eng mit Mecklenburg-Schwerin verbunden bleibt.
1720	Stockholmer Frieden beendet den Nordischen Krieg. Die Gebiete südlich der Peene (Alt-Vorpommern) fallen an Brandenburg-Preußen.
1733	„Fundationsbrief" des Herzogs Adolf Friedrich III. an seine Untertanen mit der Aufforderung, sich am Aufbau einer neuen Residenzstadt am Ort seines neuen Residenzschlosses zu beteiligen. Dieser Aufruf gilt als Gründungsakt der Stadt Neustrelitz.
1755	Landesgrundgesetzlicher Erbvergleich in Mecklenburg. Er beschneidet die Einflussmöglichkeiten des Landesherren und die der Städte zugunsten der Ritterschaft. Den mecklenburgischen Landständen gelingt es, diese ständische Verfassung bis zur Novemberrevolution 1918 zu erhalten.
1756–63	Siebenjähriger Krieg, der vor allem Pommern, aber auch die beiden mecklenburgischen Herzogtümer in Mitleidenschaft zieht.
1803–13	Napoleonische Fremdherrschaft. 1806 wird Mecklenburg durch französische Truppen besetzt. Schwerwiegende politische und wirtschaftliche Belastungen sind mit dieser „Franzosenzeit" verbunden.
1810	Abschaffung der Leibeigenschaft im Preußen.
1813–15	Befreiungskrieg gegen Napoleon, an welchem auch mecklenburgische Kontingente aktiv beteiligt sind.
1815	Wiener Kongress. Die beiden mecklenburgischen Herzogtümer werden Großherzogtümer. Das bis dato schwedische Neu-Vorpommern wird Teil der preußischen Provinz Pommern.
1819/20	Verordnungen zur Aufhebung der Leibeigenschaft in Mecklenburg

1847/48	Bürgerlich-demokratische Oppositionsbewegung. Es bilden sich Reformvereine, oppositionelle Zeitungen werden herausgegeben, Verfassungsreformen werden verlangt.
1850 – ca. 1895	Auswanderungen aus Mecklenburg-Strelitz und Vorpommern werden zu einer Massenerscheinung.
1871	Gründung des Deutschen Reiches.
19. Jh. insgesamt	Vorpommern sowie die beiden mecklenburgischen Großherzogtümer profitieren wirtschaftlich von neuen Anbaumethoden in der Landwirtschaft, beginnender Industrialisierung (Maschinenbau, Verarbeitung landwirtschaftlicher Rohstoffe), vom Chaussee- und Eisenbahnbau. Auf- und Ausbaumaßnahmen in den Städten (Schulen, Krankenhäuser, Post- und Telegrafenämter, Bahnhöfe, neue Stadtteile usw.) lassen diese über ihre mittelalterlichen Stadtgrenzen hinauswachsen.
1914–18	Erster Weltkrieg.
1918	Freitod von Adolf Friedrich VI., dem letzten Großherzog von Mecklenburg-Strelitz. Der Großherzog von Mecklenburg-Schwerin übernimmt die Regierungsgewalt auch über Mecklenburg-Strelitz. Im Zuge der Novemberrevolution unterzeichnet dieser die Abdankungsurkunde für beide Mecklenburg. Das Ende der deutschen Monarchie bewirkt die Abschaffung der Ständischen Verfassung, etabliert das parlamentarische System. Am 15. Dezember 1918 finden Wahlen zu einem verfassungsgebenden Landtag in Mecklenburg-Strelitz statt.
1919	Am 29. Januar verabschiedet der Landtag eine neue Verfassung - das „Landesgrundgesetz" für den Freistaat Mecklenburg-Strelitz.
1919–33	Weimarer Republik mit neu gestalteter kommunaler Selbstverwaltung, mit neuen Sozialsystemen und politischem Pluralismus.
1929–33	Weltwirtschaftskrise mit ausgeprägter Agrarkrise, die eine Reihe großer Güter in Mecklenburg und Vorpommern in wirtschaftliche Schwierigkeiten führt. Verkäufe, Konkurse folgen. Güter werden aufgesiedelt und Bürger aus industriellen Ballungsgebieten Deutschlands als Siedler gewonnen.
1933–45	Machtantritt der Nationalsozialisten, die eine politische Diktatur errichten. Repressalien gegen Andersdenkende; Verfolgung aus rassischen und konfessionellen Gründen, Errichtung von Konzentrationslagern und - nach Kriegsbeginn - von Kriegsgefangenenlagern, u.a. in Neubrandenburg.
1934	Zusammenschluss von Mecklenburg-Strelitz und Mecklenburg-Schwerin zum Land Mecklenburg. Entlassung der Landtage. Gleichschaltung oder Beseitigung aller anderen liberalen Strukturen.

1938	Reichspogromnacht. Die Neubrandenburger Synagoge wird zerstört.
1939–45	Zweiter Weltkrieg
1945	Die Front erreicht Vorpommern und Mecklenburg.
29. / 30.4.1945	Durch Kampfeinwirkung und Brandstiftung verliert Neubrandenburg über 80% seiner Innenstadt. Altentreptow wird kampflos übergeben. Auch in Penzlin und Burg Stargard gehen Gebäude verloren. Viele Opfer unter der Zivilbevölkerung, in den Städten wie auf dem Lande, sind in den letzten Kriegstagen zu beklagen.
1945/46	Die durch das Kriegsgeschehen schon stark in Mitleidenschaft gezogenen Territorien Vorpommern und Mecklenburg müssen Hunderttausende Flüchtlinge, Vertriebene und Obdachlose aufnehmen. Bis 1947 erhöht sich die Bevölkerungszahl um 44 %. Nach Beendigung des Zweiten Weltkrieges wird die Landesverwaltung Mecklenburg-Vorpommern in der Sowjetischen Besatzungszone gebildet.
1947–52	Das Tollensegebiet liegt im Land Mecklenburg. Die Bezeichnung „Vorpommern" ist aus dem Landesnamen gestrichen.
7.10.1949	Gründung der DDR
1952–54	Bildung der Bezirke auf dem Territorium der DDR. Von wenigen Gebietskorrekturen abgesehen, entstehen drei Bezirke - Rostock, Schwerin, Neubrandenburg - im ehemaligen Land Mecklenburg. Das Tollensegebiet gehört zum Bezirk Neubrandenburg. Die Stadt Neubrandenburg wird zur Bezirksstadt erhoben, Altentreptow wird Kreisstadt.
Okt. 1990	Am 3. Oktober wird die Wiedervereinigung Deutschlands rechtskräftig, am 14. Oktober entsteht das Land Mecklenburg-Vorpommern, eines der fünf neuen Bundesländer.
1994	Durch eine Kreisverwaltungsreform wird Neubrandenburg kreisfreie Stadt, Altentreptow verliert seinen Kreisstadtstatus. Die Stadt gehört jetzt zum Kreis Demmin. Weitere Gebiete an Tollensesee und -fluss liegen in den Kreisen Mecklenburg-Strelitz und Müritz.

PERSONENREGISTER

Adamiak, Josef: Schlösser und Gärten in Mecklenburg. - Leipzig, 1975

Ahlers, Wilhelm: Historisch-topographische Skizzen aus der Vorzeit der Vorderstadt Neubrandenburg. - Neubrandenburg, 1876

Aus dem alten Neubrandenburg/bearb. von Annalise Wagner. – Neustrelitz, 1.Teil. - 1970, 2. Teil. - 1971, 3.Teil. - 1972, 4. Teil. - 1973 (Schriftenreihe des Karbe-Wagner-Archivs)

Auf den Spuren der Eiszeit: Geopark Mecklenburgische Eiszeitlandschaft. – Neubrandenburg, 2003

Die Bau- und Kunstdenkmale in der DDR: Bezirk Neubrandenburg / hrsg. vom Institut für Denkmalpflege. - Berlin, 1986

Beyer, .W. G.: Die Landwehren und die Grenzheiligthümer des Landes der Redarier. - Schwerin, 1872

Bock, Sabine: Gutsanlagen und Herrenhäuser: Betrachtungen zu den historischen Kulturlandschaften Mecklenburg und Vorpommern. – Schwerin, 1996

Boll, Ernst: Beschreibung der Tol[l]ense : ein Beitrag zur Vaterlandskunde. - In: Archiv für Landeskunde. - Schwerin, 1853

Boll, Ernst: Geschichte Mecklenburgs mit besonderer Berücksichtigung der Kulturgeschichte. – Neubrandenburg, Bde. 1, 2, 3: Aufsätze zu Ernst Boll - 4: Register / Nachträge, 1995 (Reprint)

Boll, Franz: Chronik der Vorderstadt Neubrandenburg nebst 2 Anhängen und einer Karte. - Neubrandenburg, 1991 (Reprint)

Boll, Franz: Geschichte des Landes Stargard bis zum Jahr 1471. – Neustrelitz, 1.Bd. 1846; 2.Bd. 1847

Borchert, Jürgen; Detlev Klose: Was blieb ...: Jüdische Spuren in Mecklenburg. – Berlin, 1994

Borth, Helmut: Belvedere und andere schöne Aussichten: unterwegs zu Guts- und Herrenhäusern in Mecklenburg. – Friedland, 2003

Borth, Helmut: Schlösser, die am Wege liegen: unterwegs zu 101 Guts- u. Herrenhäuser in Mecklenburg-Strelitz. – 2. Aufl. - Friedland, 2004

Borth, Helmut: Die Vierrademühle: Geschichten von Schrot und Korn. – Friedland, 2004

Botanischer Rundbrief für den Bezirk Neubrandenburg / hrsg. von der Bezirksleitung d. Kulturbundes u. d. Müritz-Museum Waren. - Neubrandenburg, Jahrgänge 1975 – 1989

Botanischer Rundbrief für Mecklenburg-Vorpommern / Hrsg.: NABU Deutschland, AG Geobotanik Mecklenburg-Vorpommern. - Neubrandenburg, Jahrgänge 1990 – 2003

Brun, Hartmut; Theodor Müller: Rathäuser in Mecklenburg-Vorpommern. – Rostock, 2001

Burgen, Schlösser, Gutshäuser in Mecklenburg-Vorpommern / hrsg . von B. J. Sobotka. – Stuttgart, 1993

Buske, Norbert: Wappen, Farben und Hymnen des Landes Mecklenburg-Vorpommern. - Bremen, 1993

Danneil, Eduard: Chronik der Burg und Stadt Penzlin von den ältesten Zeiten bis zum Jahr 1874.- Penzlin, 1873

Der deutsche Park, vornehmlich des 18. Jahrhunderts. – Königstein i.T.; Leipzig, 1926

Dietrich, Helmut; Gösta Hoffmann: Entstehung und Herkunft der Findlinge. – Greifswald, 2003

Ewe, Herbert: Das alte Bild der vorpommerschen Städte. – Weimar, 1996

Flemming-Manleitner, Ruth: Auf der Tollense fuhren keine Oderkähne. – Stavenhagen, 2001

Gebrannte Größe: Wege zur Backsteingotik. Dialog des Geistes. – Bonn, 2002

Geologie der Region Neubrandenburg / hrsg. Klaus Granitzki. – Neubrandenburg, 1998

Geologische Sehenswürdigkeiten im Lande Mecklenburg-Vorpommern. – Güstrow, 2001

Geschützte Natur zwischen Peene und Küstrinchenbach: Wanderempfehlungen. - Neubrandenburg, 1990

Grenzregion zwischen Pommern und Mecklenburg: Vorträge 1997 – 1999. – Rostock, 2000; Vorträge 1999 – 2000. – Rostock, 2001

Grünwald, Dietrich: Turner auf zum Streite. – Neubrandenburg, 1997

Hemke, Erwin: Strelitzer Eiszeitstraße: ein geografisch ausgerichteter Rundkurs durch d. Strelitzer Land. – Neustrelitz, 1997

Heuer, Siegfried: Zur Geschichte der Alten Burg und der Hexenverfolgung in Penzlin. - Penzlin, 1954

Hinz, Christine: Parklandschaft Hohenzieritz. - Neustrelitz, 1989

Hollnagel, Adolf: Die vor- und frühgeschichtlichen Denkmäler und Funde des Kreises Neubrandenburg. – Schwerin, 1962

Huch, Ricarda: Lebensbilder mecklenburgischer Städte. – Leipzig, 1931

Hückstädt, Arnold: Wenn einer Augen hat zu sehen...: Fritz Reuter, sein Schaffen in Bildern und Texten. - Rostock, 1986

Johann Heinrich Voß und seine mecklenburgische Heimat: Voß-Jahr 2001. – Penzlin, 2001

Knapp, Hans Dieter: Landeskulturelles Gutachten als Entscheidungshilfe für Flurgestaltung und Landnutzung - Beispiel Tollensetal bei Neubrandenburg. - In: Gleditschia. - Berlin 17 (1989) 2. - S. 207ff.

Köhler, Marcus: Historische Gärten um Neubrandenburg. – Berlin, 2002

Köpp, Wolfgang: Alt-Rehse – schau auf dieses Dorf. – Blankensee, 1999

Krauß, Neidhardt; Egon Fischer: Unterwegs zu Burgen, Schlössern und Parkanlagen in Mecklenburg. – Rostock, 1991

Krauß, Neidhardt; Egon Fischer: Unterwegs zu Burgen, Schlössern und Parkanlagen in Vorpommern. – Rostock, 1991

Krenz, Gerhard: Notizen zur Landwirtschaftsentwicklung in den Jahren 1945-1990.- Schwerin, 1996

Krüger, Dieter: „...doch sie lieben das Leben": Gefangenenlager in Neubrandenburg 1939 bis 1945. – Neubrandenburg, 1990

Krüger, Dieter: „Schicksal Fünfeichen" : Gefangene im NKWD/MWD-Lager Fünfeichen 1945 bis 1948. – Neubrandenburg, 1991

Krull, Gisela: Von Bauern, Rittern und Gespenstern – vorgestern und gestern in Peckatel. Teil 3: Die Maltzan auf Peckatel. – Neustrelitz, 1997

Kunst- und Geschichtsdenkmäler des Freistaates Mecklenburg-Strelitz / bearb. von Georg Krüger. – Neubrandenburg, Bd. 1. Abt. 1 Das Land Stargard. – 1925; Bd. 1. Abt. 2 Das Land Stargard. – 1925; Bd. 1. Abt. 3 Das Land Stargard. – 1929

Kunst- und Geschichtsdenkmäler des Großherzogtums Mecklenburg-Schwerin. – Schwerin, Bd. 5 Die Amtsbezirke Teterow, Malchin, Stavenhagen, Penzlin, Waren, Malchow und Röbel. – 1902

Lemke, Karl; Hartmut Müller: Naturdenkmale: Bäume, Felsen, Wasserfälle. – Leipzig, 1988

Lexow, Werner: 120 Jahre Eisenbahn in Neubrandenburg 1864-1984. - Neubrandenburg, 1984

Lexow, Werner: Eisenbahnen in Mecklenburg-Strelitz: aus d. Baukasten d. Traditionen. – Neubrandenburg, 1995. - (Schriftenreihe des Regionalmuseums)

Lips, Dieter: Burg Stargard – e. mittelalterliche Höhenburg. – Regensburg, 2003

Lubinski, Axel; Klaus Schwabe: Mecklenburg-Strelitz. Bezirk Neubrandenburg. Landkreis Mecklenburg-Strelitz: 300 Jahre Geschichte einer Region. – Schwerin, 2001

Malerisches Strelitzer Land – Walter Gotsmann. – Rostock, 1996

Marie Hager 1872 – 1947 : e. Werkübersicht - Malerei. – Schwerin, 1997

Maubach, Peter: Neubrandenburg – so wie es war. – Düsseldorf, 1997

Maubach, Peter: Geschichte bewahren: 125 Jahre Museum Neubrandenburg. - Neubrandenburg, 1997. -(Schriftenreihe des Regionalmuseums)

Maubach, Peter: Prillwitzer Idole: d. spektakulärste Kunst- u. Geschichtsfälschung im mecklenburgischen Neubrandenburg d. 18. Jh. / Hrsg.: Histor. Bezirksmuseum. – Neubrandenburg, 1989

Mecklenburg-Vorpommern - Fotografie und Gedächtnis: e. Bilddokumentation. - Berlin, 1997-

Die Naturschutzgebiete in Mecklenburg-Vorpommern. – Schwerin, 2003

Nenz, Cornelia: Auf immer und ewig Dein Fritz Reuter: aus dem Leben der Luise Reuter. – Rostock, 1999

Mecklenburg-Strelitz: Beiträge zur Geschichte e. Region. – Friedland, Bd. 1, 2001; Bd. 2, 2002, Register 2003

Neubrandenburg: chronologische Stadtgeschichte und Firmenportraits. – Neubrandenburg, 1996

Neubrandenburg: Geschichte in Geschichten. – Neubrandenburg, 1992

Neubrandenburger geologische Beiträge / hrsg. vom Geowissenschaftlichen Verein Neubrandenburg. – Neubrandenburg Bde. 1-3, 2000 - 2003

Neubrandenburger Mosaik : heimatgeschichtliches Jahrbuch des Bezirkes Neubrandenburg / hrsg. vom Historischen Bezirksmuseum. - Neubrandenburg, Jahrgänge 1975-1987

Neubrandenburger Mosaik : heimatgeschichtliches Jahrbuch des Regionalmuseums Neubrandenburg. – Neubrandenburg, Jahrgänge 1991 - 2003

Nolden, Dieter: Geschichte und Geheimnisse der Burg Maltzan oder Die unendliche Geschichte einer Ritterburg. – Schwerin, 1991

Piper, Otto: Die Alte Burg in Penzlin. - In: Zur Geschichte der Alten Burg und der Hexenverfolgung in Penzlin / bearb. von Siegfried Heuer. - Penzlin, 1955

Pretzel, Elke: Die städtische Kunstsammlung in Neubrandenburg 1890 – 1945 : d. Geschichte e. verlorenen Sammlung. – Neubrandenburg, 2001. - (Schriftenreihe des Regionalmuseums)

Röhr, Werner: Auf dem Fliegerhorst: Erlebnisse in Trollenhagen. – Neubrandenburg, 1999. - (Erlebt und aufgeschrieben)

Schlenker, Katja: Das unbequeme Erbe: mecklenburgische Gutsanlagen und Herrenhäuser seit 1945. – Rostock, 2003

Schmidt, Volker: Lieps, eine slawische Siedlungskammer am Südende des Tollensesees. - Berlin, 1984

Schmidt, Volker: Neubrandenburg – ein historischer Führer. – Rostock, 1997

Schulz, Harry: Die geistlichen Stiftungen des Landes Stargard. – Neubrandenburg, 1993

Schulz, Harry: Mittelalterliche Wehranlage Neubrandenburg. – Regensburg, 1994

Schulz, Lothar: Eisenbahnen in Mecklenburg. - Berlin: Transpress, 1986

Schwarz, Uwe: Die niederadligen Befestigungen des 13. bis 16. Jahrhunderts im Bezirk Neubrandenburg. - Berlin, 1987

Schumacher, Paul: Neubrandenburger Wall- und Wehranlage. – Neubrandenburg, 1994

750 [siebenhundertfünfzig] Jahre Altentreptow: 1245 – 1995. – Altentreptow, 1995

Steinmann, Paul: Chronik der Stadt Burg Stargard und ihrer Gemarkung im Rahmen der Landesgeschichte. In: Carolinum. - Göttingen, Teil 1-22 ab Jg.25 (1959) H. 29 bis Jg. 36 (1970); H. 54/55

1000 [Tausend] Jahre Mecklenburg: Geschichte und Kunst e. europäischen Region. - Rostock, 1995

Der Tollensesee: Gewässerökologie, Umweltschutz, Wasser- und Fischereiwirtschaft. – Neubrandenburg, 1995

Uns' Heimat : Heimatblätter für den Kreis Neubrandenburg / hrsg. vom Pädagogischen Kreiskabinett Neubrandenburg. - Jahrgänge 1956-1957

Vergessene Mühlen in Mecklenburg-Vorpommern. – Berlin, Schwerin, 1995

Vorpommern: Geschichte, Sprache, Volkskultur. - Rostock; Stralsund, 1991

Wagner, Annalise: Aus dem Leben und Werk südostmecklenburgischer Heimatforscher / Hrsg.: Bezirksmuseum Waren. - Waren, 1966 . - (Schriftenreihe des Karbe-Wagner-Archivs)

Wiesemann, Gabriele: Der Aufbau von Neubrandenburg 1945 bis 1970. - Neubrandenburg, 1995. - (Schriftenreihe des Regionalmuseums)

Wir erfüllen ihr Vermächtnis: Gedenkstätten in Neubrandenburg. – Neubrandenburg, 1977

Wolf, Matthias: Theater in Neubrandenburg: Bd. 1: 1726 bis 1894. – Neubrandenburg, 1999; Bd. 2: 1895 – 2000. - Neubrandenburg, 2000. – (Schriftenreihe des Regionalmuseums)

Außerdem standen diverse Kleinmaterialien zur Verfügung wie Werbeflyer, Zeitungsaufsätze oder Veröffentlichungen in Sammelwerken. Aus Platzgründen können diese hier leider nicht verzeichnet werden.

ZITATNACHWEIS

Vorbemerkung
Zerluth, Josef; Michael Gienger:
Gutes Wasser: d. Wesen u. Wirken d. Wassers. – Saarbrücken, 2004. – S. 13

Augustabad S. 22
Kleine Bettlektüre für heimatverbundene Neubrandenburger. – Bern [u.a.], 1997. – S. 122

Belvedere S. 30
Archiv für Landeskunde. – Schwerin, 1852. – S. 208ff

Bergwanderung in Burg Stargard S. 31
Uns' Hüsung: Heimatblätter für den Kreis Neubrandenburg. – Neubrandenburg (1957) 3. – S. 34

Fangelturm S. 61
Luckow, Albert; Gefangen im Fangelturm
In: Freie Erde – Prisma.- Neubrandenburg (1984-7-6). – S.2

Gedenksteine S. 71
Truculenta Expugnatio ...:Das ist Erschröckliche Eroberung und blutige Zerstörung der Stadt New Brandenburg / [Erasmus Pontanus]
In: Boll, Franz: Chronik der Vorderstadt Neubrandenburg. – Neubrandenburg, 1875 . – S.153

Park- und Gartenanlagen S. 109
Der deutsche Park – vornehmlich des 18. Jahrhunderts. – Königstein i. T [u.a.], 1926 . – S. 6

Schloss, Guts- und Herrenhäuser S. 127
Köpp, Wolfgang: Alt Rehse – schau auf dieses Dorf. – Blankensee, 1999 – S. 158

Stadttore Neubrandenburg S. 140
Huch, Ricarda: Lebensbilder mecklenburgischer Städte. – Leipzig, 1931. – S. 56/57

Stadttore Friedländer Tor S. 141
Truculenta Expugnatio ...Das ist Erschröckliche Eroberung und blutige Zerstörung der Stadt New Brandenburg / [Erasmus Pontanus]
In: Boll, Franz: Chronik der Vorderstadt Neubrandenburg. – Neubrandenburg, 1875 . – S.150

Technische Denkmale S. 147
Vergessene Mühlen in Mecklenburg-Vorpommern. – Schwerin; Berlin, 1995. – S.[4]

ABBILDUNGSVERZEICHNIS

REGISTER DER SCHLAGWÖRTER

PAULA FOERSTER,
geboren am 28. April 1878 in Walzhausen (Schweiz). Anfang der 1920er Jahre kam sie, inzwischen verheiratet, nach Berlin, wo sie bis zu ihrem Tode (erste Hälfte der 1940er Jahre) lebte. Die sechs Bände ihrer Reihe „Der märkische Wanderkamerad" erschienen zwischen 1930 und 1935 im Hugo Bermühler Verlag in Berlin-Lichterfelde.

WALTER KARBE,
geboren am 9. April 1877 in Trechwitz (Brandenburg). Schüler am Gymnasium Carolinum in Neustrelitz; Großkaufmannslehre und Tätigkeit im erlernten Beruf u.a. in Stockholm; zehn Wander- und Lehrjahre mit intensiver naturkundlicher Sammeltätigkeit; zurück nach Neustrelitz; hier als Registraturgehilfe, Konservator an Landesmuseum und Landesbibliothek, als Wanderwart und Archäologe tätig. W. K. veröffentlichte über 200 Beiträge in Zeitungen, Zeitschriften und Sammelbänden. Er verstarb am 25. Oktober 1956 in Neustrelitz. Sein Nachlass wird im Karbe-Wagner-Archiv Neustrelitz aufbewahrt.

GUDRUN MOHR,
geboren am 10. März 1942 in Dresden. Abschluss der Mittleren Reife 1956, danach Berufsausbildung zur Bibliothekarin; von 1976 bis 1981 Studium der Bibliothekswissenschaft und wissenschaftlichen Information an der Humboldt-Universität Berlin; bis zum Ruhestand (2003) tätig in der Regionalbibliothek Neubrandenburg, u.a. als Fachreferentin für die Altbestände; Veröffentlichungen zu regionalgeschichtlichen und naturkundlichen Themen in Zeitungen, Zeitschriften, zwei Buchveröffentlichungen. G. M. lebt in Neubrandenburg.

UTE MOHR,
geboren am 30. Dezember 1965 in Nossen (Sachsen). Besuch der Polytechnischen Oberschule in Neubrandenburg, anschließend Facharbeiterausbildung auf dem Gebiet der Fernmeldetechnik; danach Fachhochschulstudium in Leipzig mit Abschluss als Diplom-Ing. für Nachrichtentechnik, seit 1992 als Planungsingenieurin bei der Dt. Telekom-AG tätig. Als Sporttaucherin fotografiert U. M. über und unter Wasser; lebt heute in Dresden.

ELKE PILZ,
geboren am 13. April 1958 in Weißenberg (Sachsen). Besuch der Erweiterten Oberschule; Abitur und danach Ausbildung bzw. Studium mit Abschluss als Diplomsportlehrerin; seit 1987 Mitarbeiterin in der Regionalbibliothek Neubrandenburg, berufsbegleitendes postgraduales Studium an der Humboldt-Universität Berlin mit Abschluss als „Wissenschaftliche Bibliothekarin". In E. P.s vielseitigen Freizeitinteressen gewann das Fotografieren seit 1997 einen besonderen Stellenwert. Bevorzugte Motive sind dabei Landschaften, Kinder, Tiere und Makroaufnahmen von Pflanzen (s. auch www.ep-art.de).

DANKSAGUNG

Für dieses Buch – besonders bei der Zusammenstellung der Wander- und Ausflugsziele von A–Z – standen mir die folgenden Persönlichkeiten mit ihrem Wissen und ihrer Erfahrung, ihren kritischen Hinweisen und motivierenden Ermunterungen freundlich zur Seite: Herr Klaus Granitzki (Usadel), Frau Bärbel Keilholtz (Altentreptow), Frau Dr. Helga Klingner (Feldberg), mein Mann, Herr Andreas Mohr (Neubrandenburg), Frau Gertraud Reimann (Neubrandenburg), Frau Hannelore Schardin-Liedtke (Berlin), Herr Peter Starsy (Burg Stargard), Herr Marco Zabel (Potsdam). Ihnen gebührt mein ganz herzlicher Dank!
Ergiebig waren auch die Recherchen in den reichhaltigen Archivbeständen des Karbe-Wagner-Archivs in Neustrelitz, der Regionalbibliothek und des Regionalmuseums in Neubrandenburg.
Die hilfsbereiten Mitarbeiterinnen schließe ich ausdrücklich in dieses Dankeschön ein.
Dank sage ich besonders dem Verleger, Herrn Sven Steffen (Friedland), der sich für das Manuskript einsetzte und das verlegerische Risiko übernahm.

Gudrun Mohr

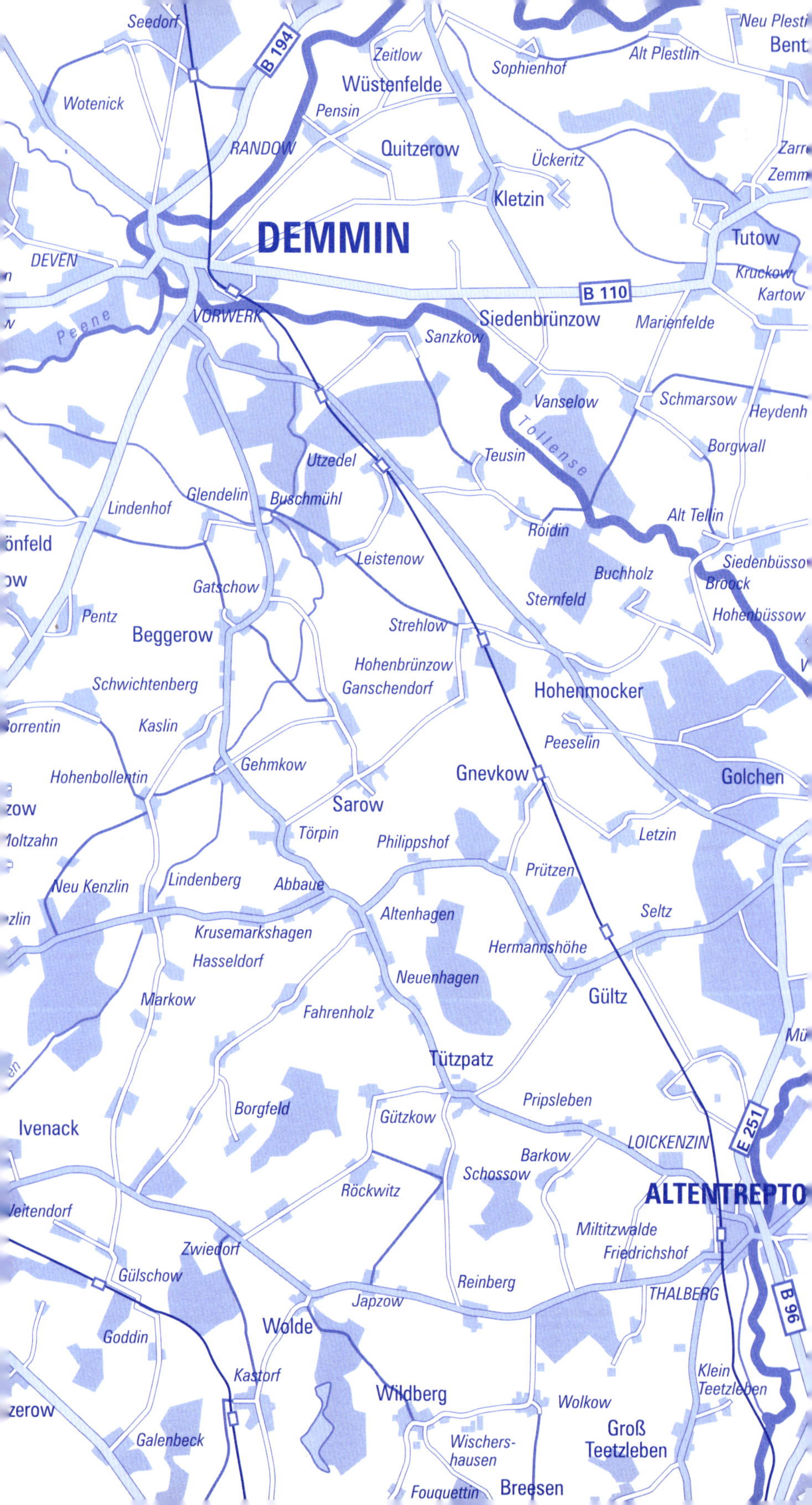
Seedorf
B 194
Zeitlow
Sophienhof
Alt Plestlin
Wotenick
Wüstenfelde
Pensin
RANDOW
Quitzerow
Ückeritz
Kletzin
DEMMIN
Tutow
DEVEN
Kruckow
B 110
Kartow
Peene
VORWERK
Siedenbrünzow
Marienfelde
Sanzkow
Vanselow
Schmarsow
Tollense
Borgwall
Utzedel
Teusin
Glendelin
Buschmühl
Lindenhof
Alt Tellin
Roidin
Leistenow
Siedenbüsso
Buchholz
Broock
Gatschow
Sternfeld
Hohenbüssow
Pentz
Strehlow
Beggerow
Hohenbrünzow
Schwichtenberg
Ganschendorf
Hohenmocker
Kaslin
Peeselin
Gehmkow
Gnevkow
Golchen
Hohenbollentin
Sarow
Törpin
Philippshof
Letzin
Neu Kenzlin
Lindenberg
Abbaue
Prützen
Altenhagen
Seltz
Krusemarkshagen
Hasseldorf
Hermannshöhe
Neuenhagen
Gültz
Markow
Fahrenholz
Tützpatz
Borgfeld
Pripsleben
Ivenack
Gützkow
LOICKENZIN
Barkow
E 251
Schossow
Röckwitz
Miltitzwalde
Zwiedorf
Friedrichshof
Gülschow
Reinberg
THALBERG
Japzow
B 96
Wolde
Goddin
Klein Teetzleben
Kastorf
Wildberg
Wolkow
Groß Teetzleben
Galenbeck
Wischers-
hausen
Fouquettin
Breesen